U0958953

中国博士后科学基金资助(2020M681750)

联合战术空域管制技术

毛　亿　陈志杰　肖雪飞　著

科　学　出　版　社

北　京

内 容 简 介

战术空域管控是信息化战争中夺取制空权的一个重要因素，美军已经在伊拉克战争及之后的战争行动中全面实施。本书是目前国内所能见到的首部从技术原理角度探讨战术空域管控的专业书籍，系统阐述了战术空域管控运行概念、战术空域规划设计技术、战术空域冲突检测与排解技术、空域态势监视技术、战术空域评估与仿真技术、战术空域系统设计技术等内容。

本书可供指挥与控制、空中交通运输与管理及相关专业的研究生和教师学习参考，也适用于从事指挥信息系统、联合作战任务规划系统、空中交通管理系统研制、开发、使用的人员参考。

图书在版编目(CIP)数据

联合战术空域管制技术 / 毛亿，陈志杰，肖雪飞著.
—北京：科学出版社，2021.4
ISBN 978-7-03-068567-4

Ⅰ. ①联… Ⅱ. ①毛… ②陈… ③肖… Ⅲ. ①联合作战—空军战术—研究 Ⅳ. ①E844

中国版本图书馆 CIP 数据核字(2021)第 063145 号

责任编辑：许 健 / 责任校对：谭宏宇
责任印制：黄晓鸣 / 封面设计：殷 靓

科学出版社 出版
北京东黄城根北街 16 号
邮政编码：100717
http://www.sciencep.com

南京展望文化发展有限公司排版
广东虎彩云印刷有限公司印刷
科学出版社发行 各地新华书店经销

*

2021 年 4 月第 一 版 开本：B5(720×1000)
2022 年 8 月第二次印刷 印张：13 1/4
字数：260 000

定价：120.00 元

（如有印装质量问题，我社负责调换）

前　言

当今高技术条件下的空中对抗，要求各军兵种使用多种先进的武器系统，在空域资源有限的条件下进行协同作战，战术空域内一个作战单元时间，可能出现固定翼航空器、旋转翼航空器、无翼航空器、无人机、炮弹、导弹、电磁信号七类装备上万个飞行物体，如何根据任务计划、敌方部署和空域态势，保证空域用户能够高效、安全、灵活地使用有限空域，避免冲突和误伤，是未来联合作战迫切需要解决的问题。本书旨在面向联合作战对空域的使用需求，探讨战术空域管控系统的运行概念、关键技术的实现模型和算法以及系统总体设计框架，可供相关专业的科研工作者和研究生参考。

全书共八章。

第一章从顶层设计、系统建设、作战使用三个方面介绍了国外战术空域管制系统的基本情况，重点介绍了战术空域管制方法，包括通用联合空域控制方法、空域控制方法标准作业程序、防空空域程序控制方法。

第二章介绍了战术空域管制运行概念，从系统活动模型、空域协同规划、空域计划激活管理、空域执行情况监视、空域临机规划等方面探讨了系统运行各项活动的关系。

第三章探讨了作战平台空域规划设计方法，用于解决协同平台执行不同任务而进行作战空间分配问题，选取了平台协同定位、协同探测进行数学推导，求取满足平台执行协同任务和机动性需要的作战空间。

第四章构建了战术空域管控系统的关键技术模型和算法，其中，空域运行建模主要描述各类空域要素的空域使用行为，空域冲突检测算法主要研究了基于间隔标准的冲突检测模型和算法，空域冲突解脱算法主要研究了基于空域活动规则的空域冲突解脱策略。

第五章研究了空域态势监视关键算法，将可能的空域要素按点、线、区分类，在所有空域使用者、空域参与者、空域规划及监视者之间建立空域信息分发处理模型，并建立了基于航迹预测的空域冲突预警和告警方法，为空域执行情况精准监视、目标识别以及临机冲突检测和空域动态规划提供算法支持。

第六章研究了战术空域仿真和评估技术，包括战术空域规划方案的仿真与评估技术、战术空域管制系统运行效能评估技术、战场空域效能评估技术三个方面。

第七章探讨了栅格模型在空域管控中的应用技术，在分析栅格模型适用性的基础上，重点探讨了在空域管控中的栅格模型构建方法，并设计典型应用场景进行验证。

第八章介绍了一种战术空域管控系统设计方法，采用分布式架构，由部署在联合作战指挥中心的主系统和空域用户子系统或远程终端组成，通过空域管控接口互联，按时序进行信息交换，实现战术空域管控各项功能性能，平衡空域用户对空域使用需求的协调。

本书参考了国内外许多专家学者的专著和论述，在编写过程中得到了李云茹、朱永文、童明、冯程、赵顾颢、万路军、杨毅、丁洋、包旭等同志的大力帮助和支持，在此表示诚挚的感谢，感谢他们的劳动丰富了本书的内容。

尽管作者在写作过程中投入了大量的时间和精力，但错误和不妥之处仍在所难免，敬请专家和读者予以指正。

作　者

2020 年 12 月

目　　录

第一章 综　　述

1.1 概　　述

信息技术的迅速发展和广泛应用,极大地推动了武器装备的发展和作战样式的演变,促进了军事理论的不断创新和军队体制编制的变革,联合作战已成为现代战争的主要作战样式,作战空间主导权对作战胜负的影响越来越大。信息化战争形态下,作战空间广、空中对抗力量多,需要多种作战平台协同快速完成多种任务,局部空域复杂程度越来越高,传统的空域使用方法已经无法满足信息化条件下体系对抗的要求,战术空域管制作为信息化战争夺取制空权的关键,其是否有效实施已成为能否夺取战争胜利的一个重要因素。

1. 战术空域管制的任务

联合作战要求各军兵种使用多种先进的武器装备,在有限空域资源条件下协同作战,空域必将出现繁杂的局面,同一交战空域内的活动物体大致可以分为七类: 固定翼航空器、旋转翼航空器、无翼航空器、无人机、炮弹、导弹、电磁信号,如果全部活动,在一个作战单元时间内,估计空中将有上万个互相交叉的物体。如何协调任务部队以及其他用户对空域的使用需求,充分利用空域资源,最大限度地发挥作战效能,是实施联合作战需要解决的重要问题。

战术空域管制的任务是根据联合作战任务需求、作战资源信息、空域基础数据等,进行空域规划、分析评估和优化,发现冲突,发现违规,及时调整,提高空域使用效率、安全性和机动性,减少对己方使用空域的限制,增强联合作战效能。战术空域管制研究主要是针对战术空域面临的复杂形势,建立空域规划设计、冲突检测与排解、动态调配、航迹规划的模型和方法,实现有限作战区域内各类用户空域的合理配置与充分利用,根据作战任务,协调空域使用需求,实现可控航空器航迹的临机调整和不可控航空器的计划协调,为战术空域管制程序的制定和系统设计提供支持。

2. 战术空域管制的必要性

战术空域管制可最大限度地发挥联合作战效能。空域是敌我双方实施作战行动的战场空间,是一种重要的作战资源,作战资源优化配置,是提升联合作战效能的基础。在作战行动中,必须根据敌我双方的空域态势,对空域资源进行管理和控制,实现空域用户的密切协同,避免误伤和贻误战机。通过战术空域管制,指挥员能够综合考虑任务计划、敌方部署以及环境条件等多种因素,科学地配置空域资源,及时发现并处理空域冲突,将联合作战中的空域使用限制降到最低,保证各军兵种在有限的空域内协调一致地实施作战行动,从而最大限度地发挥联合作战效能。

战术空域管控系统是实施战术空域管制的核心。参与联合作战的空域用户种类多、数量大、空域态势时变性强,对空域资源进行一体化规划和临机调配是提高空域使用效率的最佳选择。为此,可构建一个能有效支撑空域资源规划管理的信息系统,与指挥控制系统、军航空管系统、数据链系统等有机结合,使之发挥战场空域资源“调度器”的作用。

战术空域管控系统建设是加快联合作战能力生成的重要途径。战术空域管控系统是跨越军兵种界限的信息系统,通过统一设计管制程序、活动模型和运行规则,实现与各用户信息系统互联、互通、互操作。因此,战术空域管控系统的建设将减少和消弭信息系统的“烟囱”和用户“篱笆”,有利于加强空域用户的信息交联,加快联合作战能力的生成。

3. 战术空域管制的重要性

战术空域是联合作战的主战场。空中力量对信息化战争的结果有决定性的影响,空中行动在联合作战中的地位越来越突出,战术空域管制在塑造战争态势、控制战局、打赢战争中的地位越来越重要。纵观近三十年来的局部战争,空域争夺既是联合作战的主战场,也是敌我双方决胜的主战场,同时还是保障其他战场顺利实施战斗任务的重要支撑。首先,信息化战争往往从空战发起,如,共计 42 天的海湾战争前 38 天都以空中作战为主,阿富汗战争源于美军实施电子干扰和精确打击,伊拉克战争以空中“斩首行动”拉开序幕,利比亚战争以多国联军空中突袭开始。空中力量主导已经成为现代战争的一个重要特征,空战场不折不扣地成为信息化战争开局的主战场。其次,空中力量无可比拟的快速机动性能、纵深打击能力、精确毁伤能力,既可摧毁敌重要军事目标,瘫痪其作战指挥体系,也可对敌方公路、桥梁等战争保障设施进行毁损,削弱敌战争潜力。科索沃战争中,以 78 天高强度的空中轰炸直接完成作战任务,由此验证了空战场争夺在战争中的重要地位。最后,战术空域管制贯穿联合作战全程,联合作战过程中,大量的军事行动需要空中力量的支援、配合和保障,在海上和陆地作战,对空中防御、空中侦查、空投空降、物资空运、搜索救援等空中力量的依赖程度越来越高,空战场对其他战场支撑作用尤为明显。

战术空域是连接多维度战场的重要枢纽。现代战争中,陆、海、空、天、电多维度战场互为依托,每一个战场都与空战场紧密相关,空战场逐渐成为连接各战场的纽带。从陆战场和海上战场发起的所有军事行动几乎都离不开制空权的保障,无论是地对地攻击、地对空或舰对空行动,都将占用空域资源,接收联合战术空域的统一控制。可见,空战场在连接不同空间、不同维度战场中发挥着重要作用。

战术空域管制是夺取并保持综合制权的关键。联合作战强调夺取空战场的综合制权,只有夺取了空战场才能取得控制战局、打赢信息化战争的主动权,而夺取战场综合制权的关键在于夺取制空权，只有夺取空战场并实施了高效管制，才能确保陆战场和海战场的战术效能，最终获取战场综合制权。高技术局部战争实践表明，没有制空权就没有陆战场和海战场行动的自由权，没有制空权就无法组织网电攻防行动，甚至无法保障天基系统的安全。而战术空域既是夺取制空权的主战场，又是保证其他战场优势地位、提供战略支撑的重要空间，因此，战术空域在夺取综合制权中的作用无可替代。

1.2　战术空域管控系统现状

1.2.1　顶层设计

1.2.1.1　理论研究

美军根据多次高技术局部战争的经验和教训，不断迭代发展战术战役控制理论，其中，对战术空域管制理论的探索被认为是夺取制空权的重中之重，海湾战争和科索沃战争极大地推动了战术空域管制理论的研究与进步，促使美军战术空域管制处于世界先进水平。

概念诞生阶段：在 1918 年 9 月的默兹·阿尔贡战役中，美国空军为地面部队提供近距离空中支援时，就意识到应该关注战区空域管制问题。在第一次世界大战期间，美军就开始论证陆空一体化作战问题。1926 年 1 月，美军颁布了首个有关协调空中部队的条令——《空中协调基本原则》(440－15 号训练条例)。该条例指出，空军的职责是完成地面指挥员分配的任务，地面指挥员可以为航空兵分配所有作战任务。第二次世界大战期间，美军为了对交战空域进行控制，颁布了《对地面部队的航空支援》(FM31－35)、《大规模战场保障条例》(FM100－15)和《空中力量的指挥与使用》(FM100－20)三个野战条令，为战区空域如何指挥空中部队建立了基本框架。抗美援朝战争期间，美军成立了由战术空军指挥所、战术飞机控制组和单机指挥员三部分组成的近距空中支援指挥控制机构，指挥了 1 500 多架次飞机联合作战。

快速发展阶段：1962 年 4 月，美国空军开始探索新型空战部队组织架构，成立了包括空中突击师、空中运输旅、空中骑兵作战旅和军属航空兵旅在内的多种新型作战部队。战术空域内用户大量增加，空域管制问题尤为尖锐。1965 年 4 月，美参谋长联席会议通过决议，同意开展针对战区空域管制问题进行系统性研究。此后，各军兵种空域用户达成共识，由空军司令官担任空中作战力量指挥官，在陆军的集团军、军和师级指挥机构均设立空域协调席，协助空军司令官进行空域管制协调。之后美军相继颁布了《陆军空中交通作业》(FM1－60)、《陆军空域控制》(FM44－10)、《空地作战系统野战条令》(FM100－26)以及《陆军空域协调》(TT44－10－11)等技术使用手册和规范。

成熟完善阶段：1991 年，美军在总结海湾战争经验教训的基础上，提出了《“21

世纪部队”的现代化计划》,并将数字化作为“21 世纪部队”的首要建设内容。1995 年,美参谋长联席会议联合颁发了《联合空中作战指挥与控制》(JP3－56.1)和《交战地区联合空域管制概则》(JP3－52),2000 年多军种联合颁发了《一体化空战场管制程序》,2003 年颁发了《联合空中交通管制程序》,标志着战术空域管制理论的发展成形,此后这些出版物分别经过多次修订,使得相关理论描述更加成熟完善。

1.2.1.2　管制方法

空域管制方法在军事行动范畴包括对空域管制区内所有空中资源进行积极管制以及对这些资源的程序管制,或者两者有效结合。空域管制计划和系统需基于部队和国家能力与需求来适应这些方法。积极管制依赖于雷达、其他传感器、合作识别系统[敌我识别/选择性识别(IFF/SIF)、精确参与者定位与识别(PPLI)、蓝军跟踪系统等]、数据链以及其他通信系统,提供积极识别、跟踪并指挥空中资源。程序管制依赖于空域管制措施,如飞机识别机动区、火力支援协调措施、协调高度、综合防空识别程序以及交战规则、限制作战区(ROZ)、限制射击区、自由射击区、禁射区、低空过渡航路、最小风险航路、标准使用军用飞机飞行路线(SAAFR)以及高密度空域管制地带(HIDACZ)。无人机系统(UAS)、陆军战术导弹系统(ATTACMS)、全球定位多管火箭发射系统(GMLRS)、“战斧”对地攻击导弹(TLAM)以及其他巡航导弹系统的程序空域管制措施,还包括特殊走廊、地-地导弹系统措施、限制作战区以及高度预留。图 1.1 给出了空域管制的积极管制和程序管制方法,空域管制结构需对不断

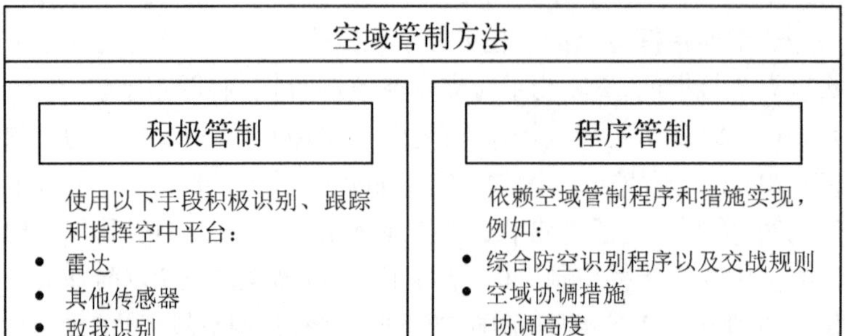

图 1.1　空域管制方法

演变的敌军威胁条件和变化的战术形势予以响应[1-9]。

1. 通用联合空域控制方法

通用联合空域控制方法是经联合司令部批准的空域控制方法，主要包括协调高度、低空通行航线、最小风险航线、限制作战区域、专用空域、大密度空域控制区和固定直升机机航路等。

(1) 协调高度

确定协调高度的主要目的是控制固定翼和旋转翼飞机的飞行，通常情况下，固定翼飞机在此高度上方飞行，旋转翼飞机在此高度下方飞行。战区(交战地区)之间甚至是战区之内可以确定不同的协调高度。在协调高度之上或之下并非绝对禁止固定翼和旋转翼飞机飞行，需要穿越协调高度飞行的飞机在飞行前必须与相关控制机构进行协调。防空炮兵或野战炮兵不使用协调高度。

(2) 低空通行航线

低空通行航线是前方区域建立的临时控制空中走廊，目的是减少己方防空部队或地面部队对己方飞机造成伤害。空域控制指挥员可根据空中作战需求来确定应建立多少条低空通行航线。

(3) 最小风险航线

最小风险航线是一个限定范围的、供高速固定翼飞机使用的临时空中走廊。穿越己方部队前锋线执行任务的己方固定翼飞机主要使用该航线。最小风险航线是可变的，可根据威胁情况、己方作战计划、地形、限定条件和火力支援阵地等因素来确定。

(4) 限制作战区域

限制作战区域是为满足特殊作战态势或需求而确立的有限空域，在该空域内，一个或多个用户的行动会受到限制。设置该区域的目的是通过限制飞机进入指定地面区域或空域，来帮助减少其与地面进攻之间的冲突、避免重复行动及误伤。典型的使用是限制飞机在陆军战术导弹发射区域和目标区域、无人机发射和回收区域上空进行活动。

(5) 专用空域

专用空域是经批准后预留给特殊用途的空域，主要用于基地防空、空中战斗巡逻等。进行空中战斗巡逻需要确定空域的位置、进出方向、高度和时间。联合部队空军部队司令官和其他部队司令官可以利用专用空域预先部署用于完成侦察、监视、防空、战场管理和空中打击任务的装备。

(6) 大密度空域控制区

大密度空域控制区是用于集中部署大量的、多种武器或空域用户的区域。建立大密度空域控制区后，地面指挥员可以要求其他空域用户选用其他活动区域，或在其规定和约束下进行活动。

2. 空域控制方法标准作业程序

空域控制方法标准作业程序包括空中走廊、进攻轴线、飞行控制点、战斗空域、开火区域、通信检查点、火力进攻阵地和观察所。

空中走廊是为己方飞机设定的空中航线，用作战斗航空兵分队在前方弹药与燃料的补给点、待降空域和战斗空域之间的通道，空中走廊也用于解决炮兵发射阵地与航空交通之间的冲突；进攻轴线是一个全面前进路线，可以细分为多条航路，进攻轴线符号可以形象地表明指挥员意图，当进攻轴线用于强击航空兵作战时，可以提供全面的机动指导；飞行控制点是一个易于识别的地面位置或电子导航装置，用于对空中机动过程实施必要的控制，飞行控制点通常设置在每一个飞行航路或空中走廊的方向转折点上，通常在确定固定陆军飞机航线、低空通行航线和最小风险航线时使用；战斗空域是一个指定区域，攻击直升机可以在此区域内实施机动，并向指定交战区域发射弹药或打击临时目标；开火区域设置在敌人前进的路径上，以集中所有武器的火力包围并歼灭敌人，在多个用户同时使用空域的情况下，需要制定详细计划和协调方案，以防止空域冲突；通信检查点是飞行控制点的一种，需要各长机将通信检查点报告给执行任务的航空兵部队指挥员或终端控制站；火力进攻阵地是实施战术火力进攻任务的阵地，设置该阵地的目的是增加被支援部队的作战机动性；观察所是士兵观察或指导及调整火力的处所，装备有所需要的通信装备，可设置在飞机上。

3. 防空空域程序控制方法

美国陆军的防空空域程序控制方法包括确立基地防御区、武器攻击区、自由射击区和防空识别区。

基地防御区是建立在空军基地周围的防御区域，用于限定为空军基地提供保护的近程防空武器系统的火力范围，确定特殊的进出航线和敌我识别程序；武器攻击区是一个限定范围的空域，该区域内通常使用指定武器系统打击空中威胁，武器攻击区包括高空导弹攻击交战区、低空导弹攻击区、战斗机攻击区、联合攻击区和近程防空攻击区；自由射击区是为保护关键装备和设施而非空军基地而建立的防空区域，用于为高价值装备提供防护，武器系统在此区域内可以打击任何目标而无需敌我识别；防空识别区是用于识别、定位和控制作战飞机的区域，通常建立在主权国家的边界，战时作为战区后方区域。

4. 火力支援协调方法

所有间瞄武器都对己方空域用户存在潜在危害，尤其是在紧邻发射部队或目标上方的低空空域发生冲突的概率较大。采用火力支援协调方法可保证在快速打击目标的同时，为己方部队提供安全保障。火力支援协调方法分为许可性方法和限制性方法。

许可性方法包括设定自由射击区、火力协调线和火力支援协调线。自由射击区是一个特定区域，在该区域内，任何武器系统的发射可以不用通过指挥机构的协调。火力协调线是一条航线，在该航线之外，常规直瞄与间瞄火力支援武器可以随时在指定边界上进行发射，不需要进行协调，建立火力协调线可提高对地目标打击的速度，建立火力支援协调线是为了在不采用协调方法的情况下迅速打击临时目标，采用任何弹药的任何武器系统可根据火力支援协调线进行所有发射。

限制性方法包括建立空域协调区、限制射击线、禁止射击区和限制射击区。空域协调区是目标区域内的三维空域区，在该区域内，地面火力不会对己方的飞机造成伤害。空域协调区可以是正式或非正式的。正式空域协调区需要进行详细计划，区域的垂直与横向界限要保证空中和地面火力支援武器攻击最大数量目标时的行动自由。在非正式空域协调区，飞机和地面火力可以在进行简单协调的情况下，在时间或距离上间隔使用空域。限制射击线是建立在集结于一起的己方地面部队之间的界限，相邻部队禁止跨越此线进行发射或行动。建立限制射击线是为避免己方部队的误伤和双重攻击。禁止射击区是禁止射击和行动的地面区域。限制射击区是强制实施特殊限制措施的区域，超出限制条件的射击必须经协调之后方能实施。

5. 特殊空域用户指挥控制方法

特殊空域用户主要指特种作战部队、无人机和陆军战术导弹。为实现有效的空域指挥控制，美国陆军对这些特殊用户的使用进行了规范。例如，特种作战联络组负责为联合部队特种作战部队司令官提供帮助，对特种作战部队的空中和地面作战与联合空中作战进行协调与同步；无人机的飞行必须像有人驾驶飞机一样进行协调，以避免与其他空域用户发生冲突；陆军战术导弹的使用必须由陆军空域指挥与控制机构进行协调。在无法解决空域冲突的情况下，还要对目标价值、回报、时间和所允许承担的风险进行评估。

6. 冲突解决方法

空域冲突的解决方法主要有时间间隔法和通用参照系统法。有人驾驶飞机和无人机在邻近弹道或武器发射点飞行时，以及飞行员与火力单元打击相同目标时，需要利用时间间隔方法，该方法需要火力支援协调员与空域指挥控制单元之间进行协调，确保飞机和地面火力之间错时拥有相同空域。通用参照系统主要是为部队提供通用坐标系，利用它可以确定特殊作战区域，快速协调联合作战，使指挥员有效协调、解决冲突并同步地面进攻，减少潜在的双重发射和误伤。

1.2.1.3　空域冲突探测与解脱技术

空域冲突探测与解脱是战术空域管制的一个关键性理论问题，用于解决飞行密度大、活动关系复杂的战术空域冲突，对保证战术空域运行安全具有十分重要的意义。目前已知的国外研究样本多来自民用航空领域，对战术空域管制研究具有较为相似的参考价值。

空域是个复杂系统，复杂性直接影响了空域的安全性和使用效率，Lee 和 Fraccone 等讨论了空域系统的复杂性，研究了空域系统对外界干扰的反应[10-12]。Zhang 等在关系复杂性尺度和网络理论的基础上提出了一个关系复杂性网络框架，用于为指挥员在进行飞机冲突探测和解脱时的工作负荷建模，发现该网络的中心度量指标可以用于度量感知工作负荷和完成时间的变化，对静态和动态的冲突探测都是适合的，但未能考虑飞机高度层因素[13]。空域的动态规划是最近几年的研究热点，关于航路和扇区动态规划的研究工作，主要从飞机冲突避让的角度研究航路动态规划，从管制员工作负荷均衡性的要求讨论扇区动态规划算法，其中 Netjasov 专门讨论了欧洲天空一体化可能带来的空域使用效率问题[14]。

在航路规划技术研究方面，荷兰乌德勒支大学 Kavraki 等针对多自由度问题的路径规划，提出了概率地图（PRM）方法，该方法可以在规划时间和路径质量之间进行权衡，但是如果规划环境一旦发生变化，该算法将不能通过局部更新以适应新的环境[15]；美国学者 Kennedy 和 Eberhart 根据鸟群的觅食行为提出了粒子群优化算法（PSO），随后针对粒子群算法，国外学者提出多种改进，如量子粒子群算法、小生境粒子群优化算法、混沌粒子群优化算法、基于模拟退火的粒子群优化算法、智能单粒子算法、自适应粒子群优化算法等混合改进算法，但是仍然存在陷入局部最优的问题[16]。由于多航空器协同作战问题的复杂性与实时性要求很高，因此现有成果应用于实战中其性能还有待提高。

在空域冲突探测和解脱方面，早在 20 世纪六七十年代，国外已经开展了相关的研究，并取得了许多成果。在飞行器碰撞危险模型方面：Reich 等建立了最早的飞机碰撞危险模型，为了简化数学计算，它将每架航空器假设成一个平均长度为 λ_x、λ_y、λ_z 的立方体，这些参数分别表示飞行器的平均长、宽和高。该模型主要适用于计算碰撞危险和间隔之间的关系，它充分考虑了管制的具体要求，具有很好的实用性[17]。随后，有许多学者在 Reich 模型的基础上进行了类似的研究，他们综合了各种影响飞行安全的不确定因素，将 Reich 等的碰撞区域改为由最小安全飞行间隔标准定义的一个类似椭圆或其他形状的保护区，只要看两架飞机的保护区是否重叠就可以判断是否发生冲突。飞行冲突解脱技术按发生冲突状态变量的不同主要分为三大类：离散冲突解脱方法、连续冲突解脱方法和混杂系统模型方法。离散冲突解脱方法将解脱过程按等时间或等距离划分，然后运用各种离散优化方法对各段进行优化，以达到总体优化的目的，但其无法处理大量航空器间的冲突；连续冲突解脱方法直接利用优化控制理论设计出航空器避让的最优飞行航迹，其研究的主要点在优化算法和控制理论的改进；不同于以上两种方法，基于混杂系统模型的冲突解脱方案是一种分散式的空中交通管制方式，它将当前空中交通管制的职能移交到每架航空器，并通过计算不同飞行阶段航空器发动机推力及仰角等参数来控制航空器的速度和航向，以保证航空器运行包线处于安全区域内。

近年来,国内外学者对航空器冲突解脱方法研究依然保持着浓厚的兴趣,研究方向大致分为三类。一是以飞行受限区建模为基础的解脱路径规划建模,因飞行受限区建模的灵活性小,此类研究的发展空间已相对较小,代表性成果有:2009年,李雄总结了现有主要方法,分析了各类方法的优劣,系统研究了航空器在航路飞行阶段的冲突解脱问题,提出了基于 Graham 算法的静态飞行受限区划设方法,进而提出了相对固化动态飞行受限区的方法,降低了动态飞行受限区的处理难度;根据飞行受限区形状特点,建立了基于几何法的块状飞行受限区冲突解脱模型,改进了传统的多边形法;建立了带状飞行受限区冲突解脱动态规划模型,提出了基于网格的散点状飞行受限区多目标冲突解脱模型,并进行了仿真实验[18]。2016 年,王清琦和张兆宁建立了以多边形顶点发展来代表飞行受限区整体变化的模型[19]。二是针对冲突解脱模型的求解算法研究,因智能优化算法层出不穷,此类研究较多,代表性成果有:2009 年,徐肖豪等建立了基于人工势场算法的冲突解脱模型,仿真效果明显[20];2013 年,王飞等提出了采用 Maklink 图和遗传算法两阶段规划改航路径的方法[21];2015 年,张兆宁等针对多机改航改进了动态人工势场算法。三是针对不确定环境的动态改航,此类研究一般对对流天气的不确定性进行描述,建立实时或飞行中改航模型,研究空间较大,代表性成果有[22]:2012 年,孟令航等考虑对流云团位置的动态位置外推误差及云团可航状态的不确定性,建立了一种基于 Markov 链的动态天气预测模型,进而建立了以期望改航代价最小为目标的动态冲突解脱模型[23,24]。

1.2.1.4 空域态势监视技术

空域态势监视技术作为空域管制系统的重要组成部分,一直受到业界的关注。随着信息技术的发展与航路流量的日益增大,对未来空域态势监视系统的要求也日益增高。Richard 和 Henry 提出,数据质量可分为客观质量指标和主观质量参数,用户应根据自己的选择去评估数据质量[25]。2002 年,Pipino 和 Lee 提出了简单比率、最大最小运算和加权平均值的客观评价算法,认为数据质量的评估应采取主客观结合的方式[26]。2003 年,资深国家咨询公司 MetaGroup 在大量的企业调研基础上提出了表 1.1 中所列数据质量的定义,该定义从不同的角度对数据质量的关键特性进行了细化,而这一定义被很多文献转载并引用[27]。

表 1.1 MetaGroup 关于数据质量的定义

译 文	原 文
准确性:用来测量信息正确性	Accuracy: A measure of information correctness
一致性:用来测量并应用的语义标准	Consistency: A measure of semantic standards being applied

（续表）

译　　文	原　　文
完整性：用来测量记录间的差距	Completeness：A measure of gaps within a record
整体性：与那些普遍有效性对比，进行捕获实体或时间的量化测评	Entirety：A measure of the quantity of entities or events captured versus those universally available
幅度性：测量一个实体或事件的捕获信息的量	Breadth：A measure of the amount of information captured about an entity or event
深度性：测量实体或时间的历史量	Depth：A measure of the amount of entity or event
精确性：用来测量精确度	Precision：A measure of exactness
潜伏性：用来测量一个记录的时间	Latency：A measure of how current a record is
不足性：测量一个信息的不足程度	Scarcity：A measure of how rare an item of information is
冗余性：测量不必要的重复信息的量	Redundancy：A measure of unnecessary information repetition
统一性：用来测量有关另一个相关信息的合法性	Integrity：A measure of validity with respect to another item of related information

在国内，学者们对雷达和广播式自动相关监视（ADS－B）监视数据的品质分析做了大量的研究。2013 年，中国民用航空飞行学院的钟建华等研发了一种 ADS－B 数据质量评估系统，该系统可以对 CAT021 报文进行解析，并对解析后的数据的完好性、漏点率和跳点率进行分析，这一评估系统对 ADS－B 的数据分析研究有一定的参考意义[28]。

与 ADS－B 系统不同的是，军民航监视系统在全国各地安装部署有多种雷达，其厂家、型号、规格、参数等各不相同，雷达信号的质量也不尽相同。评价雷达数据的质量高低，对各级空管中心在雷达引接和空管系统使用、调试、维护以及对即将购买雷达的评估、验收等都会产生重要的影响。2006 年，陈小伟等以多目标多传感器系统性能评估为前提，针对当前评估过程对数据源定量评估的不足，尝试提出一种新的航迹数据源质量评价指标及其计算公式，从目标数量、回波数量和质量及回波密度等几个方面对数据源质量进行定量评价。2010 年，民航空管技术装备发展有限公司研制了一部型号为 RDQS3000 的雷达信息分析工具，该系统采用先进的实时处理技术和优化分析算法，支持多路雷达信道的接入，能实时显示雷达数据格式，分析数据质量，统计线路误码率，并通过具有背景地图的显示界面直接观察雷达航迹情况；同时提供雷达数据的录制、回放、对历史数据进行质量分析评估、提取错误数据信息等功能[29]。2010 年，华北空管局的王冰提出了一种基于监测雷达数据内容的分析监测系统的设计方案。针对该系统的实际特点，采用统一过程模型 RUP 的方法对系统进行设计开发，为雷达数据分析监测系统的实现打下了基础[30]。2017 年，孟凡君等针对雷达数据的异常轨迹对雷达监视数据的质量做了分析，并基于分布式处理框架 Hadoop 给出了一种分析方法[31]。

综上所述,影响数据源质量的因素多种多样,大体可以分为以下三类。

传感器本身性能:传感器误差是测量误差的主要来源,也是影响数据源质量的主要因素。不同种类的传感器特性亦不相同,雷达通常对距离比较敏感,但方向性不好,而红外传感器则正好相反,具备较好的方向性,但对距离测量的不确定性较大。同种传感器型号不同,其性能也不同。这样得到的测量报告中,数据的精度、有效性就不同。

空中态势:空中态势的不同,则目标密集和稀疏程度不同,目标密集环境将导致跟踪误差增加,进而影响到航迹融合质量。

外部环境因素:外部环境因素主要包括天气因素等。雷电干扰信号会影响传感器的测量精度,使得目标测量报告中含有杂波,导致融合体系整体性能的下降。

雷达数据源的质量指标包括以下四类。

目标数量相关指标:主要反映的是传感器本身的监视性能,目标完备系数越大,说明传感器监视到的真实目标越多,反映出传感器监视性能越好。

回波数量相关指标:主要反映了数据源数据容量,总回波数越大,说明融合系统需要处理的数据量越大;周期最大回波数和周期最小回波数主要说明了某一时刻系统所需处理数据的峰值和谷值。

回波质量相关指标:主要反映的是数据源提供的信息量,有效回波系数越大,说明数据源所含有效信息越多;相反,杂波系数越大,说明数据源所含有效信息越少,可能会导致跟踪质量和融合质量的下降。影响回波质量相关指标的因素主要是雷达自身的性能以及外部环境因素。平均距离误差和平均距离误差方差主要衡量的是系统的测量精度,即系统测量的空中目标准确性和系统测量噪声水平。显然,同空中目标的真实位置相比,误差的平均值和方差越小,系统掌握空中目标的精度越高,所提供信息的可靠性也越高。

回波密度相关指标:主要衡量的是每个扫描周期中有效回波的密度和距离,因为在目标密集环境下,目标航迹的起始和跟踪维持都需要采用更复杂的算法,以减少密集目标跟踪过程中的误差。

1.2.2 系统建设

总体架构方面,美军基于多兵种联合作战构想,将战术空域管制作为作战指挥的重要组成部分,承担战区的空域管制和空中交通管理(ATM)任务。美军具备战术空域管制功能的装备系统主要有陆军战术空域综合管理系统(TAIS)、空军战区作战管理核心系统(TBMCS)和空域联合管理和冲突排解系统(JASMAD)等。

1.2.2.1　陆军战术空域综合管理系统

TAIS 是美国陆军指控系统(ABCS)的一个子系统,其作用是在任何战场环境下,满足联合作战空域控制、空中交通管理及用空信息处理的需求。TAIS 作为先进的空域管制系统,可将空域环境各类信息处理展现为一张空域态势图,该图与陆战场目标态势图共同为美国陆军提供完整的地空综合态势图。TAIS 可与联军、友军、军民航空管单位等相应的空域管制系统进行信息互联互通。TAIS 通过向各用空单位提供空域态势信息、协调空域分配、规划空中交通,极大地减少合作单位误伤情况发生,提升了作战效能。TAIS 系统架构如图 1.2 所示。

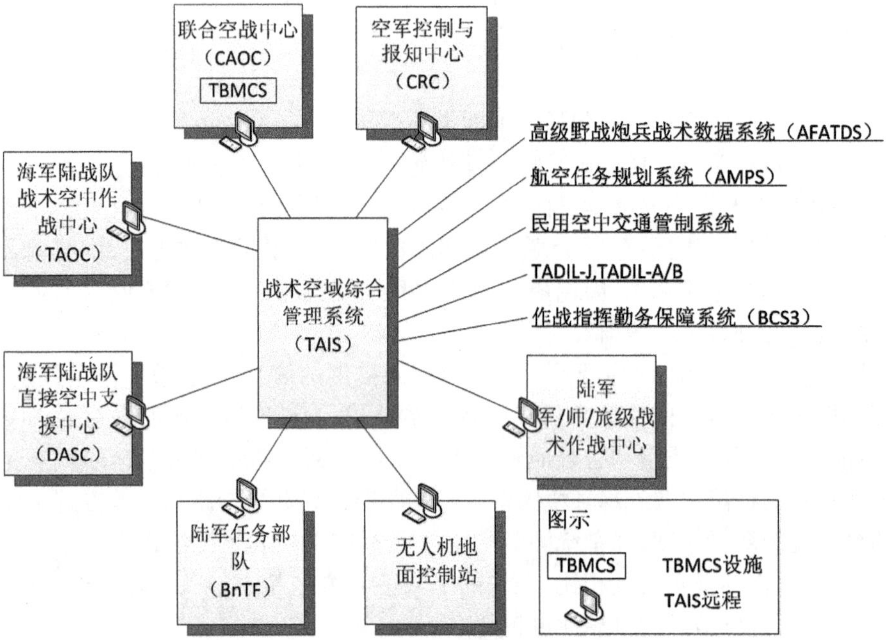

图 1.2　美军 TAIS 系统架构示意图

TAIS 于 2000 年通过了军方验收测试,2002 年 7 月首次装备使用。在 2007~2008 年,TAIS 开发了二维、三维可视化界面及更新了先进的基于 3D－GIS 的分析与管理能力;在 2007~2009 年,将人机交互界面升级至基于 Windows Vista;在 2008~2011 年,系统已升级为面向服务的体系架构(SOA)。

1.2.2.2　空军战区作战管理核心系统(TBMCS)

20 世纪 90 年代,美国就对空军战区作战管理核心系统(TBMCS)展开了研究,旨在将原有的系统,即战区应急自动计划系统、航空兵联队指挥和控制系统(WCCS)、作战情报系统(CIS)和其他应用系统综合集成为一个联合空战指挥控制

(C2)系统,为空军及其他军种、联合部队的司令提供自动化空战计划和执行管理手段。TBMCS 是北美联合空战中心(CAOC)的重要指控系统之一,被称为空战中心的“发动机”。目前美国空军已将 TBMCS 装备到全球的 19 个空战指挥中心、300 多个空军联合战队/中队指挥所、11 个航母战斗群的海军航空兵指控系统、海军陆战队空战指挥中心以及一些远程空地协同作战特种部队。

TBMCS 从 1994 年开始研制,2000 年 7 月完成了 1.0 版,同年 10 月发展到了 1.1.1 版,并获批在实战中使用。之后 TBMCS 不断进行升级,改用基于 SOA 的体系架构,以实现向 WEB 系统转变,系统架构如图 1.3 所示,TBMCS 分为战役级和战术级系统,分别为空战中心、空中支援作战中心及分队级单元提供所需功能。战役级 TBMCS:为空战中心提供系统管理和服务、数据通信以及空战中心使命任务,包括情报数据处理、战区目标确定、空中作战计划制定、空域管制和控制、确定任务分配和下发、任务执行情况监控、任务重规划和兵力集成。在空中支援作战中心的战役级 TBMCS 用于对面向机动目标的空中行动进行规划、协调、控制和实施,以支援地面部队。战术级 TBMCS:分队作战中心负责接受高层所下发的任务并转换成分队计划,战术级 TBMCS 对分队资源进行管理以保障该遂行飞行任务并报告执行结果。

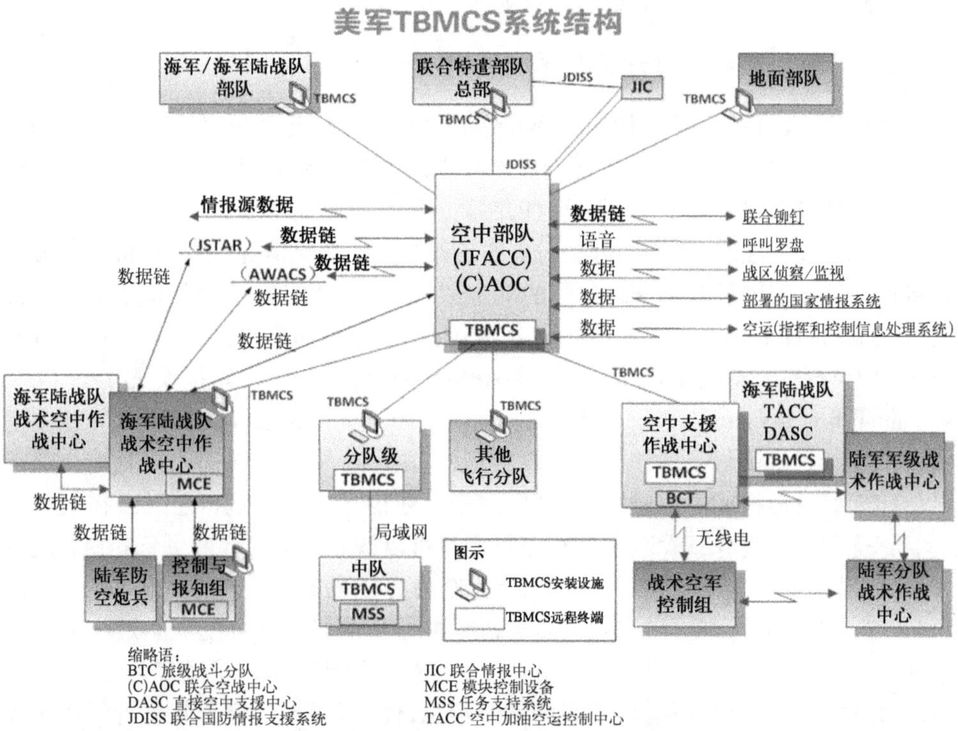

图 1.3　美军 TBMCS 系统结构示意图

在伊拉克战争中，TBMCS 已经具备自动分发空中任务指令（ATO）和空域控制指令（ACO）的能力，空战中心飞机均加装了“快速情报接收系统”。指挥官对重大事件的掌握度从海湾战争时的 15%左右提高至 90%以上，将任务指令传达到空战单元的时间从几个小时缩短至秒级，超过 6 成的空中作战单元是在空中受领目标情报和进攻指令，从发现到打击的时间由海湾战争时期的几十分钟缩短至几分钟。

1.2.2.3 空域联合管理和冲突排解系统（JASMAD）

美国空军研究实验室与空军指控、监视、情报和侦察中心合作，研制空域联合管理和冲突排解系统（JASMAD），旨在为避免各自独立建设、无法互联指挥架构提供解决方法。

JASMAD 采用网络中心化架构，获取处理空域中所有航空器计划航迹数据，旨在排解战区空域航线冲突，提供空域冲突临机解脱与空域动态管理能力，对空中任务指令（ATO）和空域控制指令（ACO）进行发布和调配。JASMAD 最终将取代 TBMCS 内的空域冲突排解模块，在 JASMAD 部署后，TBMCS 预计将整体被战区战斗行动网络中心环境（TBONE）取代，TBONE 可使航空作战联队各成员单位分享空中任务指令（ATO）和空域控制指令（ACO），联队人员能够实时/准实时了解近期执行任务的航空器信息和空战场的飞行规则。

1.2.2.4 空域运行评估技术方面

2013 年，Kim 提出了一种空域资源分配效能的评估模型，该模型认为空域用户或航空器运行单位的偏好导致运行成本存在一定的不确定性[32]。将成本函数定义为确定性和随机性两部分，假设随机性部分符合某种概率分布，分别运行不同的航路资源分配方法，对比不同方法对应的延误损失的变化情况，进而评价各种方法的效能。Kim 阐述了航路资源分配的基本架构，简要介绍并比较分析了协同航迹选择程序的四种典型方法：全信息系统优化（full information system-optimal, FISO）、参数化系统优化（parametric system-optimal, PASO）、先提交先分配（first submitted first assigned, FSFA）、RBS（ration-by-schedule）算法，其中，FISO 算法中空管部门发布容量受限空域和可用航路信息，空域用户须向空管部门按时提交全部的航路偏好及运行成本信息，空管部门根据上述信息以全部航班总延误损失最小为目标优化分配资源；PASO 算法中空域用户可以按需向空管部门更新其相关运行参数，尤其是航班运行成本的不确定性，作为算法的输入，进而优化分配资源；FSFA 算法在用空计划提出空域资源申请时根据其偏好信息分配成本最小的可用资源，一旦完成分配便不再受理该用空计划对资源的新需求。仿真实验结果表明，FISO 算法能够全面掌握空域用户的偏好信息，优化效果好，但因其所需信息较多且实时性较差，实际操作较为困难；PASO 算法较 FISO 算法灵活性强，针对主要参数进行优化,但因其基于部分偏好信息,优化效果不及FISO算法;FSFA算法作为一种时序算法,动态引入空域用户的偏好信息,具有较好的航路资源分配公平性,当偏好信息存在一定不确定性时,相同不确定性水平下的总延误损失小于PASO算法;RBS算法也是一种时序算法,其总延误损失大于其他方法,但单个用空计划的延误损失变化较小,资源分配的公平性也较好;时序算法的效率性整体劣于系统优化算法,但公平性优于系统优化算法,总体上讲,时序算法仍是航路资源分配方面的主要应用方法。Kim同时指出,航路资源分配方法的效能受实施时长和用空计划量的影响较小,受用空计划延误成本以及需求与容量的不平衡程度影响显著。FSFA算法中,空域用户提交航路资源偏好信息越早越有利于分配到最佳资源,然而当空域容量、资源价值变化时,先分配到的资源往往不是航班所需的最佳资源,因此当空域环境存在不确定因素时,空域用户往往不会过早提交偏好信息,而是相对晚一些提交偏好信息,但这样会降低空域资源分配效率,存在浪费空域资源的可能。2015年,Kim针对FSFA算法的不足,建立了航路资源时序分配的博弈论模型,使空域用户可以比较提交空域资源申请的不同时间所带来的效益差别,不同空域用户在提交时间上也存在竞争,从而有助于选择最佳的提交时间[33]。

1.2.3 作战使用

在近几次局部战争中,参战力量的多元化使得战区空域内的作战单位越来越密集,战术空域管制对联合作战行动越来越重要。以美国为代表的发达国家通过实战检验并持续改进,形成了现代化的战区空域管制体系架构,代表当今世界各国战术区域空域管制的最高水平。下面以英美联军在伊拉克战争中的战区空域管制为例,阐述战区空域管制的实战应用情况。

1.2.3.1 战区空域管制的实施

在伊拉克战争中,英美联军控制的空域范围包括伊拉克、科威特和卡塔尔全境,以及波斯湾北部、沙特部分空域、土耳其部分空域,因此联军已实际掌握了战区空域的控制权。联军首先在位于多哈的Al Udeid空军基地联合空战中心设立了首个战区空域管制机构。随后在沙特空军基地设立了空域管制协调和指挥中心。美中央战区总部司令弗兰克斯上将任命了一名经验丰富的空军空中交通管制指挥官为战术空域管制指挥官,同时建立了上至战区、下至各军兵种指挥中心的空域管制系统,并由军方空管人员负责使用。

战区空域管制对战争胜利发挥了重要的作用。一是实现了联军各部队之间的空域管制与协同使用。为保证多国联合部队对空域资源的安全有效使用,战区空域指挥控制中心统一协调控制用空计划,根据作战计划中规定的行动区域和作战目标,划设空域活动范围,并制定相应的空域管制、协调规则。二是实现了非作战部队地空之间的管制与协调。战区空域指控中心根据作战计划,设置了空中走廊、禁飞区、航线、飞行限制区、空中等待区以及防空空域等,明确了地空部队的攻击范围和高度,同时派驻机动管制分队,配合地面部队行动,综合运用多种管制手段,通报各类空域情报,减少了地空部队间的空域使用矛盾,减少了误伤事件的发生。三是实现航空兵部队之间的协调。联军进攻伊拉克首都巴格达时,高空有预警机、战略轰炸机和高空无人机活动,中空有电子对抗飞机及中空无人机活动,中低空有强击机、战略支援飞机及反辐射飞机等活动,低空有歼击机和战术无人机等活动,超低空有武装直升机和导弹。为了应对这种繁杂的空战场环境,联军要求所有用空部队在作战时务必掌握空战场态势和周边空域态势,根据预先作战任务严格执行既定的航行诸元,并通过指挥控制链路传递情报、紧密沟通、收发指令、化解冲突,从而减少了非战斗减员的发生。

英美联军在伊拉克战争期间对战术空域管制的组织实施主要着眼于以下四个方面:

体制:联军构建了三级空域管制体系,在战区空域下设 4 个管制责任区,分别成立管制中心,并在各作战部队设立所需的管制终端。同时,联军向卡塔尔、沙特、科威特等国空管机构派出联络员,互通空域情报、协同管制指挥。

措施:联军第一时间发布了战区空域管制平时程序和应急程序,保证空域管制措施的一致性;根据战场态势变化,灵活调整空域使用计划,依托地面空域管制系统与空中指控平台,综合运用程序管制措施和临机管制措施,保证战区空域管制的灵活、高效。

协调:联军通过各级指挥机构和指控系统,对空战部队用空计划进行协调,包括联合作战部队间的协调、作战部队地空协调、空战部队空域用户间的协调、国际空域军民航使用协调等,有效减少了空域冲突,提高了空域资源使用效率。

装备:联军利用先进的数据链技术,将地空两级指控系统有机结合,在空中预警、高空侦察、无线通信和 SBAS 导航等天基系统的支持下,建立了一个空天地一体化的战区空域管制系统,具备大场景、大容量、具有实战能力的空战场管制能力。

1.2.3.2　暴露的问题

在伊拉克战争中,尽管制定了周密详细的战区空域管制程序,平均每天发布超过 1 200 条空域协调措施(ACM)来制定空域控制计划(ACO),可是由于空域控制不完善导致的误伤事件仍有发生。作战前 40 天就发生了三起重大的误伤事件,死亡 40 人。三起事件分别是爱国者导弹击落英军 GR-4 三旋风战斗机、美军 F/A-18C 战斗机和大黄蜂战斗机;美军 F-15E 战斗轰炸机误炸了一支英军特种部队和库尔德武装混合组成的车队;英海军陆战队 AH-1 眼镜蛇直升机击毁一辆美军

MIA1 坦克。这三起事件反映了尽管美军在战区空域管制的理论和实践上均取得了领先的成绩,但在信息系统建设、情报收集和发布上仍存在不足之处,导致在极具流动性和机动性的空战场中留下行动失败和误伤友军的隐患[34]。

国内战术空域管制还处于初级阶段,作战空域规划一般采用预先划设空域结构、设置高度范围,规定用户协调方法,对执行联合任务的空中兵力(包括各类固定翼飞机、旋翼飞机、浮空飞艇、导弹、炮弹、火箭弹、进入空域的航天武器等)进行时空分隔和频域分隔等方式,避免联合作战飞行任务遂行过程中的误击误撞及减少空地武器之间的相互干扰,空域利用率有待进一步提高。

参考文献

[1] Department of the Army. Joint airspace control, joint publication 3-52[S]. 2014.

[2] Department of the Army. Army airspace command and control in a combat zone[R]. 2002.

[3] Department of the Army. Airspace control[R]. FM 3-52, 2013.

[4] 美国国防部. 战区空地系统[R]. FM-52.2,2003.

[5] 防务网站. 美国陆军条令出版物 ADP6-0 号: 任务式指挥[R]. 2013.

[6] 美国国防部. 一体化空战场管制程序[R]. 2000.

[7] 美国陆军参谋部. 2015-2024 年美国陆军概念能力计划: 空域指挥控制[R]. 2008.

[8] 安瑟尼 · 戈德曼. 伊拉克战争经验教训报告[R]. 美国: 战略与国际问题研究中心,2003.

[9] 张立功. 战争中的美国空军: 从冷战到利比亚战争[M]. 北京: 中国市场出版社,2014.

[10] Lee K J. Describing airspace complexity airspace response to disturbances[D]. Georgia: Georgia Institute of Technology, 2008.

[11] Lee K J, Feron E, Pritchett A. Describing airspace complexity[J]. Airspace Response to Disturbances. Journal of Guidance, Control, and Dynamics, 2009, 32(1): 210-222.

[12] Fraccone C, Valenzuela-Vega G, Siddique R, et al. Nested modeling of hazards in the national airspace system[J]. Journal of Aircraft, 2013, 50(2): 370-377.

[13] Zhang J Y, Yang J Z, Wu C X. From trees to forest: relational complexity network and workload of air traffic controllers[J]. Ergonomics, 2015(8): 1320-1336.

[14] Netjasov F. Framework for airspace planning and design based on conflict risk assessment, part1[J]. Transportation Research Part C, 2012, 24: 190-212.

[15] Kavraki L E, Svestka P, Latombe J C, et al. Probabilistic roadmaps for path planning in high-dimensional configuration spaces. [J]. IEEE Transactions on Robotics and Automation, 1996, 12(4): 566-580.

[16] Kennedy J, Eberhart R. Particle swarm optimization[C]. Proc. of IEEE Int. Conf. Neural Networks, 1995: 1942-1948.

[17] Reich P G. Analysis of Long-range air traffic system: Separation standards I II III[J]. Journal of the Institute of navigation, 1966, 19: 331-347.

[18] 李雄. 飞行危险天气下的航班改航路径规划研究[D]. 南京: 南京航空航天大学,2009.

[19] 王清琦,张兆宁. 单体雷暴下的改航模型研究[J]. 航空计算技术,2016(1): 44-47.

[20] 李雄,徐肖豪,赵嶷飞,等. 散点状分布危险天气区域下的航班改航路径规划[J]. 航空学

报,2009,30(12):2342－2347.

[21] 王红勇,赵嶷飞,王飞,等.空中交通管制扇区复杂性评估研究[J].交通运输系统工程与信息,2013,13(6):147－153.

[22] 张兆宁,刘计民.基于CNS性能的垂直间隔碰撞风险评估[J].中国民航大学学报,2010,28(1):5－8.

[23] 孟令航,徐肖豪,李善梅,等.不确定强对流天气下动态改航路径规划[J].西南交通大学学报,2012,47(4):686－691.

[24] 徐肖豪,孟令航,赵嶷飞.基于几何方法的洲际航空编队飞行路径规划[J].北京航空航天大学学报,2015(7):1155－1164.

[25] Richard W. American cancer society lung cancer screening guidelines[J]. CA Cancer Journal of Clin, 2013, 63(2): 106－117.

[26] Lee K J. Describing airspace complexity: airspace response to disturbances[D]. Atlanta: Georgia Institute of Technology, 2008.

[27] MetaGroup. Enterp rise A rch itecture St rategies (EAS)[R]. Meta Delta, USA, 1999.

[28] 钟建华,刘卫东,王东东,等.ADS－B监视数据质量分析研究[J].西安航空学院学报,2013(3):72－75.

[29] 孟凡君,曹伟,管志强.海量雷达数据异常轨迹分析[J].电子科技,2017,30(1):41－45.

[30] Kim A, Hansen M. A framework for the assessment of collaborative en route resource allocation strategies[J]. Transportation Research Part C: Emerging Technologies, 2013, 33: 324－339.

[31] Kim A, Hansen M. Some insights into a sequential resource allocation mechanism for en route air traffic management[J]. Transportation Research Part B: Methodological, 2015, 79: 1－15.

[32] Cordesman A H, Burke A A. The lessons of the Iraq War: main report[R]. Washington: Center for Strategic and International Studies, 2003: 346.

第二章 战术空域管制系统运行概念

2.1 使命任务

战术空域管制是指通过提高空域使用的效率、安全性和机动性，减少对己方使用空域的限制，从而增强作战效能。战术空域管制的主要目标是追求作战行动效果的最佳化，尽量减少对作战行动不适当的限制，且应最大限度地降低对联合作战能力造成负面影响。

战术空域管控系统总体架构包括：形成涵盖面全的空域管制标准；提供自动化的计算、决策与支撑等手段，辅助作战人员制定和生成空域规划、空域计划、空域协调措施；提供“流程控制、位置控制”等方法和自动化工具，支持作战人员掌控空域资源开发、空域使用风险及空域使用效率三者间的动态平衡，增强战区联合作战行动的空域使用效能。

战术空域管控系统要满足联合作战指挥的需要，帮助和辅助相关作战决策和指挥人员收集、协调各军兵种的空域计划，排解空域资源使用矛盾，化解空域冲突，发布空域管制的计划、措施与指令等。空域管制的计划、措施和指令一经批准即在联合作战区域内发布，联合力量各军兵种必须遵照空域控制计划(ACO)使用空域。应当注意的是，空域管制只是组织、协调和控制空域的使用，以增强军事行动效能，而没有“批准、不批准或否定”作战行动的权限，即使在由空域管制部门集中行使空域使用指挥权时，也不意味着其拥有对任何航空武器的作战控制或战术控制权。

联合空中作战的基本流程如图 2.1 所示。

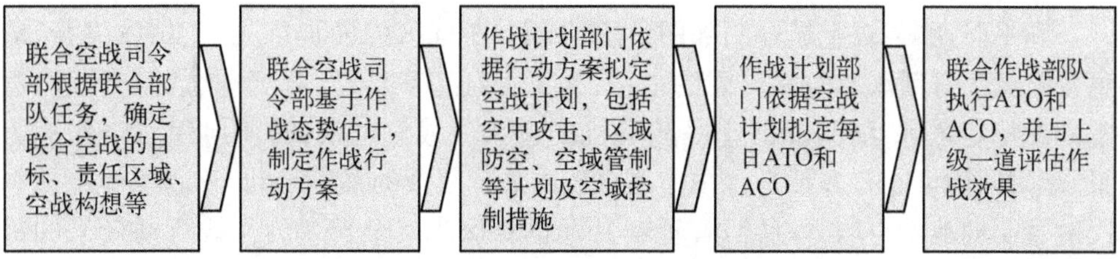

图 2.1 联合空中作战基本流程图

为对战术空域中各高度层的飞行器/活动物体进行有效管理，在满足各类飞行器及武器平台独立作战效果的基础上平衡所有用户的空域使用需求,战术空域管控系统的主要任务是战术空域规划、冲突探测解脱与重规划和空域监视与动态管制等[1-4]。

1. 战术空域规划与协调

战术空域管控系统应与联军、友邻、军用及民用等空管机构及相应的指挥信息系统进行信息交互;根据运行任务收集空域使用需求,根据空域基础数据和空域动态,尽可能但不限于在可用空域内建立战术空域总计划;进行时域、空域及频域上的冲突检测,制定冲突解脱措施,在用空单位之间进行协调,拟制空域使用方案(不排除与其他用户仍存在冲突),报上级战术空域管控系统,进一步进行与其他用户的冲突检测与协调;根据协调结果,形成空勤任务计划、空域控制计划和战斗空间飞行规则,向空域用户发布。

2. 空域监视与动态管制

任务受天气、战损、敌情变化等多种不可控制因素的影响,空域使用需求及空域使用状态经常处于变化之中,战术空域管控系统应能对空勤任务计划和空域控制计划的执行情况进行监视,对临时出现的冲突进行检测和告警,制定空域协调措施,及时向空域用户发布;对作战任务调整或新增需求,进行动态空域规划,生成详细的空域协调措施并及时传递给任务部队指挥所和其他相关单位,实现对战术空域的动态管制。

3. 支持指挥信息系统

战术空域管控系统应能将多源输入信息综合为一张空域态势图,利用空域管制程序协助目标识别,对指挥信息系统提供支持,便于与敌机交战,以及便于己方飞机安全通行;将空域运行监视过程中所掌握的空间各种物体飞行情况以及火力圈、射击线、危险区等执行情况构成的空域态势图信息实时发送至相关指挥信息系统;该空域态势图与战场目标航迹一起可为空域用户提供完整的综合态势场景,为其进一步制定指挥决策措施提供支撑,保障指挥控制中心、友邻空管机构以及空中飞行单位,在复杂电子信息环境下安全、可靠、高效地执行任务。

4. 平战转换与自适应

和平时期,各级空域管制部门负责协调本责任区内的训练飞行、民航飞行、应急抢险救灾等活动对空域资源的占用,为了保证军事活动,降低空域冲突风险,通常划设特定区域,限制或禁止民航飞机的进入。战争时期,需要启用防空作战力量,短时间内可能有多种平台在作战空域内展开复杂的军事行动,管制主体将从军民航管制向战术空域管制转移,管制目标也从保障安全转变为作战行动效果的最优化。因此,需要建立平战转换机制,实现从平时到战时空域管制的有序过渡,保证军民航管制与战术空域管制的有效衔接,在遭到敌人突然袭击时能够立即启用战时管制流程,提高作战的时效性和战斗防御能力。

2.2 需求分析

空战场管制在战役、战术层的任务各有侧重，战役层突出对空域资源的配置，重点关注的是目标和任务，主导对空域使用的筹划；战术层重点突出对空域运行的具体管理，负责对用户的空域规划与分配、空域协调、空域动态监视与控制等[5-9]。

2.2.1 规划设计作战空域

战术空域规划设计，在准备阶段就是依据军事战略、空中各种力量的使命任务以及指挥员筹划预计的作战样式，按照信息化条件下联合作战特点要求，研究提出各类武装力量以及民用空域用户使用需求，设计各类空域类型和使用条件，为实施战术空域管制提供基础条件。而后根据不断演变的作战样式，研究各种空域用户使用的优先加权、协同规则和冲突调配原则，为实施战术空域管制提供依据。

2.2.2 组织制定空域管制计划

战术空域管制面对多用户、多机构、多航空器和地面单元的空域使用需求，需要统一的管制计划来规范各类用户的行为。管制计划制定得越科学、越具体、适应性越强，管理活动就会效率越高、难度越低。通过围绕空域使用制定合理的管理计划，能够提高空域内各用户的整合程度，为联合空域行动和战术空域态势掌控提供条件。

制定战术空域管制计划的目的就是减少己方和友军各合作空域用户之间的自扰和互扰，确保在空域运行效率与安全有序之间达成平衡。空域管制计划围绕空域资源分配，对所有空域运行活动以及所需的数据通信、频谱分配和资源共享等进行综合筹划和具体安排，是有效管理各类空域用户的总体框架和基本依据。

2.2.3 实施战术空域管制

战术空域管制是空域控制者为了维持对空域的有效控制和安全高效运行，根据国家航空管制相关法律法规，合理规划和配置空域，并对空域用户和影响空中飞行的活动进行识别、引导、管理和控制。其主要包括空域冲突探测与解脱、空域态势监视。

空域冲突探测与解脱是依据空域基础数据、飞行计划和空域管制计划，对空域飞行计划进行运行安全和任务执行推演，为空域中各个用户单元提供适当的活动空间,保障空域活动有序展开,并防止误击误伤,最大限度地提高空域运行效能,实现对战术空域的有效主导。

空域态势监视是通过飞行计划、通信报告和雷达监视等手段,对空中目标进行敌我属性识别、飞行一致性监视和威胁判断评估。空域态势监视技术是实现空中目标有效识别、飞行动态实时掌握、防空行动快速反应和空中交通顺畅有序的基础。对空域态势的精准掌握,既有利于对所辖空域内航空器的飞行活动实时统一管理与控制,也有利于迅速发现、跟踪、监视、识别空中目标,准确掌握潜在飞行冲突,及时采取处置措施,维护空域运行安全。

2.3　系统运行活动关系

2.3.1　总体活动关系

从作战空域运行角度看,战术空域结构要素主要分为点、线、区三类:点包括危险点(如航行危险点、弹道导弹落点、攻击点、截击点等)、特殊点(如集合点、部署中心、编队中心、防御设施位置点等)、一般点(如空中服务站,军民航机场,通航飞行服务站、水声站、补给站、技侦站等);线包括特殊线(如射击线、敌方边界线、战术行动线、火力支援协同线、海岸防卫线等)、一般线(如军民航线、空中走廊、等待航线等);区包括禁区(即任何情况下、任何航空器禁止进入的区域)、危险区(如导弹交战区、高炮火力区、污染区、海岸防卫区、危险天气区等)、限制区、放油区、一般区域(如训练空域、机动区、搜寻营救区、空投区、地面责任区等)等。

在多种空域用户联合运行中,战术空域的活动要素种类繁多,主要有军民航运输机、轰炸机、预警机、战斗机、直升机、无人机、各类炮弹、火箭弹、导弹、浮空飞艇等。活动要素在空域的平面部署如图 2.2 所示,高度需求如图 2.3 所示。

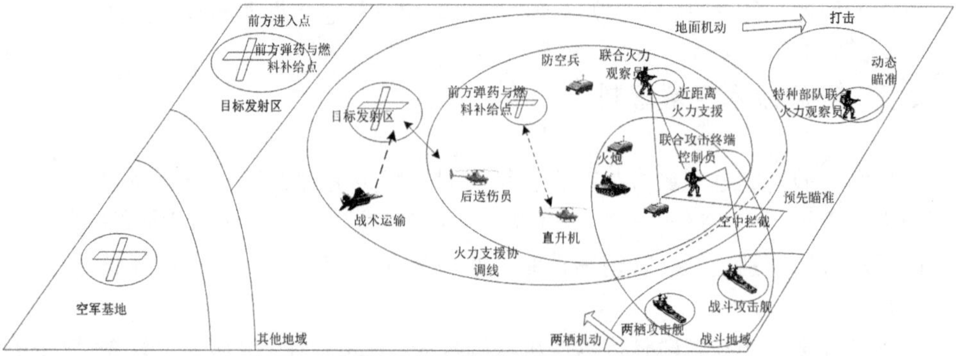

图 2.2　联合作战力量平面部署示意图

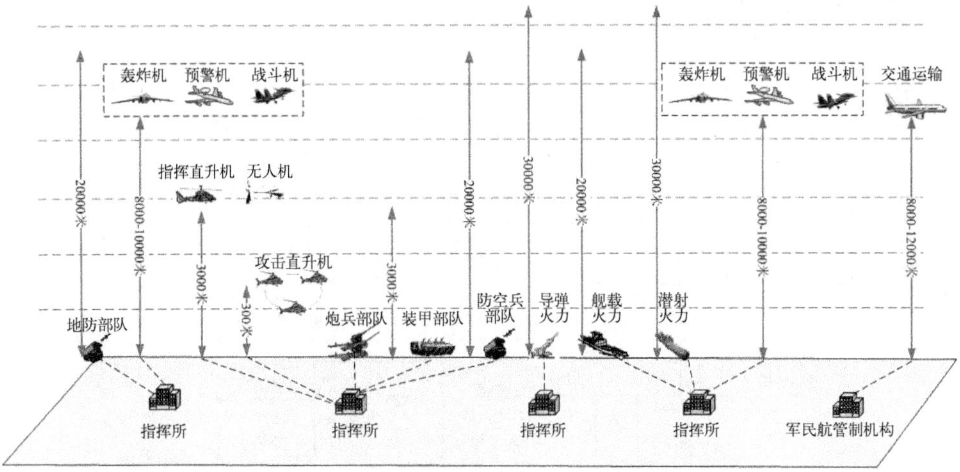

图 2.3　空域活动要素高度分布示意图

战术空域管制的作用主要体现在以下几点。

- 各军兵种能够按需使用诸如高速和低速、固定翼和旋翼(有人驾驶或无人驾驶)等各类航空器以及各类炮弹、导弹等火力武器。
- 对空域使用冲突进行先期判断和调整,并能针对作战需求进行动态规划和临机分配任务。
- 保证己方对空域使用具有最大的自由度。
- 能够快速有效地区分空中己方、中立方和敌方的航空器。
- 火力支援、空中作战、防空作战、特种作战行动之间能够紧密协调。
- 保障我方对敌方最大限度地使用欺骗手段,同时己方不受欺骗。
- 对通信数据、格式和“语言”进行标准化,降低对空域管制程序的解释、翻译及应用方面的差异性。

战术空域管制的活动模型可以分为空域协同规划、空域计划激活管理、空域执行情况监视与空域临机规划四个阶段,如图 2.4 所示。其中,空域协同规划是空域计划激活管理和空域执行情况监视的前提,空域计划激活管理和空域执行情况监视同步开展,贯穿整个作战活动过程,空域临机规划是针对空域临时出现潜在冲突情况而采取的措施。系统首先接收外部输入的用户空域需求、可用空域信息和各用户飞行计划,以及气象情报等信息,在空域基础数据和法定间隔标准的框架下,按步骤进行信息处理,在系统相关席位完成系统活动,最终产品以空域规划方案、空域激活/去激活信息、目标识别信息、冲突告警信息和空域临机规划方案等形式展现。

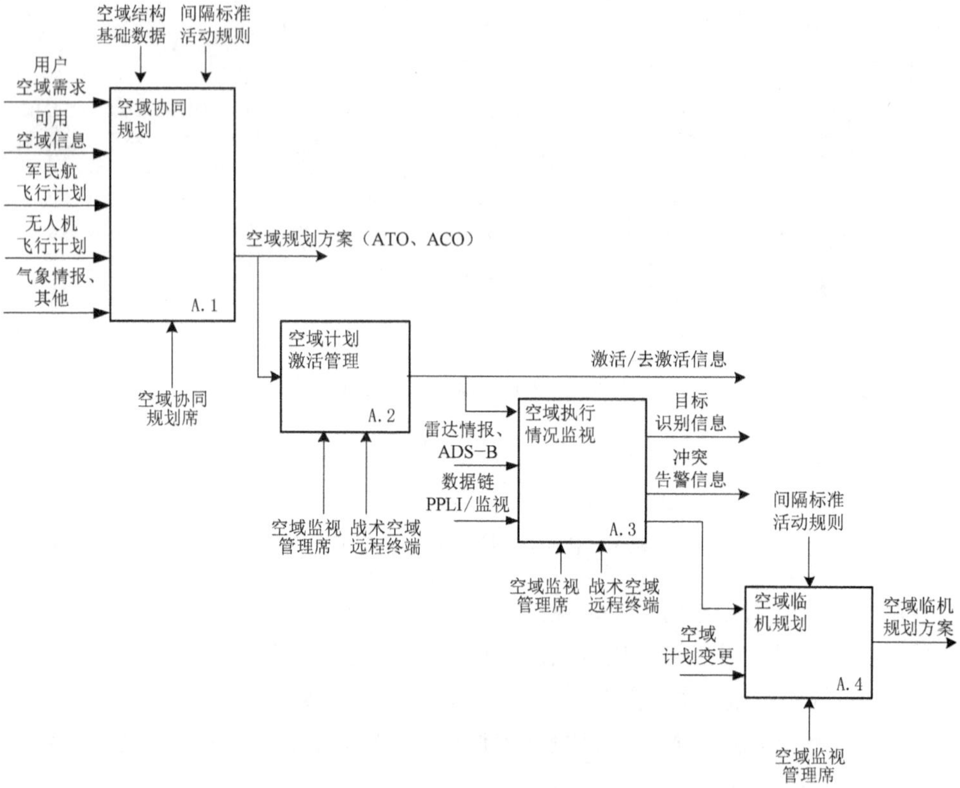

图 2.4　系统活动模型

2.3.2　空域协同规划

空域协同规划是根据空域使用总需求生成空域规划方案的过程，包括生成空域规划草案、空域冲突检测、冲突解脱、冲突协调、空域规划仿真评估和空域规划方案生成六个阶段，其活动模型如图 2.5 所示。

在空域规划草案生成阶段，作战指挥中心收集任务部队空域使用需求，结合军航/民航/通航飞行计划、气象信息、无人机飞行计划等，在空域控制措施的约束下生成空域规划草案；或从空域规划预案库搜索，提取与需求基本匹配的空域规划预案，进行“微调”，形成空域规划草案。

在空域冲突检测与解脱阶段，对空域规划草案进行冲突检测，若发现空域冲突，则由指挥员根据任务优先级或武器使用优先级，在计算机辅助下进行空域冲突排解，提出空域冲突解脱建议。

在空域冲突协调阶段，作战指挥中心对各任务部队的空域使用冲突进行协调，最终形成无冲突的空域规划草案。

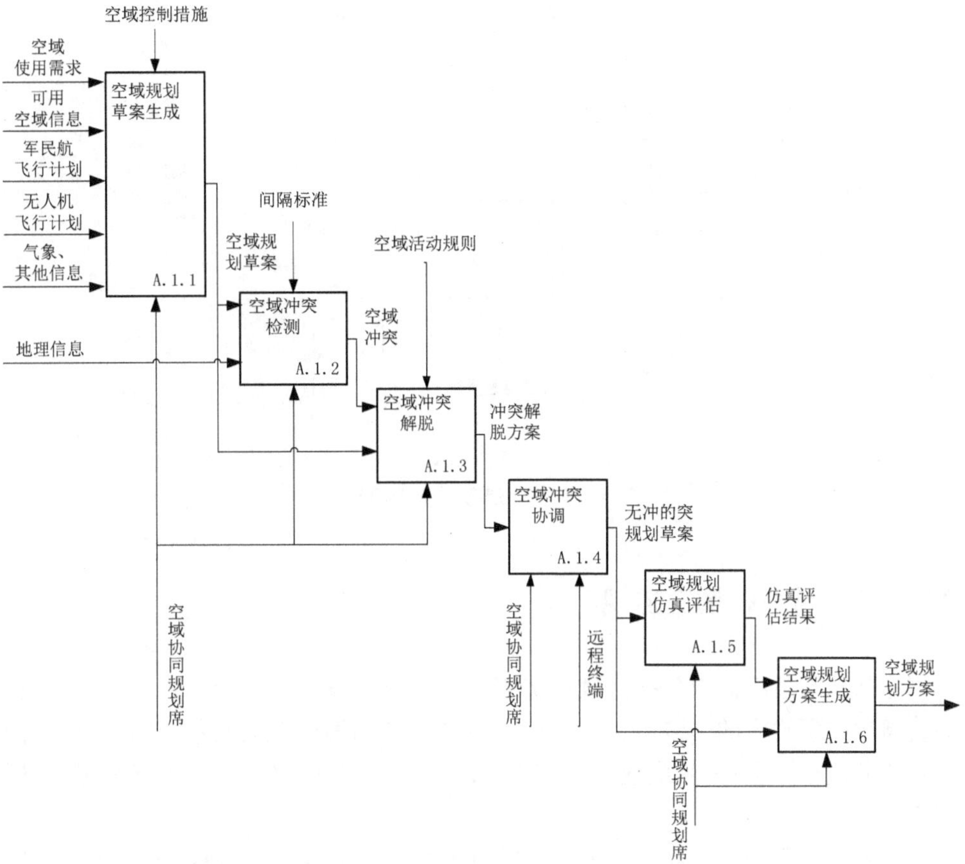

图 2.5　空域协同规划活动模型

草案经空域规划仿真评估后,转换为可执行的空勤任务计划和空域控制计划,即空域规划方案,向空域用户发布。

2.3.3　空域计划激活管理

空域计划激活管理是实时阶段对空域从激活到去激活的全过程管理,针对空勤任务计划、空域控制计划的详细内容,空域管理系统在空域计划执行阶段,将空域计划激活或去激活信息提前 Δt 时间(适应性参数)分发至指挥信息系统进行态势显示,使用该空域的指挥信息系统再将该空域计划信息转换为特殊点/线/区消息,按报告职责通过数据链向任务共同体分发,空中/海上/地面机动平台收到该消息后进行消息处理和态势图更新显示,实现空域激活去激活信息在全体空域用户之间的共享。空域激活管理运行活动模型如图 2.6 所示。

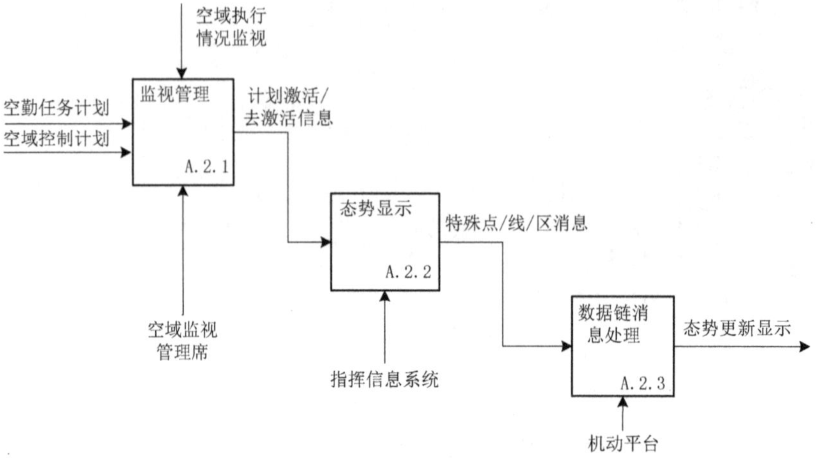

图 2.6　空域计划激活管理活动模型

2.3.4　空域执行情况监视

空域执行情况监视包括空域态势生成、计划/态势相关、预警/告警三个阶段。系统接收多源输入的态势信息,结合飞行情报、气象信息、航行资料与情报、地理信息和空管基础数据等,生成战术空域态势图像,用于监视空域计划执行情况,发现潜在冲突。

空域管理系统空域动态监视管理席负责收集一/二次雷达、ADS－B 等监视信息,并将各类监视信息进行融合处理,形成一张完整的空域态势图产品信息发送给空域动态监视管理席,空域动态监视管理席结合空域规划方案和激活/去激活信息进行关联处理,产生识别目标信息送指挥信息系统,并在发现空域冲突时生成预警/告警信息,发送至空域动态管理席和远程终端。

其运行活动模型如图 2.7 所示。

2.3.5　空域临机规划

空域临机规划包括空域计划变更情况/需求收集、临机规划与冲突排解、制定协调措施三个阶段。变更情况/需求收集阶段主要接收空域执行情况监视模块生成的空域潜在冲突和用户发出的空域计划变更信息,由空域监视管理席根据间隔标准和空域活动规则完成空域冲突检测和排解,生成空域协调措施。其运行活动模型如图 2.8 所示。

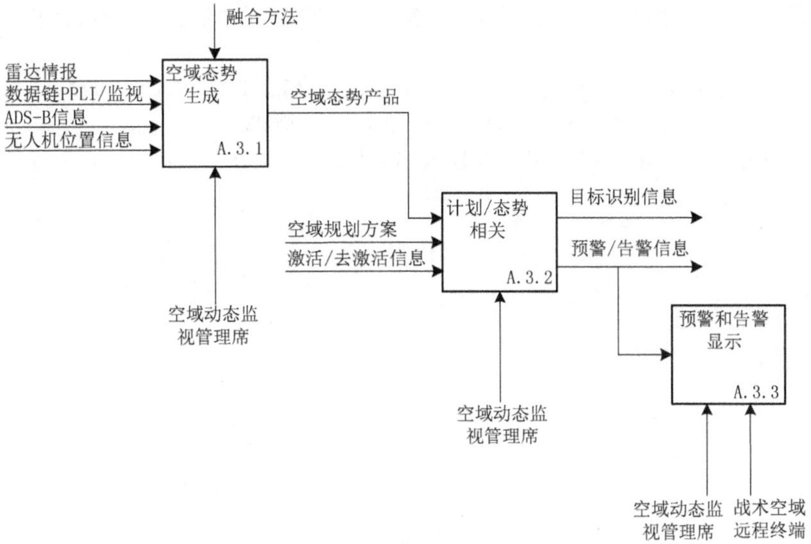

图 2.7　空域执行情况监视活动模型

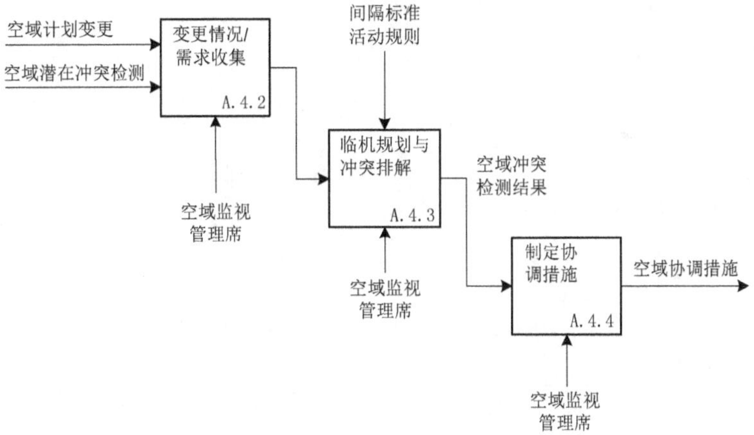

图 2.8　空域临机规划活动模型

参 考 文 献

[1] Air Force Research Laboratory. Joint airspace management and deconfliction (JSMAD)[S]. AFRL－RI－RS－TR－2009－13. 2009.

[2] Department of the Army. Joint publication 3－30. Command and control of joint air operations [S]. 2014.02.

[3] 国家空管委办公室.美国的空域设计过程[R].空管情报资讯,2008.

[4] 美军联合参谋部.联合作战计划制定纲要[R].JP5－0,2006.

[5] 美国国防部.联合空中交通管制程序[R].FM3－52.3,2003.

[6] 程季锃,程健.国外空战场管制理论与实践[J].中国民航飞行学院学报,2013,24(3):5-7.
[7] 美国国防部.多军种一体化作战空域指挥控制程序[R].FM3-100.2,2000.
[8] 美国陆军参谋部.战区空域指挥控制[R].FM3-52,2002.
[9] 美国国防部.联合空中作战指挥与控制[R].JP3-56,1995.

第三章　战术空域规划设计技术

作战平台空域规划设计主要为联合作战中每一个平台(群)划设或分配合理的作战空间,满足平台执行任务和战术机动的需要,是协同空域规划、制定空域总计划的基础[1]。空域规划设计方法对不同的作战平台、不同任务不尽相同,需要专门设计,形成成熟的算法保存在空域数据库中,不断积累,供后续空域规划重复使用。

为了说明作战平台空域规划设计方法,本书以多平台协同定位、协同探测为例进行数学推导,求取满足协同任务需要的平台作战空间,其他情况可以类比推导。

3.1　协同定位空域规划设计方法

现代电磁隐身技术和反辐射导弹技术不断发展,给传统的有源雷达探测带来了严重威胁,无源传感器因其良好的电磁隐蔽性,对提高防御系统在电子作战环境下的生存能力具有重要作用,越来越受到关注。随着数据链技术的发展,无源传感器平台能够通过数据链实现网络化组织运用,多个无源传感器基于网络构建协同感知系统,形成更强大的感知能力。因此,无源传感器协同感知已成为形成共用战术态势不可或缺的手段[2-4]。

无源传感器检测目标辐射的电磁信号,将信号参数及其信号到达方向或到达时间通过数据链在网内分发,每个协同平台对本平台检测的信息和从数据链收到的远端平台检测的信息进行联合解算,可以确定目标位置、识别目标属性。

根据无源传感器工作模式和定位原理的不同,无源定位方法又可以分为基于到达角(AOA)定位、基于到达时间差(TDOA)定位,以及基于 AOA - TDOA 联合定位三种。测向定位获取目标方位角信息和俯仰角信息,通过算法解算得到目标位置,相较于其他位置信息,角度信息十分可靠且易获取,也就使得测向定位技术成为相对成熟的无源定位技术,但由于目标的角度信息在远距离情况下变化幅度较小,因此测向定位的误差也就相对较大。测时差定位技术相较于其他无源定位技术,其定位精度最高,也是最早用于多平台无源定位的技术,测时差定位算法主要有泰勒级数展开、Chan 算法、近似最大似然估计(AML)、SX 和 SI 算法、Fang 算法、Bias Sub 和 Bias Red 算法等,计算效率受制于求解目标方程,另外测时差定位方法需要的平台数目较多,因此增加了算法的复杂性并影响了精准度。于是,出现了将TDOA 与 AOA 相结合的联合定位技术,能在很大程度上简化了定位算法并减少了所需要的观察平台的数量。

除了不同无源传感器的定位模式和目标位置解算方法外,如何对无源传感器的位置部署进行合理规划和最优布局也是影响其定位精度的一个重要影响要素。特别当无源传感器搭载在机动平台上,除了目标位置解算方法,机动平台在空间活动的空域规划也对目标定位精度有很大影响。当前空域规划方法根据其面向对象和规划空域形状的不同,可大致分为航路规划和区域规划,航路规划通过明确航路的起始点和目标点终端约束,结合航空器的过载能力以及 GPS 定位能力,通过动态规划、协同规划等算法,对航空器飞行航路和轨迹进行最优规划。区域规划根据雷达部署位置和探测范围确定空域划设约束,结合应用场景和目的(如协同监视或联合防空)对空域进行平面或三维规划。目前,面向协同定位的平台空域规划问题的解决方法尚处于起步阶段,本书结合其他空域规划模型和算法,对协同定位的位置几何关系进行了分析,并在此基础上设计了协同平台在空间的最优布局算法,确定传感器平台对目标协同定位的有效范围,进而可根据任务区域规划传感器平台的搜索路线[5-7]。

3.1.1 测向定位空域规划设计方法

3.1.1.1 测向定位区域形状

设有 A、B 两平台相距 D,其天线同时指向有源目标 T,如图 3.1 所示,指向角为 α_1、α_2,则目标到两平台的距离分别为 $R_1 = \dfrac{\sin\alpha_1}{\sin(\alpha_1+\alpha_2)}\cdot D$ 和 $R_2 = \dfrac{\sin\alpha_2}{\sin(\alpha_1+\alpha_2)}\cdot D$。目标的分辨单元、定位精度、非同步误差等都与两平台的天线交会角 γ 有关,且当 $\gamma = \dfrac{\pi}{2}, \dfrac{3\pi}{2}\cdots$ 时,为最小值,而当 $\gamma = 0, \pi\cdots$ 时,其值为无穷大,所以,必须控制交会角 γ 在一定范围之内,才能满足战术要求,通常选取 $\gamma = 30° \sim 150°$ 范围内的协同定位区域为有效定位区域。测向定位法中,以 $\overline{AB}$ 为直径作一圆,两平台交会点在该圆上的交会角 γ 都等于 90°,称该圆为最佳交会圆;交会角 $\gamma = 30°$ 的点的轨迹是一个以 AB 为弦的圆,圆内接四边形的对角是互补的,为 150°,同样,在 AB 的下方也可以作同样的圆,两个圆的"异或"区

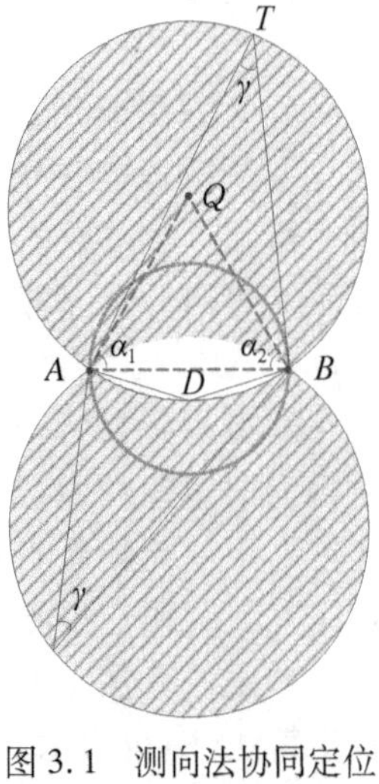

图 3.1 测向法协同定位区域示意图

域就是满足 $\gamma = 30° \sim 150°$ 的协同定位区域。

定位区域中心点 Q 与 A、B 恰好构成等边三角形，因此，可以将协同定位区域归纳为圆的分解图，在平台位置已知的情况下，直接使用“圆形作图法”求出协同定位区域，步骤如下：

1）以基线 D 为边长，向两侧分别作一个等边三角形；

2）以三角形顶点为圆心、边长为半径，分别作圆；

3）两个圆的非重叠区为测向定位的有效定位区域。

3.1.1.2　测向平台最优布局

根据上述分析，测向法的平台最优布局可归纳为“三角布局法”。设 A、B 两平台的无源感知最大距离为 $R_{\max}$，均采用测向方式协同工作，对指定目标区域（外接圆半径记 r，$r < \frac{1}{2}R_{\max}$）执行协同侦测任务，根据目标区域的大小，可确定平台的最佳活动空域，步骤如下：

1）对目标区域作外接圆；

2）与外接圆同轴共顶点，作半径为 $\frac{1}{2}R_{\max}$ 的圆；

3）分别以两个圆的圆心为顶点、半径为边长，同轴作等边三角形；

4）连接两个三角形对应的底角，如图 3.2 所示，可得平台 A、B 的最优活动空域（4 号空域、5 号空域），基线距离 $r \leqslant D \leqslant \frac{1}{2}R_{\max}$；

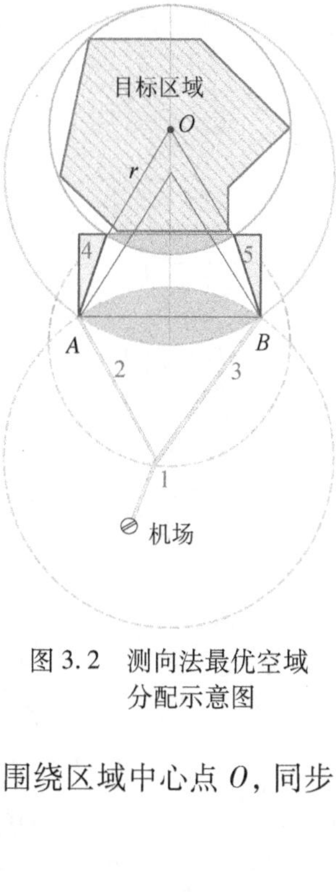

图 3.2　测向法最优空域分配示意图

5）如果空域冲突检测发现与其他空域存在冲突，可围绕区域中心点 O，同步旋转两个三角形适当的角度，解脱冲突。

3.1.1.3　测向法目标定位精度

（1）目标分辨单元

A、B 两平台构成交叉定位组，两平台天线波瓣宽度分别为 θ_1、θ_2，交点到 A、B 两平台的距离分别为 R_1、R_2。在两个波束相交的四边形内，有两个以上的目标时，就无法分辨了，所以可把该四边形的面积看作是目标的分辨单元 S。

$$S = \frac{R_1 R_2 \theta_1 \theta_2}{\sin \gamma}$$

其中，γ 为天线交会角。

（2）目标定位精度

如果在测量目标方位时，产生了 $\Delta\alpha_1$、$\Delta\alpha_2$ 的测向误差，那么，所求得的目标位置 M 将偏离真实位置 P 一个 ΔR 距离，如图 3.3 所示。

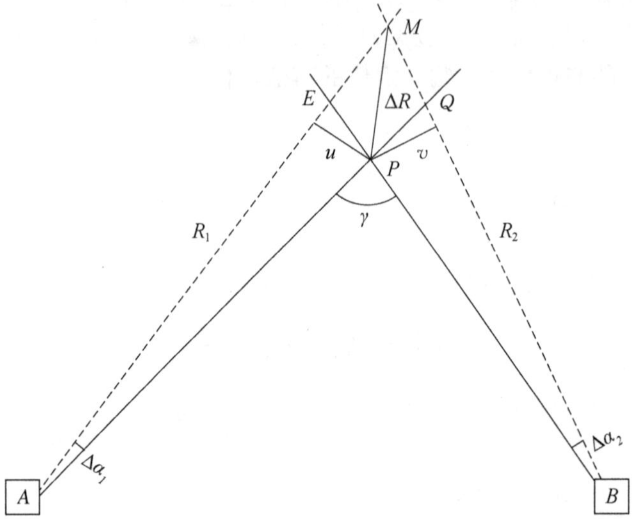

图 3.3　测向定位法位置误差

$$u = R_1 \cdot \Delta\alpha_1,\ \overline{PE} = \frac{u}{\sin\gamma}$$

$$v = R_2 \cdot \Delta\alpha_2,\ \overline{PQ} = \frac{v}{\sin\gamma}$$

$$\Delta R^2 = \overline{PE}^2 + \overline{PQ}^2 + 2 \cdot \overline{PE} \cdot \overline{PQ} \cdot \cos\gamma$$

或，$\Delta R^2 = \dfrac{u^2 + v^2 + 2uv\cos\gamma}{\sin^2\gamma}$

或，$\Delta R^2 = \dfrac{R_1^2\Delta\alpha_1^2 + R_2^2\Delta\alpha_2^2 + 2R_1R_2\Delta\alpha_1\Delta\alpha_2\cos\gamma}{\sin^2\gamma}$

由于测向时所产生的误差是随机的，且服从正态分布，其均值为零，方差分别为 $\sigma_{\alpha1}^2$、$\sigma_{\alpha2}^2$。定位误差也应为一随机量，其方差应为

$$\sigma_r^2 = \frac{\sigma_{\alpha1}^2 R_1^2 + \sigma_{\alpha2}^2 R_2^2 + 2p\sigma_{\alpha1}R_1\sigma_{\alpha2}R_2\cos\gamma}{\sin^2\gamma}$$

式中，p 是 α_1、α_2 的相关系数，这里 $p = 0$，因此，目标定位精度可表示为

$$\sigma_r^2 = \frac{\sigma_{\alpha 1}^2 R_1^2 + \sigma_{\alpha 2}^2 R_2^2}{\sin^2\gamma}$$

当 A、B 为运动平台时，平台定位精度对 σ_r 也有一定影响，但通常在目标跟踪过程中通过数据注册处理，消除或降低其影响，此处可不予考虑。

(3) 非同步误差

A、B 两平台由于独立工作，扫描不同步，当对运动目标进行定位时，将引起非同步定位误差，如图 3.4 所示，在 t_1 时刻，B 平台天线对准目标 M，测得方位角 α_2，目标以速度 v 运动，在 t_2 时刻，A 平台天线对准目标时，目标可能出现在半径为 $v(t_2 - t_1)$ 的圆周上任一点，假设到达为 P 点，目标运动方向与 B 的指向线成 α 角，两平台的测向交汇点是 Q，那么，$\overline{PQ}$ 就是扫描非同步产生的位置误差，记 ΔR。

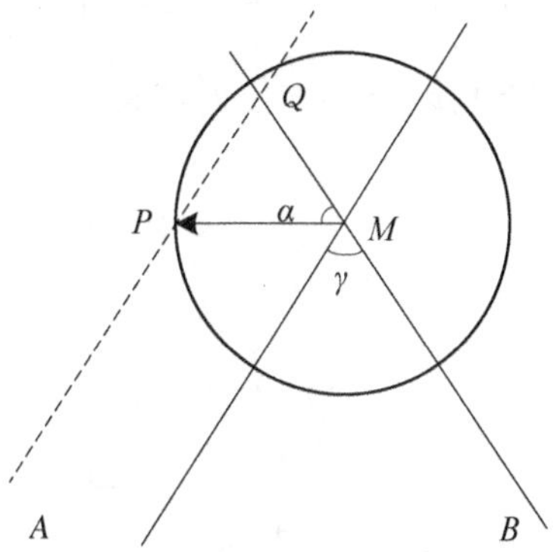

图 3.4　测向定位法非同步误差

$$\frac{\overline{PQ}}{\sin\alpha} = \frac{\overline{PM}}{\sin\gamma}$$

$$\Delta R = \frac{\overline{PM} \cdot \sin\alpha}{\sin\gamma} = \frac{v(t_2 - t_1)\sin\alpha}{\sin\gamma}$$

3.1.2　测时差定位空域规划设计方法

3.1.2.1　测时差定位区域形状

测时差定位利用三个或三个以上无源传感器，通过测时差确定目标到任意两个传感器之间的距离差，每两个传感器可以获得一簇双曲线，通过不同双曲线的交点确定目标位置。影响测时差定位范围的约束条件主要有：① 两组双曲线的交会角 γ，其最小取值应使目标定位精度满足战术要求；② 无源传感器最大感知距离 $R_{\max}$，协同定位目标必须位于多传感器的重叠感知范围内。

设有 A、B、C 三个平台直线布局，形成 AB、BC 两组双曲线，如图 3.5(a) 所示。根据双曲线性质，双曲线上任意一点 T，其切线 TG_1 是 AB 双曲线 $\angle ATB$ 的平分线，TG_2 是 BC 双曲线 $\angle BTC$ 的平分线，TG_1、TG_2 的交角是两双曲线的交会角，记 γ，显而易见 $\angle ATC = 2\gamma$，当 γ 为一定值时，ABC 的定位区域就是以 AC 为弦的圆，圆周角为 2γ，圆心坐标为 $\left(0, \dfrac{D}{2\text{tg}\,2\gamma}\right)$，半径为 $r = \dfrac{D}{2\sin 2\gamma}$。这种情况下，定

位区域与 B 的位置无关,即 B 可在 AC 基线上的任意位置。

如果 A、B、C 三角布局。如图 3.5(b)所示,同样 TG_1 为 AB 双曲线的切线,是三角形 ATB 的角平分线; TG_2 为 BC 双曲线的切线,是三角形 BTC 的角平分线。TG_1、TG_2 的交角是双曲线的交会角 γ, 当 γ 为一定值时, ABC 的定位区域仍是以 AC 为弦的圆,圆心坐标为 $\left(0,\ \dfrac{D}{2\text{tg}\,2\gamma}\right)$, 半径为 $r=\dfrac{D}{2\sin 2\gamma}$, 但是定位区域受 $R_{\max}$ 约束,即与 B 的位置有关。

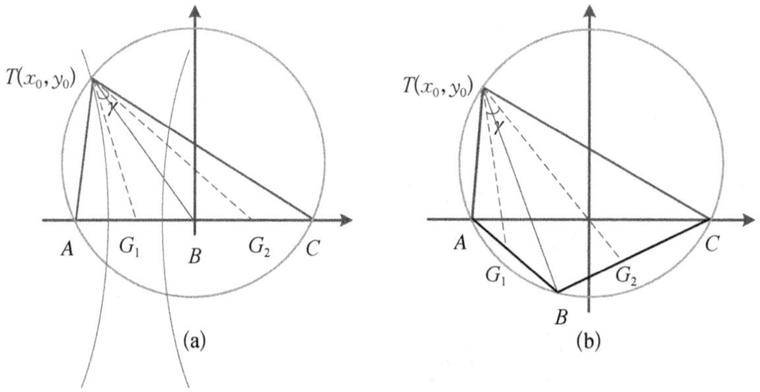

图 3.5　两组双曲线的交会角与基线的关系

结合图 3.6(a),基线 $AC=D$(长边), $\angle ABC=\theta$, 以 AC 为弦作圆周角为 2γ 的圆,则

$$\overline{AP}=\frac{D}{\sin 2\gamma}\leqslant R_{\max}$$

B 的位置变化反映在 θ 的大小上,应满足 $\overline{BQ}\leqslant R_{\max}$。

$\overline{BQ}=\overline{BO'}+\overline{OO'}+\overline{OQ}=\dfrac{D}{2}\left(\dfrac{1}{\text{tg}\,\gamma}+\dfrac{1}{\text{tg}\,\theta/2}\right)$, 即

$$\frac{D}{2}\left(\frac{1}{\text{tg}\,\gamma}+\frac{1}{\text{tg}\,\theta/2}\right)\leqslant\frac{D}{\sin 2\gamma}$$

化解得, $\text{tg}\,\dfrac{\theta}{2}\geqslant\text{ctg}\,\gamma$, 即, $(\pi-2\gamma)\leqslant\theta\leqslant\pi$

由此可知,B 在 $(\pi-2\gamma)\leqslant\theta\leqslant\pi$ 范围内的任何位置,对测试差定位区域没有影响,为满足战术要求,取 $2\gamma=30°\sim150°$。根据双曲线的对称性,在基线 AC 下方有同样的定位区域,如图 3.6(b)所示。

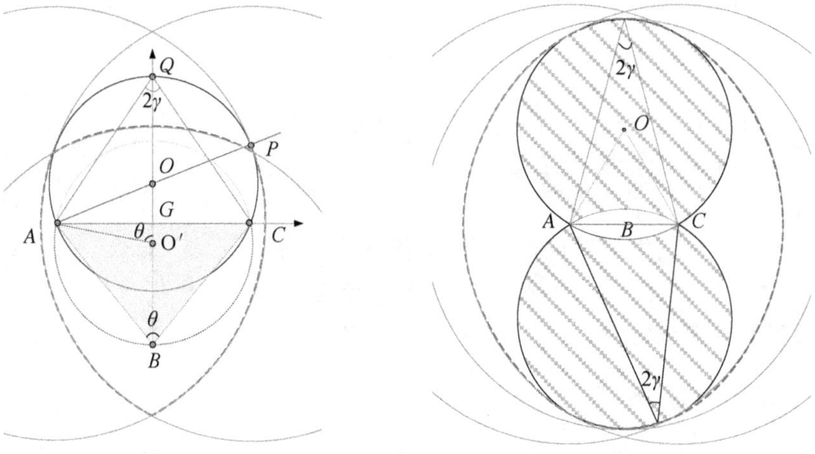

图 3.6　测时差法定位范围设计

注：点划线包围区域是三个平台的重叠覆盖区

在 A、B、C 布局确定的情况下，覆盖纵深 L 是以 AC 为基线的最远覆盖距离：

$$L = \overline{GQ} = \frac{D}{2 \cdot \mathrm{tg}\,\gamma}$$

根据图 3.6(b)，定位区域中心点 O 与 A、C 两平台(长边)恰好构成等腰三角形，因此，可以将协同定位区域归纳为圆的分解图，在平台长边位置已知的情况下，直接使用“圆形作图法”求出协同定位区域，步骤如下：

1）以长边 AC 为基线，向两侧分别作顶角为 4γ 的等腰三角形；

2）以等腰三角形的顶点为圆心、腰长为半径作圆；

3）两个圆的并集为测时差定位的有效定位区域，两个圆的交集区为 B 平台活动区域。

3.1.2.2　测时差平台最优布局

根据上述分析，测时差法的平台最优布局可归纳为“三角布局法”。设 A、B、C 三平台的无源感知最大距离为 $R_{\max}$，均采用测时差方式协同工作，对指定目标区域(外接圆半径 r，$r < \frac{1}{2}R_{\max}$) 执行协同侦测任务，根据目标区域的大小，可确定平台的最佳活动空域，步骤如下：

1）对目标区域作外接圆；

2）与外接圆同轴共顶点，作半径为 $\frac{1}{2}R_{\max}$ 的圆；

3）分别以圆心为顶点、半径为边长，同轴作两个顶角为 4γ 的等腰三角形，通常取 $2\gamma = 30°$，则为等边三角形；

4）连接两个三角形对应的底角，如图 3.7 所示，可得平台 A、C 的最优活动空域（4 号空域、6 号空域），AC 为弦的 150°弧线包围的区域为 B 平台活动区域（5 号空域），基线距离 $r \leqslant D \leqslant \frac{1}{2}R_{\max}$；

5）如果空域冲突检测发现与其他空域存在冲突，可围绕区域中心点 O 同步旋转两个三角形适当的角度，解脱冲突。

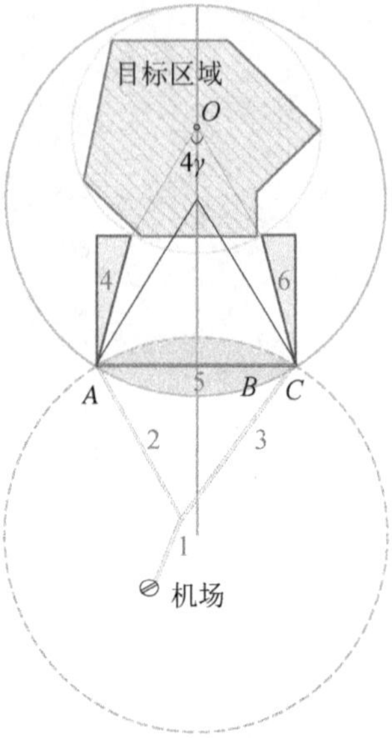

图 3.7　测时差法最优空域分配示意图

3.1.2.3　测时差法目标定位精度

A、B、C 三平台构成测时差协同定位组，如果在测量目标到达时，A、B 平台产生了 ΔT_1 的测时差误差，B、C 平台产生了 ΔT_2 的测时差误差，那么，所求得的目标位置 M 将偏离真实位置 P 一个 ΔR 距离。如图 3.8 所示。

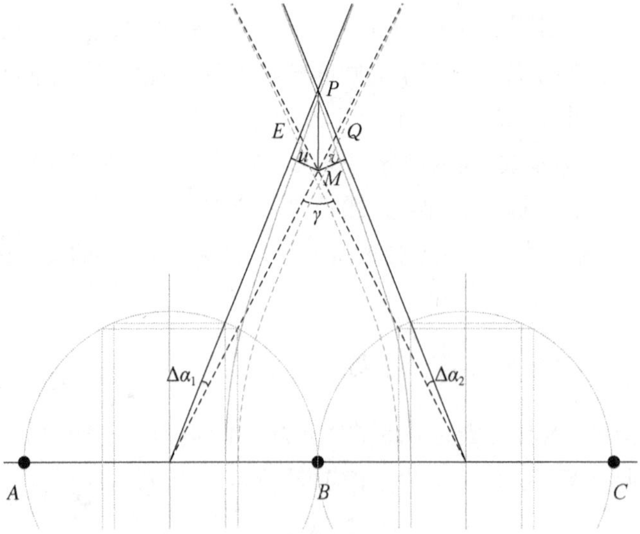

图 3.8　测时差定位法位置误差

考虑到定位精度通常以远距离目标估算，可用渐近线交点代替双曲线交点。

根据双曲线渐近线方程 $y=\pm\frac{b}{a}x$，目标真实位置 P 和测量位置 M 所在 AB 双曲线斜率分别为

$$k_{ABM}=\pm\sqrt{\frac{\overline{AB}^2-t_{AB}^2\cdot c^2}{t_{AB}^2\cdot c^2}},\ k_{ABP}=\pm\sqrt{\frac{\overline{AB}^2-(t_{AB}+\Delta T_1)^2\cdot c^2}{(t_{AB}+\Delta T_1)^2\cdot c^2}}$$

其中，t_{AB} 表示 A、B 两平台接收到辐射源信号的到达时间差；c 为光速。

AB 双曲线的误差角为

$$\Delta\alpha_1=\operatorname{arctg}k_{ABM}-\operatorname{arctg}k_{ABP}$$

同理，BC 双曲线的误差角为

$$\Delta\alpha_2=\operatorname{arctg}k_{BCM}-\operatorname{arctg}k_{BCP}$$

$$u=R_1\cdot\Delta\alpha_1,\ \overline{ME}=\frac{u}{\sin\gamma}$$

$$v=R_2\cdot\Delta\alpha_2,\ \overline{MQ}=\frac{v}{\sin\gamma}$$

$$\Delta R^2=\overline{ME}^2+\overline{MQ}^2+2\cdot\overline{ME}\cdot\overline{MQ}\cdot\cos\gamma$$

或，$\Delta R^2=\dfrac{u^2+v^2+2uv\cos\gamma}{\sin^2\gamma}$

或，$\Delta R^2=\dfrac{R_1^2\Delta\alpha_1^2+R_1^2\Delta\alpha_2^2+2R_1R_2\Delta\alpha_1\Delta\alpha_2\cos\gamma}{\sin^2\gamma}$

由于测时差时所产生的误差是随机的，且服从正态分布，其均值为零，方差为 σ_{t1}^2、σ_{t2}^2，形成的双曲线的误差角也是随机的，方差为 $\sigma_{\alpha1}^2$、$\sigma_{\alpha2}^2$。所以，目标定位误差也应为一随机量，其方差应为

$$\sigma_r^2=\frac{\sigma_{\alpha1}^2R_1^2+\sigma_{\alpha2}^2R_2^2+2p\sigma_{\alpha1}R_1\sigma_{\alpha2}R_2\cos\gamma}{\sin^2\gamma}$$

式中，p 是 $\alpha_1\alpha_2$ 的相关系数，这里 $p=0$，因此，目标定位精度可表示为

$$\sigma_r^2=\frac{\sigma_{\alpha1}^2R_1^2+\sigma_{\alpha2}^2R_2^2}{\sin^2\gamma}$$

$$\sigma_{\alpha 1} = \text{arctg}\, k_{ABM} - \text{arctg}\sqrt{\frac{\overline{AB}^2 - (t_{AB} + \sigma_{t1})^2 \cdot c^2}{(t_{AB} + \sigma_{t1})^2 \cdot c^2}}$$

$$\sigma_{\alpha 2} = \text{arctg}\, k_{BCM} - \text{arctg}\sqrt{\frac{\overline{BC}^2 - (t_{BC} + \sigma_{t2})^2 \cdot c^2}{(t_{BC} + \sigma_{t2})^2 \cdot c^2}}$$

其中，σ_{t1}、σ_{t2} 应综合考虑两平台的时钟同步误差。

对于运动平台，平台定位精度对 σ_r 也有一定影响，但通常在目标跟踪过程中通过数据注册处理，消除或降低其影响，此处可以不予考虑。

由于 B 平台是 AB 双曲线和 BC 双曲线的共用平台，三平台的信号到达时可以通过分析目标电磁参数一致性而取自同一时刻，所以，非同步误差可以不予考虑。

3.1.3　测向测时差定位空域规划设计方法

3.1.3.1　测向测时差定位区域形状

测向测时差定位利用两个无源传感器，通过测量时差确定目标到两个传感器之间的距离差，获得一簇双曲线，通过其中一个传感器的天线指向线与双曲线的交点确定目标位置。设有 A、B 两平台相距 D，A 平台工作于全向方式，B 平台工作于定向搜索方式，对空间进行协同侦测，设辐射源 M 电磁信号到达 A、B 的时间差为 Δt_{AB}，对应距离 $\Delta R = \Delta t_{AB} \cdot c$（$c$ 为光速），则辐射源 M 应在长轴为 ΔR、焦距为 D 的双曲线上，B 指向线方位角为 α、基线方位角为 θ，则目标到 B 平台的距离为

$$\rho = \frac{D^2 - \Delta R^2}{2[\Delta R + D\cos(\alpha - \theta)]}$$

B 指向线与双曲线（切线）的交会角记 γ，为使协同定位精度满足战术要求，通常选取 $\gamma = 30° \sim 150°$。

$M(x_1, y_1)$ 的切线方程为

$$\frac{4xx_1}{\Delta R^2} - \frac{4yy_1}{D^2 - \Delta R^2} = 1$$

B 指向 M 点的指向线方程为

$$\frac{y - y_1}{y_1} = \frac{x - x_1}{x_1 - D/2}$$

根据两直线之间的夹角公式 $\text{tg}\,\gamma = \dfrac{k_2 - k_1}{1 + k_1 k_2}$，解算得

$$\begin{cases} x_1 = \pm\dfrac{1}{2}\Delta R\sqrt{1+\dfrac{D^2-\Delta R^2}{D^2\mathrm{tg}^2\gamma}} \\ y_1 = \dfrac{D^2-\Delta R^2}{2D\mathrm{tg}\,\gamma} \end{cases}$$

$$x_1^2+y_1^2=\left(\frac{\Delta R}{2}\right)^2+\frac{D^2-\Delta R^2}{4}\mathrm{ctg}^2\gamma$$

令 $\gamma = 30°$ 或 $150°$，则有

$$x_1^2+y_1^2=3\left(\frac{D}{2}\right)^2-2\left(\frac{\Delta R}{2}\right)^2,\qquad 0\leqslant\Delta R\leqslant D$$

此式是半径为 $\sqrt{3\left(\dfrac{D}{2}\right)^2-2\left(\dfrac{\Delta R}{2}\right)^2}$ 的圆，即在时差（ΔR）测定的情况下，测向测时差法的目标处于圆所包围双曲线上。其中，第一象限 $\gamma\geqslant 30°$、$\Delta t_{AB}\geqslant 0$，第二象限 $\gamma\geqslant 30°$、$\Delta t_{AB}<0$，第三象限 $\gamma\leqslant 150°$、$\Delta t_{AB}<0$，第四象限 $\gamma\leqslant 150°$、$\Delta t_{AB}\geqslant 0$。

如果以 ΔR 为参变量，在（$0\leqslant\Delta R\leqslant D$）范围内连续取值，可绘出一组双曲线和圆，将这些双曲线和圆的交点依次连接起来，所包围的部分就是测向测时差的有效定位区域，如图 3.9 所示。

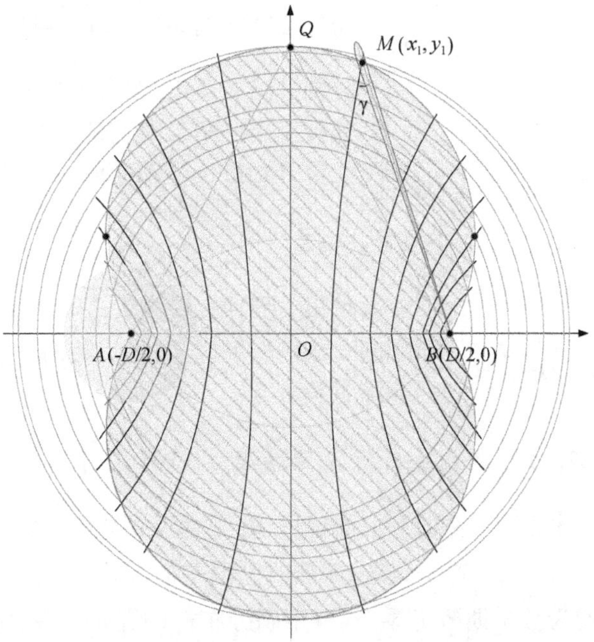

图 3.9　测向测时差法定位范围示意图

为了方便应用,可将连接曲线分解为两个对称的圆,即

$$x^2+\left(y\pm\frac{D}{2\sqrt{3}}\right)^2=\frac{D^2}{3}$$

边长为 D 的等边三角形恰好与定位区域圆呈内接关系,因此可以将协同定位区域归纳为圆的分解图,在平台位置已知的情况下,直接使用“圆形作图法”求出协同定位区域,步骤如下:

1) 以基线 D 为边长,向两侧分别作一个等边三角形;

2) 以三角形的中心为圆心,分别作三角形的外接圆;

3) 两个圆的并集为测向测时差的有效定位区域。

3.1.3.2　测向测时差平台最优布局

根据上述分析,测向测时差法的平台最优布局可归纳为“三角布局法”。设 A、B 两平台的无源感知最大距离为 $R_{\max}$,采用测向测时差方式协同工作,对指定目标区域(外接圆半径记 $r<\frac{1}{2}R_{\max}$)执行协同侦测任务,根据目标区域的大小,可确定平台的最佳活动空域,步骤如下:

1) 对目标区域作外接圆;

2) 与外接圆同轴共顶点,作半径为 $\frac{1}{2}R_{\max}$ 的圆;

3) 分别过圆的顶点,作内接等边三角形;

4) 连接两个三角形对应的底角,如图 3.10 所示,可得平台 A、B 的最优活动空域(4 号空域、5 号空域),基线距离 $\sqrt{3}r\leqslant D\leqslant\frac{\sqrt{3}}{2}R_{\max}$;

5) 如果空域冲突检测发现与其他空域存在冲突,可围绕区域中心点 O,同步旋转两个三角形适当的角度,解脱冲突。

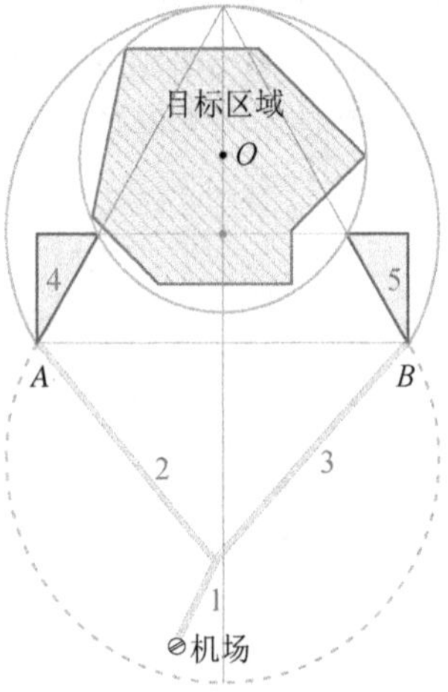

图 3.10　测向测时差法最优空域分配示意图

3.1.3.3　测向测时差法目标定位精度

A、B 两平台构成测向测时差协同定位,B 平台天线波瓣宽度为 θ_B,交点到 A、B 平台的距离分别为 R_1、R_2。设 A、B 测时差误差的方差为 σ_t^2,B 平台测向误差的方差为 $\sigma_{\alpha2}^2$,均为数学期望为零、具有正态分布律的随机变量,测向测时差法目标定位精度可表示为

$$\sigma_r^2 = \frac{\sigma_{\alpha1}^2 R_1^2 + \sigma_{\alpha2}^2 R_2^2}{\sin^2\gamma}$$

其中，$\sigma_{\alpha1} = \operatorname{arctg}\sqrt{\dfrac{\overline{AB}^2 - t_{AB}^2 \cdot C^2}{t_{AB}^2 \cdot C^2}} - \operatorname{arctg}\sqrt{\dfrac{\overline{AB}^2 - (t_{AB}+\sigma_{t1})^2 \cdot C^2}{(t_{AB}+\sigma_{t1})^2 \cdot C^2}}$，$\sigma_t$ 应综合考虑平台的时钟同步误差。

对于运动平台，平台定位精度对 σ_r 也有一定影响，但通常在目标跟踪过程中通过数据注册处理，消除或降低其影响，此处可不予考虑。

在测向测时差法中，测向平台 B 的到达时和到达方位来源于同一电磁信号，A 平台的到达时通过分析两平台相同电磁参数获得，所以不存在非同步误差。

3.1.4　平台作战空间数学描述

设协同平台 A、B 或 A、B、C 从同一机场起飞，前往指定区域执行协同侦测任务。根据图 3.2、图 3.7 和图 3.10，平台 A 经 1 号航段、2 号航段进入规划的 4 号空域，平台 B 经 1 号航段、3 号航段进入规划的 5 号空域，平台 C 经 1 号航段、3 号航段进入规划的 6 号空域，对协同平台作战空间（记 AIRP）的数学描述如下：

$$\text{平台 A: } \mathrm{AIRP}_A = \{\mathrm{Mode}, (\mathrm{LineType}_1, M_1), (\mathrm{LineType}_2, M_2), (\mathrm{LineType}_4, M_4, f_4)\}$$

$$\text{平台 B: } \mathrm{AIRP}_B = \{\mathrm{Mode}, (\mathrm{LineType}_1, M_1), (\mathrm{LineType}_3, M_3), (\mathrm{LineType}_5, M_5, f_5)\}$$

$$\text{平台 C: } \mathrm{AIRP}_C = \{\mathrm{Mode}, (\mathrm{LineType}_1, M_1), (\mathrm{LineType}_3, M_3), (\mathrm{LineType}_6, M_6, f_6)\}$$

其中，Mode 表示平台测向或全向工作方式；LineType 表示空域类型（点、线、区等）；M 是一组四维坐标表示的空间尺寸；f 表示空域内侦察设备的工作频率要求。初始数据均由规划确定，工作过程中可根据指令改变。

3.2　协同探测空域规划设计方法

3.2.1　多基地雷达协同探测

多基地雷达协同探测系统由发射站和接收站组成，如果发射站与接收站配套部署，称为双基地雷达或多基地雷达，如果发射站利用机会发射机实现，如区域内一个或多个广播电视台,称为无源隐蔽雷达。多基地雷达发射机照射目标,接收机接收发射机的直达波与目标的反射波,通过交叉关联对目标进行定位解算。由于收、发分置,接收站无源工作具有隐蔽性,所以可以前出抵近目标,相当于放大了目标的雷达散射截面积,另外,接收站以大双站角接收目标散射波、多个接收站对目标进行联合检测,可以提高信杂比,增强对低可观测目标的发现能力,系统构成如图 3.11 所示。

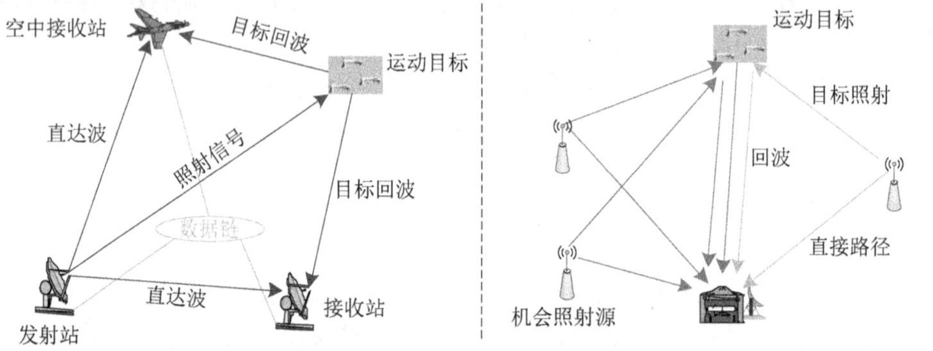

(a) 多基地雷达协同探测　　(b) 无源隐蔽雷达协同探测

图 3.11　雷达协同探测组成原理图

(1) 目标定位计算

设双基地雷达基线距离为 $2d$, 基线相对于正北的方位角为 θ, 从发射平台 T 发射的电磁波信号经目标 P 散射后到达接收平台 R, 如图 3.12 所示,可推导出目标到发射站的斜距为

$$\rho_t = \frac{\rho^2 - d^2}{\rho - d\cos(\alpha - \theta)} \qquad (3.1)$$

其中, $\rho = \dfrac{\rho_t + \rho_r}{2} = \dfrac{c \cdot \Delta t}{2}$, α 为发射天线指向方位角,这是一个椭圆方程。

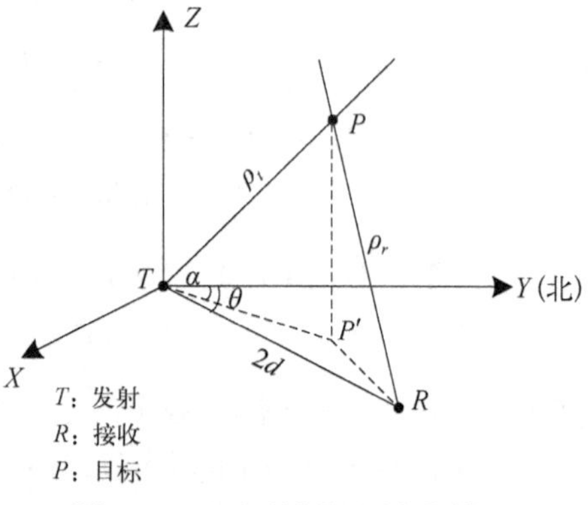

图 3.12　目标协同探测定位模型

类比椭圆极坐标方程: $\rho_t = a\dfrac{1 - e^2}{1 - e\cos\varphi}$, 该椭圆方程满足长轴 $a = \rho$, 离心率 $e = \dfrac{d}{\rho}$, 即目标位于该椭圆与发射方位线的交点处。

(2) 有效基线长度

实际应用中,接收平台通过检测目标时刻和提取脉冲发射时刻可获得 Δt, 同时读取发射天线的指向角 α 和目标信号强度 M,根据式(3.1)可得目标 P 的位置 (ρ_t, α, M, t)。将式(3.1)中的 ρ 等效为单基地雷达作用距离 R_{max},则基线 $2d$(用 L 表示)对协同定位范围的影响为

$L = 2R_{max}$,椭圆参数 $a = R_{max}$, $e = 1$, 无意义

$L = 1.5R_{max}$, 椭圆参数 $a = R_{max}$, $e = 3/4$

$L = R_{max}$, 椭圆参数 $a = R_{max}$, $e = 1/2$

$L = 0.5R_{max}$, 椭圆参数 $a = R_{max}$, $e = 1/4$

分别绘出有效定位范围,如图 3.13 所示。收发平台的有效距离在 $(0, 2R_{max})$ 之间, $0 < L \leqslant 0.7R_{max}$ 时称为短基线; $0.7R_{max} < L \leqslant 1.4R_{max}$ 时称为中基线, $1.4R_{max} < L \leqslant 2R_{max}$ 时称为长基线。

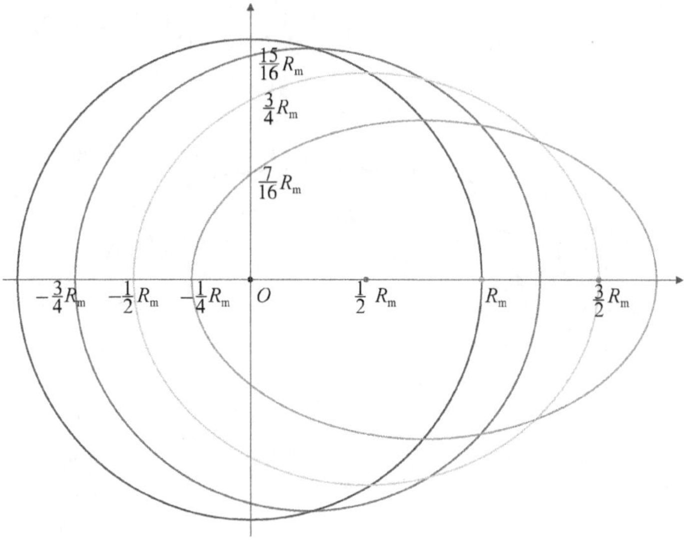

图 3.13 典型基线长度下目标协同定位范围

(3) 协同探测范围

参照单基地雷达方程, R 为目标距离, M 为接收机中频输出信噪比,以 $r_t^2 r_r^2$ 代替方程中的 R^4, 将其余设为 k, 则有双基地雷达方程为 $r_t r_r = \left(\frac{k}{M}\right)^{1/2}$, 此为 Cassini 卵形线,建立目标的极坐标关系如图 3.14 所示。

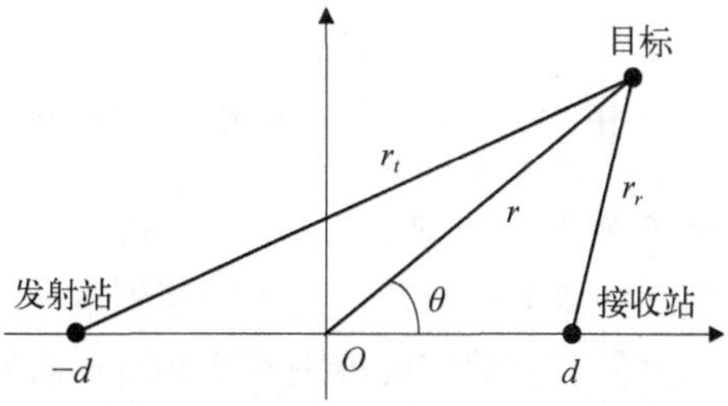

图 3.14 收发站与目标的极坐标关系

可推导出协同探测接收功率等值曲线为

$$(\rho^2+1)^2-4\rho^2\cos^2\theta=C^4$$

$$\rho=\sqrt{\cos 2\theta+\sqrt{C^4-\sin^2 2\theta}}$$

其中，$\rho=\dfrac{r}{d}$，$C^4=\dfrac{k}{d^4 M}$ 且 $C\geqslant 1$。

当 $M=\left(\dfrac{S}{N}\right)_{o\min}$ 时，可得双基地雷达覆盖范围为 $r_{\max}=d\cdot\rho(\theta)$，$\theta=0\sim 2\pi$。

由此可绘出典型 C 值下，如 $C=1.0$，4/3，2，4，协同探测等功率曲线的形状如图 3.15 所示，此为归一化方程，发射站和接收站位于 $\rho=1$ 的圆上，$\theta=0\sim 2\pi$。

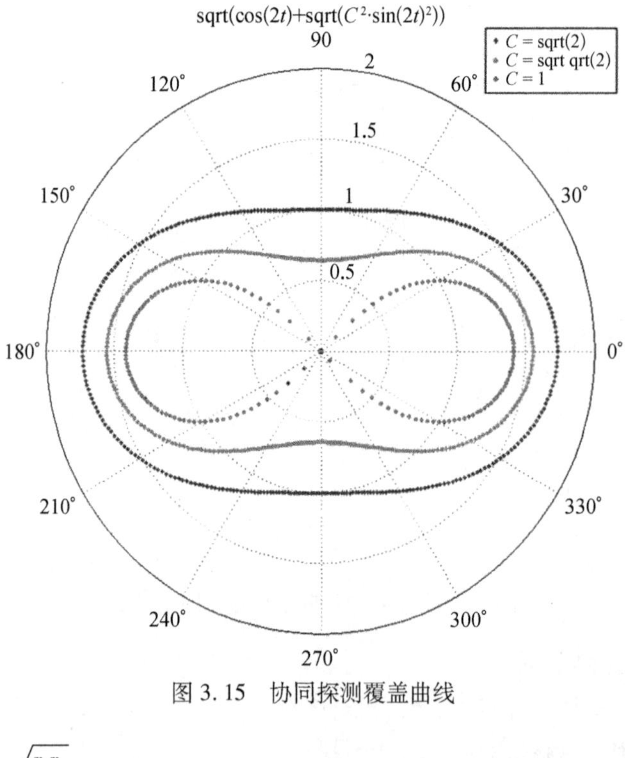

图 3.15 协同探测覆盖曲线

由于 $d=\dfrac{\sqrt{r_t r_r}}{C}$，为了可比性，用单基地雷达作用距离 $R_{\max}$ 代替 $\sqrt{r_t r_r}$，则在典型 C 值下，$d=R_{单\max}$，$d=0.75R_{单\max}$，$d=0.5R_{单\max}$，$d=0.25R_{单\max}$，即可绘出不同基线距离下的双基雷达协同探测最大覆盖范围图（最大 Cassini 卵形线族），最大覆盖范围和有效定位范围并不共线。收发间基线长度对协同探测覆盖范围有重要影响，空域规划中，可以针对具体覆盖要求，据此确定多基地雷达收发站的布局关系。

3.2.2　多雷达组网协同探测

雷达组网协同探测一般由地域分布的多部现役雷达通过数据链链接，进行多雷达信号级融合或点迹/航迹数据级融合，增强目标发现能力，提高预警时间，由于数据级融合系统中雷达组网只要保证连续覆盖，空域规划易于实现，本书不予讨论。这里主要讨论多雷达信号融合系统中空域规划设计要求，信号融合指对多雷达原始测量信号进行相关融合，实现对目标的联合检测，因此又称为“多雷达联合检测”，利用多雷达从不同方向和频域所采集信息的互补性，从中提取有用、实时、精确的信息，实现对密集杂波中弱小目标的检测。

为了实现信号的有效融合，首先，对多部雷达进行时空一致性管理，采用独立时间源进行时间对准，实现时钟误差 $\sigma_t \leqslant 10$ ns，采用卫星导航和滤波进行空间对准，实现位置误差 $\sigma_r \leqslant 5$ m；第二，对多部雷达建立连通性，传输容量不小于 2 Mb/s；第三，对本地雷达视频信号作噪声抑制处理和脉冲串积累，然后向网内分发；第四，对本地雷达和收到的远端雷达视频信号进行像素级相关积累，主要是通过坐标变换，将多部雷达视频信号均变换为地理坐标系下的图像，按时帧进行像素级信号强度积累；第五，作恒虚警率(CFAR)处理、提取目标点迹，然后送数据处理单元生成目标航迹。以常规监视雷达为例，如果有 n 部雷达对某空域重叠覆盖，在 $\beta < 45°$ 的扇扫条件下，理论上信噪比可以提高 $10\log n$ 分贝，对小目标的发现距离可以提高 $\sqrt[4]{n}$ 倍。

由于多部雷达互相独立，天线扫描不同步，要实现时空对准信号积累，存在约束条件，下面进行分析：假设有两部雷达部署在不同的地理位置独立工作，每部雷达扫描周期为 T，时钟同步误差 σ_t，定位误差 σ_r，发射脉冲宽度 τ，对应 1 个距离刻度为 $\frac{\tau \cdot c}{2}$ m(c 为光速)，两部雷达扫描非同步时差为 ΔT。设第一部雷达检测到回波信号坐标为 $(\rho, \alpha, \theta, d_1, t)$，其中 d 表示回波强度，第二部雷达在相同位置检测的信号为 $(\rho, \alpha, \theta, d_2, t + \Delta T)$，如果目标速度为 v，目标将发生 $v \cdot \Delta T$ 位移，由于目标信号阶段没有速度和航向信息，两部雷达信号无法按外推进行时空对准，为了实现信号积累，只有减小 ΔT，满足 $v \cdot \Delta T < \left[\frac{(\tau - \sigma_t)c}{2} - \sigma_r\right] \times 50\%$。

如果 $v = 300$ m/s，$\tau = 1$ μs，$\sigma_t = 10$ ns，$\sigma_r = 5$ m，则，$\Delta T < 0.24$ s。对于雷达环扫而言，如果扫描周期为 $T = 4$ s，两部雷达扫描非同步时差将大概率超出 0.24 s，因此，多雷达全方位搜索协同探测是不可行的。如果多部雷达针对某特定

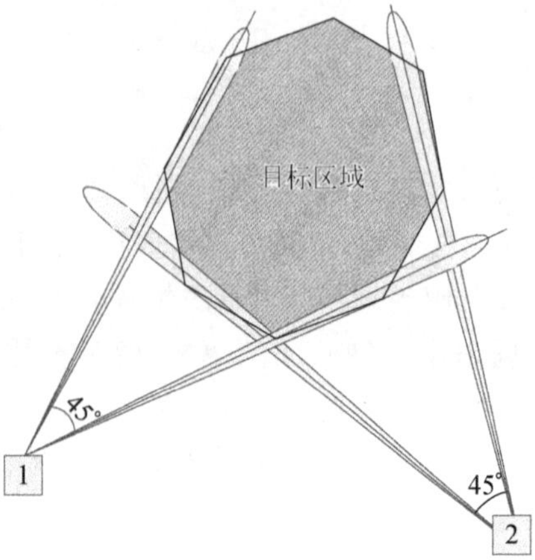

图 3.16　多雷达组网协同探测区域示意图

空域进行扇扫探测，扇扫角范围为β，任意两部雷达扫描非同步时差 ΔT 按 $\frac{\beta}{2}$ 扫描角估算，则应满足 $\frac{T}{360}\cdot\frac{\beta}{2} < \Delta T$，按 $\Delta T < 0.24$ s 计算，$\beta \leqslant 43°$，考虑到天线波瓣有一定宽度，扇扫角可以定为 $\beta = 45°$，在此范围内协同探测可行，另外，T 也是可变参数，T 越小，扇扫角越大。

空域规划设计中，可根据雷达参数计算合适的扫描角范围，再根据所需探测的目标区域，确定探测平台的空间布局。如图 3.16 所示。

参 考 文 献

[1] 国家空管委办公室.美国的空域设计过程[R].空管情报资讯，2008.
[2] 薛彦绪，范嘉宾.高技术条件下联合作战指挥与协同[M].北京：国防大学出版社，2000.
[3] 徐润萍，王树宗，顾健.兵力协同计划资源冲突协商方法研究[J].系统仿真学报，2005，17(5)：1216－1220.
[4] 龙涛.多 UCAV 协同任务控制中分布式任务分配与任务协调技术研究[D].长沙：国防科学技术大学，2006.
[5] 刘家壮，徐源.网络最优化[M].北京：高等教育出版社，1991：63－69.
[6] 詹原瑞，何娟树.树与影响图[J].系统工程理论与实践，1997，17(4)：1－8.
[7] 何坚勇.运筹学基础[M].北京：清华大学出版社，2000.

第四章　战术空域冲突检测与解脱技术

4.1　空域运行数学建模

空域运行建模主要描述各类要素的空域使用行为，表示各类空域的运行过程，包括空域结构要素建模和空域活动要素建模，通过对各类空域要素、属性和运动特性分析，构建多种要素运行环境下的空域系统模型。

4.1.1　空域结构要素建模

4.1.1.1　战术空域结构要素分析

战术空域结构要素可归纳为点、线、区三大类共 100 余种，空域类型统一编码，参见表 4.1。

战术意义上，地形也是一种空域结构要素，这里将其类型编码确定为 0FXH，地形建模主要是几何结构建模。空域是具有时间属性、空间属性、频域属性的立体结构，空域建模主要是在地形建模基础上增加属性建模，为了冲突检测解算方便，对各种空域要素需要建立统一的数学模型，因此，建模后的地形集合可归入空域集合中，进行统一的数学描述。

4.1.1.2　地形建模

将地形视为一种固定结构的空域类型，选用长方体边界模板，用边界模板将被检测区域的地形分割为若干地形单元，边界模板设置的颗粒度可以自主选择，但其高度必须能够容纳该地形单元内的所有地形高度。

设地形边界模板的尺寸为长×宽×高 = abc，建立地形平面投影图形的外切矩形，尺寸为：长 × 宽 = xy，$[x/a] = n_i[y/b] = n_jn_i$，$n_j \in N^+$，此时将外切矩形建模为 $n_i \times n_j$ 个边界模板投影组成的图形，如图 4.1 所示。

对每个边界模板的平面投影进行命名，$M_{k,h}$，k 表示行号，h 表示列号，如左上的边界模板投影编号为 $M_{1,1}$。以 $M_{1,1}$ 为例对高度进行建模，$M_{1,1}$ 模板单元内地形的最高高度为 $Z_{1,1}$，若$[Z_{1,1}/c] = mm \in N^+$，则地垂线方向选取 m 个模板依次排列能够容纳该地形单元内的所有障碍物高度，依次类推，对各边界模板范围内的地形单元进行建模，如图 4.2 所示。

表 4.1 空域结构要素

扩展类型	空域类型(点/线/区)									
	0	1	2	3	4	5	6	9	10	…
	危险点	一般特殊点	一般站	空中站	线	一般区域	危险区域	一般区域 1	危险区域 1	
0	无报告	无报告	无报告	无报告	无报告	无报告	无报告	作战责任区	核弹区	
1	飞行危险点	集合点	飞机引导站	空中巡逻	战区前沿	搜索区	危险区	作战责任分区	核污染区	
2	地雷或水雷	途经点	前哨站	空中预警	射击线	受限区	生化污染区	控制区	交战区	
3	弹道导弹落点	空中走廊边界点	集结点	ASW 固定翼飞机	空中走廊	演习区	我军导弹交战区	禁射区	第三方交战区	
4	核弹爆心投影点	位置及动向	机场	ASW 直升机	敌方边界	潜艇巡逻区	敌方导弹防空区	未定义	导航干扰区	
5	反潜武器入水点	部署中心	补给站	补给站	缓冲区边界	战斗机责任区	敌方高炮火力区	未定义	强电子对抗区	
6	弹道导弹发射点	编队中心	营救	打击起始点	低等级航路	地面责任区	敌方战术区	未定义	危险天气区	
7	电子攻击诱饵	就位点	水声站	塔康	战术行动线	弹道导弹防御区	我方陆军战术防空区	未定义	肩扛式导弹火力区	
8	攻击点	待机点	观通站	加油机	火力支援协同线	搜索营救区	杀伤区	未定义	机动式导弹火力区	
9	石油钻塔	潜艇位置及动向	技侦站	盘旋点(椭圆轨道)	我军前进线	空投区	海岸防卫区	未定义	未定义	
10	截击点	岸炮	雷达侦察站	盘旋点(8 字形)	安全航道	失事区	关注的目标区	未定义	未定义	
11	对地攻击目标点	防御设施	干扰站	盘旋点(随机轨道)	海岸防卫线	巡逻待战区(掩护、加油)	关注的特定区域	未定义	未定义	
12	未定义	未定义	未定义	盘旋点	安全界	飞行管制区	我方高炮火力区	未定义	未定义	
13	未定义	未定义	未定义	未定义	战斗分界线	飞行管制分区	水雷区	未定义	未定义	
14	未定义	未定义	未定义	未定义	未定义	机场管制区	地雷区	未定义	未定义	
15	未定义	未定义	未定义	未定义	未定义	飞行训练空域	未定义	未定义	未定义	

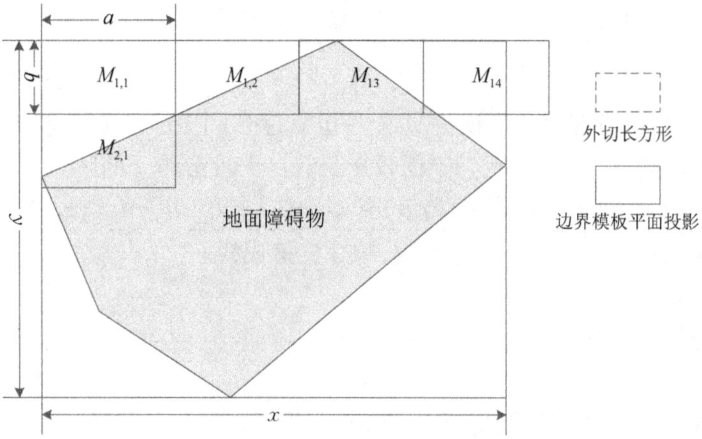

图 4.1　地形结构平面投影

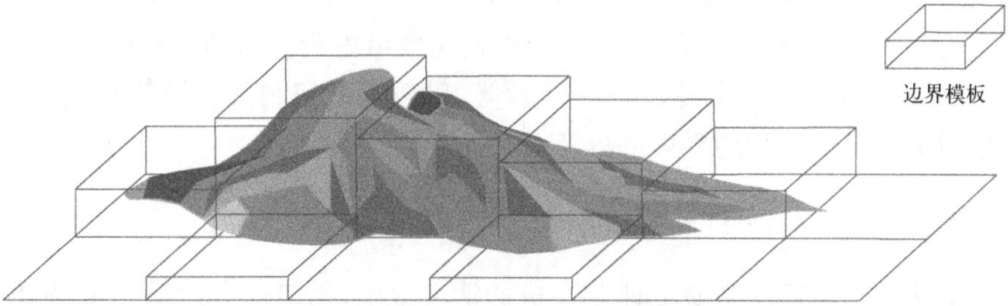

图 4.2　地形结构建模示意图

4.1.1.3　空域建模

空域建模主要研究表 4.1 描述的点/线/区中“区”的数学模型,用 AS 表示。“点”是区的特例,是只有一个单元的区。

空域建模除了空域的平面投影结构建模,还包括对空间属性、时间属性和频域属性建模,空间属性是指以空域对应的投影范围作为水平范围,并规定在水平范围上方的高度上、下限;时间属性是指空域的使用存在一定的时段限制,即激活与去激活时间;频域属性是指空域的使用存在电磁干扰或电子防御限制,为其规定频率范围。

空域的平面投影建模为 $M_{k,h}$,由 $n_i \times n_j$ 个模板单元组成,对每个单元赋予空间属性,即赋予高度范围 z,则空域的空间结构是 $M_{k,h}(z)$ 的集合, $AS = \{M_{k,h}(z)\}$。

对空域 $\{M_{k,h}(z)\}$ 赋予时间属性,即在 0~24: 00 中,假设激活 n 次,每次激活 t 时间段,那么空域是时间的函数,在激活时段内空域 AS 存在,否则不存在。因此,随时间变化的空域结构模型可描述为 $AS = \{M_{k,h}(z, t)\}$。

对空域赋予频域属性,表明该空域具有频率警戒、频率保护、频率禁止、无限制等电子战特征以及频率范围,用 freq 表示,结合表 4.1 所述的空域的类型属性,用

type 表示，对“地形、点、区”的空域可建立统一的数学模型：

$$AS = \{type, (M_{k,h}(z, t)), freq\} \quad k = 1, 2, \cdots, n_i; h = 1, 2, \cdots, n_j \quad (4.1)$$

根据式(4.1)，“地形”可视为具有一定高度(下限无意义)、激活时间 $t=0\sim$ 24: 00 的固定空域；“点”可视为平面投影只有一个地形单元的区。

“线”的模型也可用式(4.1)表示，其中，type = 04xH，$M_{k,h}(z, t)$ 表示空间的四维坐标点，下标 k, $h=n$，表示点数，顺序连接成线。

4.1.2　空域活动模型

空域活动要素包括直升机、无人机、战斗机、特种飞机、导弹、火炮、浮空飞艇、民用航空器等，其基本特点是按作战计划进行空域活动。

为了战术空域规划解算的方便，对空域活动要素建模按平台运动特点与平台性能进行归类合并，建立平台的运动学方程，将空域中所有活动平台归纳为飞机类和导弹(指弹道导弹)类两种，对于火炮等发射后不受控制的空域活动要素，将其归入炮射火力区空域结构要素进行考虑。

4.1.2.1　飞机活动模型

飞机活动空域建模主要是针对飞机的活动范围，用空间和时间坐标描述其活动空间。由于军用飞机的速度快、变化多、机动性强，因此对飞机的运动轨迹建模存在一定的难度，但是对军用飞机的轨迹进行分析可以得出典型航迹，包括直线航迹、直线俯冲航迹、拐弯俯冲航迹、盘旋机动航迹、水平 8 字形航迹，起落航迹、圆周航迹、S 弯航迹、编队集结航迹、编队解散航迹等基本航迹。其中对于目标编队的集结和解散航迹可分解为多个标航迹的组合。部分典型飞行航迹如图 4.3 所示。

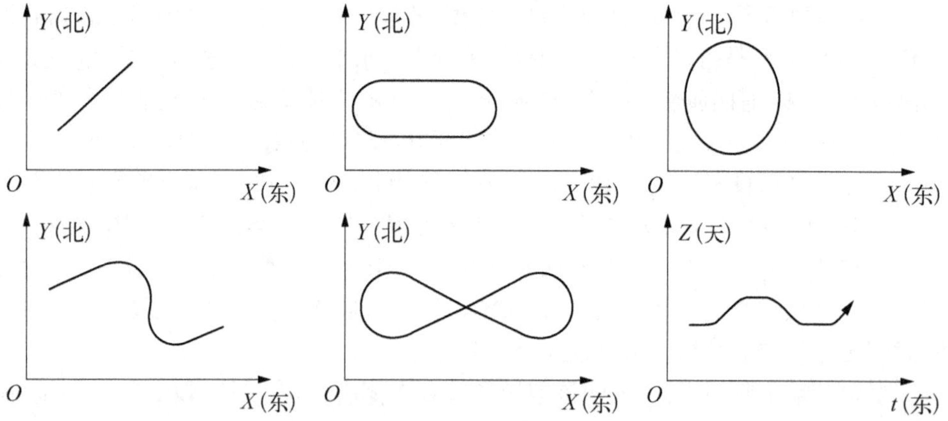

图 4.3　飞机典型运动航迹

按计划飞行的军民航飞机，活动模型包含在飞机典型运动航迹中。

将飞机的典型运动轨迹分解为直线、圆、弧线等线段，线型用 LineType 表示，编码范围 00~0FFH。定义：00 为无报告；01 为直线；02 为圆；03 为圆弧；线尺寸用 M 表示。可以建立飞机的活动空间模型：

$$\text{AIRP} = \{(\text{LineType}_i,\ M_i)\} \quad i = 1,\ 2,\ \cdots,\ n \tag{4.2}$$

即，AIRP 由一系列 $(\text{LineType}_i,\ M_i)$ 链接而成，其中 M_i 的数学描述如下。

1. 直线运动模型

直线运动是使用率最高的飞行方式。顺序输入为起点和终点，两点连线即为直线运动航迹。如图 4.4 中 $\overline{AB}$ 段所示，令 A、B 两点坐标分别为 $A(x_A,\ y_A,\ h)$、$B(x_B,\ y_B,\ h)$，设飞机在第 t_{i-1} 时刻处于位置点 A_{i-1}，沿计划航线方向以速度 v 作匀速直线运动，经过 Δt 时间到达 A_i 点，则 A_i 点的坐标为

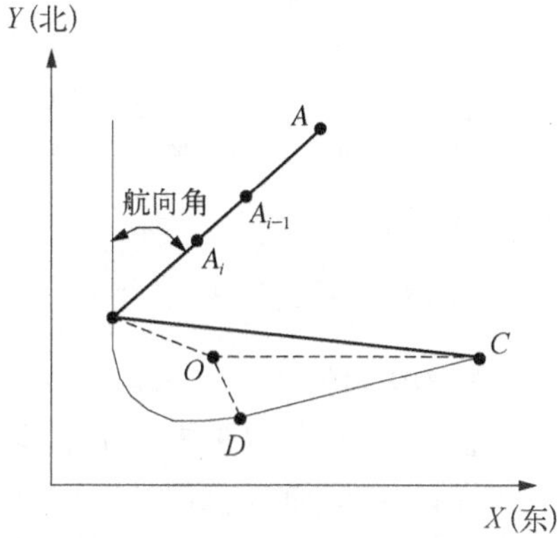

图 4.4　平面层直线-圆弧轨迹示意图

$$\begin{cases} x_i = x_{i-1} + v \times \sin\theta \times \Delta t \\ y_i = y_{i-1} + v \times \text{con}\,\theta \times \Delta t \\ \theta = \text{arctg}[(x_B - x_A)/(y_B - y_A)] \end{cases}$$

$\theta \in 0°,\ 360°$，设飞机从 A_i 点开始加速运动，设加速完成后的速度为 v_1，则直线运动模型根据飞机型号设定在该高度层上有常用加速度 a，按照时间 T 为周期推算目标下一航迹点的计划位置，推算模型为

$$\begin{cases} v_{i+1} = v_i + a \times T \\ x_{i+1} = x_i + \left(v_i + a\dfrac{T}{2}\right)\sin\theta \times T \\ y_{i+1} = y_i + \left(v_i + a\dfrac{T}{2}\right)\text{con}\,\theta \times T \end{cases}$$

在推算下一航迹点的过程中，需要在每一个推算周期对当前速度 v_{i+1} 进行判断，若 $v_{i+1} \geqslant v_1$，则改变加速状态，以速度 v_1 作匀速运动，并按照匀速运动模型推算下一航迹点，直至目标到达 B 点，若 $v_{i+1} < v_1$，则继续按照加速运动模型进行推算。

2. 圆弧运动模型

飞机通常使用圆弧运动的方式实现转弯。在飞机活动建模过程中，令飞行关键点为 A、B、C 三点，如图 4.5 所示，飞机从 A 经过 B 点飞向 C，经过圆弧运动进行过渡。飞机最终航迹为直线航迹 $\overrightarrow{AB}$，经圆弧航迹 $\overrightarrow{BD}$，再直线航迹 $\overrightarrow{DC}$。$\overrightarrow{BD}$ 段圆弧

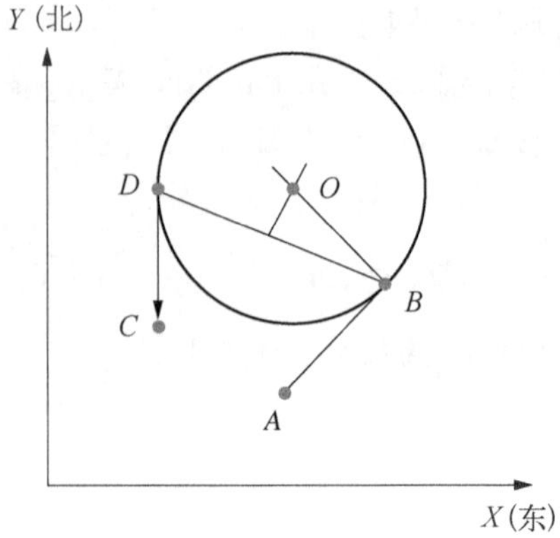

图 4.5　平面层圆弧航迹示意图

运动计算如下。

计算转弯半径：$R=\sqrt{\dfrac{v^2}{g\cdot \mathrm{tg}\, b}}$ 其中，v 为飞机飞行速度，g 为重力加速度，b 为飞机转弯坡度；

根据航线关键点判断飞机转弯方向（左转或右转）；

根据 B 点位置、半径 R 和 AB 的矢量方向求圆心 O 位置；

求 $\angle DOC=\arccos(R/CO)$，其中 CO 为 O 到 C 点距离；

求 OC 矢量方向 $k_1=\mathrm{arctg}\left(\dfrac{y_c-y_o}{x_c-x_o}\right)$；

求 OD 的矢量方向 $k_2=k_1+\angle DOC$（左转）或 $k_2=k_1-\angle DOC$（右转）；

根据 k_2，半径 R 和圆心 O 的位置求 D 点位置。

在计算运动轨迹第五步中，如果 OC 的距离小于半径 R，此时飞机不能在 B 点转弯，需要根据 AB 的航向继续外推一段距离，以满足转弯半径的要求。

为了简化圆弧运动模型处理，设定飞机转弯坡度为 45°，设目标在 t_{i-1} 时间位于点 A_{i-1}，经过 Δt 时间到达 A_i，当前点航向为 θ_{i-1}，切向速度为 v，则 A_i 点坐标如下。

（1）转弯方向：左转

如果目标匀速运动：

$$\theta_i=\theta_{i-1}-v\cdot \Delta t/R$$
$$R=R'$$
$$x_i=x_{i-1}-R\cdot\cos\theta_{i-1}+R'\cdot\cos\theta_i$$
$$y_i=y_{i-1}+R\cdot\sin\theta_{i-1}-R'\cdot\sin\theta_i$$

如果目标以加速度 a 变速运动：

$$v_i=v_{i-1}+a\cdot\Delta t$$
$$\theta_i=\theta_{i-1}-(\lg v_i-\lg v_{i-1})\cdot g\cdot \mathrm{tg}\,\frac{b}{a}$$
$$R_i=R_{i-1}\cdot\cos\left\{0.5\pi-\mathrm{arctg}\left[g\cdot\mathrm{tg}\,\frac{b}{(2a)}\right]\right\}$$
$$R_i'=R_i\cdot v_i^2/v_{i-1}^2$$
$$x_i=x_{i-1}-R_i\cdot\cos\theta_{i-1}+R_i'\cdot\cos\theta_i$$

$$y_i = y_{i-1} + R_i \cdot \sin\theta_{i-1} - R_i' \cdot \sin\theta_i$$

(2) 转弯方向：右转

如果目标匀速运动：

$$\theta_i = \theta_{i-1} + v \cdot \Delta t/R$$

$$R = R'$$

$$x_i = x_{i-1} + R \cdot \cos\theta_{i-1} - R' \cdot \cos\theta_i$$

$$y_i = y_{i-1} - R \cdot \sin\theta_{i-1} + R' \cdot \sin\theta_i$$

如果目标以加速度 a 变速运动：

$$v_i = v_{i-1} + a \cdot \Delta t$$

$$\theta_i = \theta_{i-1} + (\lg v_i - \lg v_{i-1}) \cdot g \cdot \mathrm{tg}\frac{b}{a}$$

$$R_i = R_{i-1} \cdot \cos\left\{0.5\pi - \mathrm{arctg}\left[g \cdot \mathrm{tg}\frac{b}{(2a)}\right]\right\}$$

$$R_i' = R_i \cdot v_i^2/v_{i-1}^2$$

$$x_i = x_{i-1} + R_i \cdot \cos\theta_{i-1} - R_i' \cdot \cos\theta_i$$

$$y_i = y_{i-1} - R_i \cdot \sin\theta_{i-1} + R_i' \cdot \sin\theta_i$$

(3) 圆周运动

对于圆周运动航迹，在飞机活动建模时设置初始参数有两种方式：一种方式是输入不同线三点，求得三点的外接圆为其航迹，其圆周运动起始航迹为顺序输入的第一点，运动方向为三点的顺序方向；另一种方式是输入两点和旋转方向，其中第一点为圆心，第二点为圆周航迹起始点。图 4.6 所示为基于三点的圆周航迹示意图，图中 A 点为航迹起点，AB 段为飞机直线进入段，推算参见直线运动模型，飞机从 B 点进入圆周运动，方向为 AB 切线方向进入。

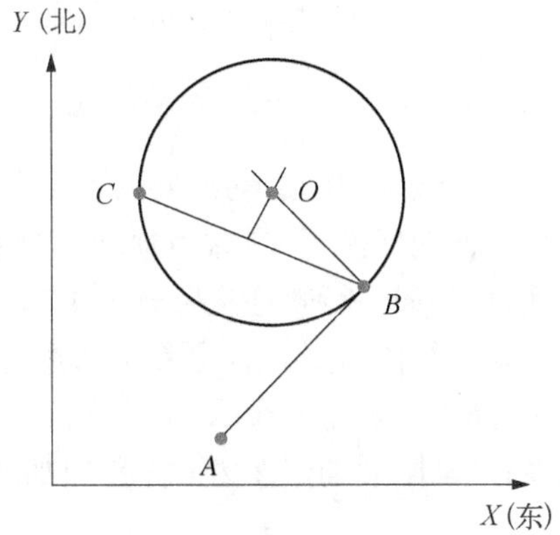

图 4.6　平面层圆周航迹示意图

设 A、B、C 点的三维坐标分别为 $A(x_A, y_A, h)$, $B(x_B, y_B, h)$, $B(x_C, y_C, h)$，首先计算飞机做圆周运动的圆心和半径。BC 中垂线与 AB 垂线 OB 的交点 O 为圆心。

BC 中垂线方位角为

$$k_1 = \text{arctg}[(x_C - x_B)/(y_C - y_B)] + \pi/2 \quad k_1 \in [0, 2\pi]$$

OB 方位角为

$$k_2 = \text{arctg}[(x_B - x_A)/(y_B - y_A)] + \pi/2 \quad k_2 \in [0, 2\pi]$$

BC 中垂线斜率为

$$t_1 = 1/\text{tg}\, k_1 \quad (k_1 \neq 0、\pi/2、\pi、3\pi/2,) \quad 否则\ t_1 = 0$$

AB 垂线 OB 斜率为

$$t_2 = 1/\text{tg}\, k_2 \quad (k_2 \neq 0、\pi/2、\pi、3\pi/2,) \quad 否则\ t_2 = 0$$

圆心坐标：

$$O_x = [(y_B - y_C)/2 + t_1 \cdot (x_B + x_C)/2 - t_2 \cdot x_B]/(t_1 - t_2)$$

$$O_y = t_2 \cdot [(O_x - x_B) + y_B]$$

圆半径：$R = \sqrt{(x_B - O_x)^2 + (y_B - O_y)^2}$

其中 $R \geqslant \sqrt{\dfrac{v^2}{g \cdot \text{tg}\, b}}$（$v$ 为飞机飞行速度，g 为重力加速度，b 为飞机转弯坡度），如果 $R < \sqrt{\dfrac{v^2}{g \cdot \text{tg}\, b}}$，则预设定转弯半径过小，需要重置转弯点使航空器作圆弧运动的运动模型转弯半径值满足约束条件。已知 R 和初始航向 θ，则圆周运动目标位置坐标计算模型同 4.1.2.1 小节的“2. 圆弧运动模型”。

4.1.2.2　导弹活动模型

弹道导弹的运动模型以地球为参考坐标系，因地球模型的不同而不同，主要包括平面地球模型、圆球体地球模型和椭球地球模型，以最简单的平面地球模型为例，导弹的飞行轨迹主要分为主动飞行段和被动飞行段，在非惯性参考系中，导弹主动飞行段所受外力主要包括重力、推力、气动阻力和表视力。位置矢量用 $\boldsymbol{P}$ 表示，速度矢量用 $\boldsymbol{v}$ 表示，主动飞行段运动模型描述见式(4.3)，式中，a_{T} 为推力加速度；气动阻力加速度为 a_{D}；重力加速度为 a_{G}；表视力加速度为 a_{C}。

$$\dot{\boldsymbol{P}} = \boldsymbol{v},\ \dot{\boldsymbol{v}} = a_{\mathrm{T}} + a_{\mathrm{D}} + a_{\mathrm{G}} + a_{\mathrm{C}} \tag{4.3}$$

假设推力加速度与速度方向一致（弹道导弹飞行是零攻角），即用重力转弯模型（GT）来对主动段进行建模，那么推力加速度方向为沿着弹体纵轴，并且它的大小可用式(4.4)描述：

$$a_{\mathrm{T}}(t)=\frac{g\cdot l_{\mathrm{SP}}\cdot\dot{m}(t)}{m(t)} \tag{4.4}$$

如果忽略质量变化,则 $a_{\mathrm{T}}=g\cdot l_{\mathrm{SP}}$($l_{\mathrm{SP}}$ 是比冲,是常量)。

重力加速度 a_{G} 依据不同的地球模型有 3 种表达方式,分别以 $\boldsymbol{a}_{\mathrm{G}}(0)$、$\boldsymbol{a}_{\mathrm{G}}(1)$ 和 $\boldsymbol{a}_{\mathrm{G}}(2)$ 表示。以平面地球模型为例,在这种模型假设下,重力作用在直角坐标系下是一个常量,表示为

$$\boldsymbol{a}_{\mathrm{G}}(0)=[0,\ 0,\ -g]^{\mathrm{T}}$$

弹道导弹在平面地球模型中的理论飞行轨迹如图 4.7 所示。

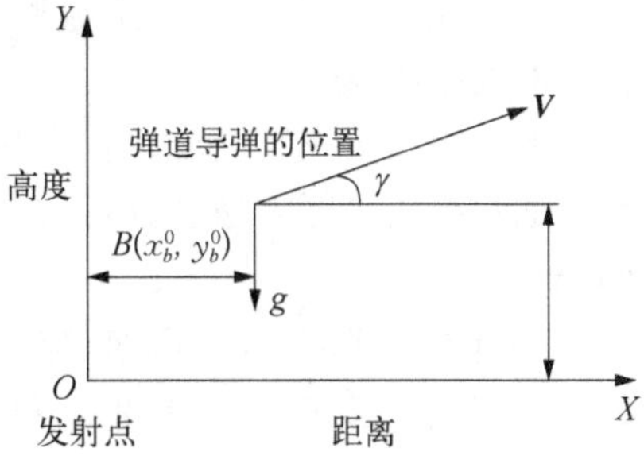

图 4.7　平面地球模型中弹道导弹理论飞行轨迹

取导弹弹道面建立平面直角坐标系,设点 B 为发动机关机点,弹道导弹从 $B(x_b^0,\ y_b^0)$ 点后仅受重力作用影响,O 为弹道导弹发射点,$\boldsymbol{V}$ 为飞行速度方向,$\boldsymbol{V}$ 与地平线 X 轴的夹角为 γ, g 为方向垂直向下的重力加速度。由此可得在平面地球模型中的弹道导弹飞行动力学方程:

$$\dot{v}_x=0,\ \dot{v}_y=-g,\ \dot{P}_x=\dot{v}_x,\ \dot{P}_y=\dot{v}_y \tag{4.5}$$

式(4.5)中, $\dot{v}_x$、$\dot{v}_y$ 表示加速度; v_x、v_y 表示速度; P_x、P_y 表示导弹位置,在平面地球模型下, P_x 表示导弹飞行距离, P_y 表示导弹飞行高度。由图 4.7 可得导弹在 $B(x_b^0,\ y_b^0)$ 点的运动参数,即微分方程初值,从而计算出导弹的计划飞行轨迹。微分方程初值计算方法如式 4.6 所示:

$$v_x(0)=v\cos\gamma,\ v_y(0)=v\sin\gamma,\ P_x(0)=x_b^0,\ P_y(0)=y_b^0 \tag{4.6}$$

导弹的高度 $h=P_y$, 距离 $\mathrm{dis}=P_x-P_x(0)$, 式(4.6)中, P_x 为当前时刻 X 方向的位置, $P_x(0)$ 为初始时刻 X 方向的位置。

4.2　战术空域冲突检测技术

空域冲突检测主要用于发现作战区域内多个空域(包括地形)间的使用冲突、飞机类和导弹类计划轨迹与空域间的使用冲突、航空器之间的计划冲突。根据空域的时间、空间、频域属性以及作战计划,检测空域使用冲突,即检测同一时间内空域间的重叠情况、飞行轨迹与空域的重叠情况,以及频率间的重叠情况[1-9]。

4.2.1 间隔标准

间隔标准是冲突检测的依据。空域间隔可参考美军的《通用联合空域控制方法》《空域控制方法标准作业程序》《防空空域程序控制方法》《火力支援协调方法》《特殊空域用户指挥控制方法》等开展研究,飞行间隔依据国家颁布的《飞行间隔规定》。

1. 时间间隔

应为空间复用的条件开放空域之间留有足够的时间缓冲间隔 Δt,具体根据空域的使用属性确定,并逐步形成规范。

2. 空间间隔

航线与射击飞行空域边界之间的间隔不小于 20 千米。

通过射击飞行空域时,应当在该空域航空器活动高度上方留有 1 500 米的高度间隔。

通过轰炸靶场、放油区时,应当在轰炸或放油航空器活动高度上方留有 300 米的高度间隔,飞行高度在 8 400 米以上,应留有 600 米的高度间隔。

严禁从有航空器活动的射击飞行空域、轰炸靶场的轰炸航线或者放油区下方通过。

其他危险区域间隔: 保留适当的安全缓冲区。

4.2.2 空域结构冲突检测

1. 时间冲突模型

空域只有在时间上重合,才存在冲突的可能,时间冲突检测用于发现在时间上存在交叉重叠的规划空域。

针对空域的时间属性,为待检测的规划空域设置时间标签,用来标明空域的激活与去激活时间,设空域 1 的时间标签为 T1–T2,空域 2 的时间标签为 T3–T4,则时间冲突主要包括三种类型(如图 4.8 所示)。

(1) $T1 \leqslant T3 < T2 < T4$,空域 1 与空域 2 有部分使用时段重叠;

(2) $T1 \leqslant T3 < T4 \leqslant T2$,空域 2 的使用时段完全被包含在空域 1 的使用时段内;

(3) $0 \leqslant T3 - T2 \leqslant \Delta t$,两空域的使用时段虽无重叠,但空域 1 去激活与空域 2 激活的时间间隔小于 Δt,也视为两空域存在时间冲突,Δt 的大小由间隔标准决定。

2. 高度冲突模型

高度范围冲突检测用于发现高度层存在重叠的规划空域,通过高度范围冲突检测筛选,排除了高度上不存在重叠的规划空域后,对高度范围存在冲突的空域其后续冲突检测步骤只需要在二维平面上进行运算。

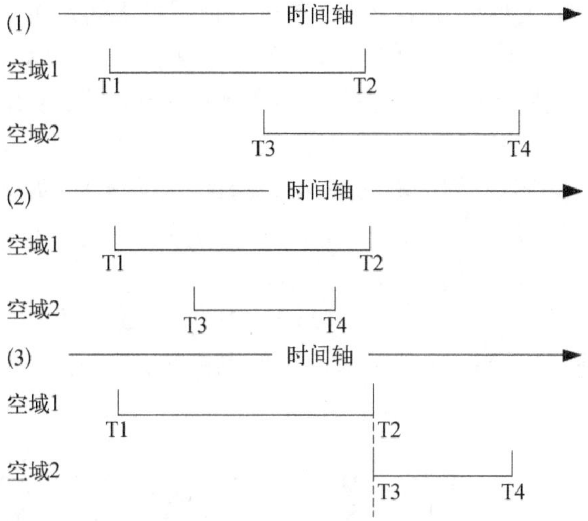

图 4.8　时域冲突示意图

针对空域的空间属性，为待检测的规划空域设计高度范围标签，用于表明空域垂直方向的高度下限和高度上限，设空域 1 的高度范围标签为 H1-H2，空域 2 的高度范围标签为 H3-H4，则高度冲突主要包括如图 4.9 所示的三种类型：

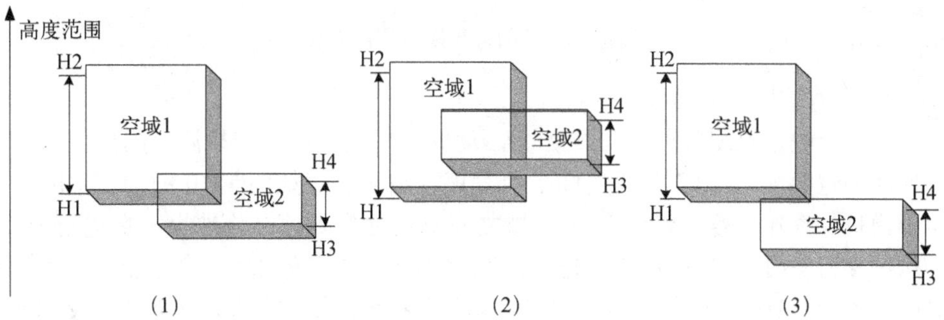

图 4.9　高度范围冲突示意图

（1）H3≤H1<H4<H2，空域 1 与空域 2 有部分高度范围重叠；

（2）中 H1≤H3<H4≤H2，空域 2 的高度范围完全被包含在空域 1 的高度范围内；

（3）0≤H1-H4≤Δh，即两空域的高度范围虽无重叠，但空域 1 的最低高度与空域 2 的最高高度间隔小于 Δh，也视为两空域存在高度冲突，Δh 的大小由间隔标准决定。

3. 几何边界模板冲突模型

将待检测空域容纳在特定形状的几何边界模板中（采用矩形边界模板），通过计算边界模板是否存在交叉重叠，对规划空域冲突进行初步检测。

进行这一步检测的原因在于检测不规则几何图形之间是否存在重叠需要较大的运算量，而判断特定形状的几何图形间的重叠关系可采用特定算法，运算量较小。因此，通过采用特定形状的边界模板可以初步排除部分不存在重叠可能性的规划空域。

针对空域的空间属性，为空域的平面投影建立外切矩形，如图 4.10 所示，在直角坐标系中，设空域 1 顶点坐标为 $(x_1, y_1)(x_1, y_2)(x_2, y_1)(x_2, y_2)$，空域 2 顶点坐标为 $(x_1', y_1')(x_1', y_2')(x_2', y_1')(x_2', y_2')$。

若 $x_1 + \Delta x \leqslant x_i' \leqslant x_2 + \Delta x$ 且 $y_1 + \Delta y \leqslant y_j' \leqslant y_2 + \Delta y$，其中，$i, j \in \{1, 2\}$，则两矩形模板存在重叠，$(\Delta x, \Delta y)$ 的大小由间隔标准决定。

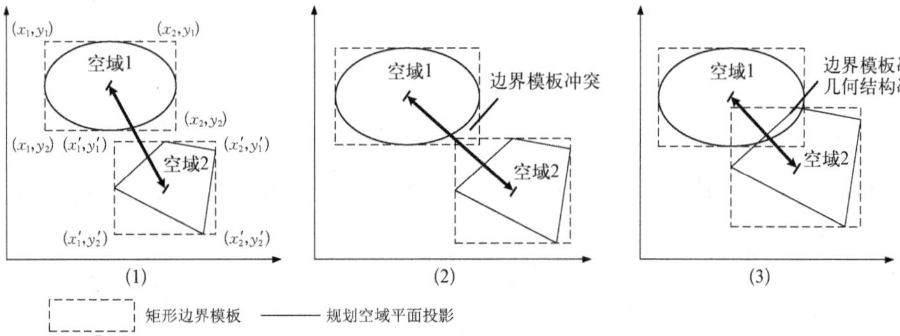

图 4.10　几何边界模板位置关系

4. 几何结构冲突模型

对边界模板检测阶段存在重叠的空域，进行几何结构冲突检测，计算两个几何图形间的重叠关系，用于判断空域是否真正存在重叠。如图 4.10 中的(2)和(3)矩形模板均存在重叠，但仅(3)中空域之间真正存在几何结构冲突。在进行几何结构冲突检测时，通过计算两多边形的交得出两多边形的重叠区域。由于空域均为凸多边形，结构较为简单，而计算几何中，对多边形求交的算法研究已比较成熟，能够简单快捷地求出冲突结果。

5. 空域结构冲突检测流程

通过上述分析，可形成一种“由粗到精、逐步排除”的空域冲突检测方法，包括空域与地形、空域与空域之间的冲突检测，统一按空域之间顺序，对开放时间、高度范围、边界模板及几何结构进行冲突检验，快速判定空域与地形、空域与空域之间的冲突情况。

基本算法是遍历作战空域内所有待检测空域，进行两两之间的冲突检测，如图 4.11 所示，具体步骤如下：

(1) 时间冲突检测。针对空域的时间属性，为待检测空域设置激活时间标签，通过激活时间标签的比较确定两空域是否存在冲突，时间冲突的判定是进行空域

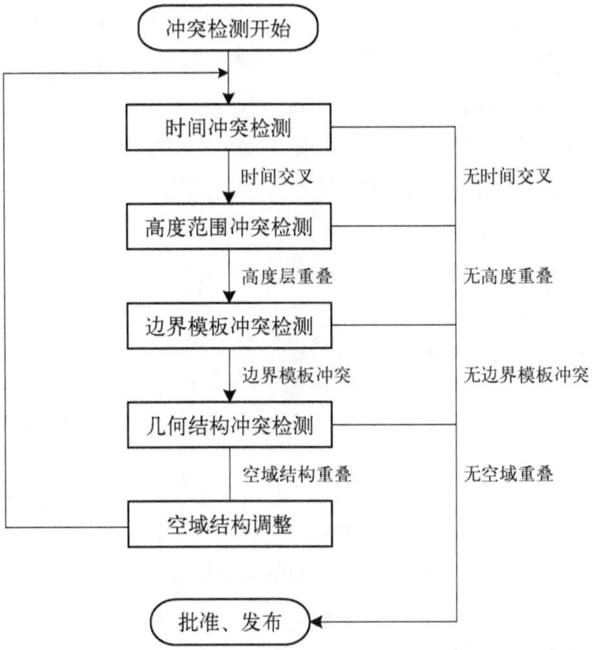

图 4.11　空域冲突检测方法流程图

结构冲突判定的前提,如无冲突则结束本次循环,否则转入步骤(2)。

(2) 高度范围冲突检测。针对空域的空间属性,为待检测空域设计高度范围标签,通过比较两空域的高度范围,确定是否存在高度冲突,如无冲突则停止,否则转入步骤(3)。高度范围冲突检测在排除了高度上不存在重叠的规划空域后,对存在高度范围冲突的空域,其后续冲突检测步骤只需要在二维平面上进行运算。

(3) 对空域的平面投影建立外切矩形模板,通过比较直角坐标系中矩形坐标点之间的大小关系,对矩形模板的位置关系进行判定,如无冲突则结束本次循环,否则转入步骤(4)。

(4) 采用计算几何中成熟的多边形求交算法,对边界模板存在冲突的空域进一步进行详细的结构冲突检测,若空域的几何结构无相交则结束检测,进入下一待检空域的冲突检测流程,否则进行空域结构的调整,重新进入步骤(1)冲突检测流程。

4.2.3　空域活动冲突检测

4.2.3.1　活动空域冲突检测

活动空域冲突检测用于发现航空器轨迹与用户空域在同一时间内的重叠情况,只有在时间空间上重合,才有存在冲突的可能。

针对空域的时间属性，为待检测的规划空域设置时间标签，用来标明空域的激活与去激活时间，空域的时间标签为 T1-T2，航空器按活动计划将其空间轨迹推算到 T1-T2，生成轨迹线 AIRP = $\{(\mathrm{LineType}_i,\ M_i(x,\ y,\ z,\ t_{1,\ 2}))\}$，冲突检测主要是计算空域和轨迹线两个几何图形间的重叠关系（包括地形），用于判断空域是否存在重叠，冲突主要包括空域与线之间的包含关系、相交关系、最小距离<间隔标准关系，如图 4.12 所示。

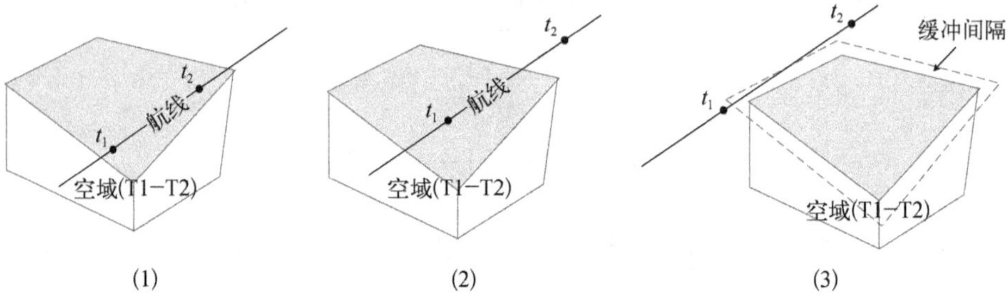

图 4.12　活动空域冲模型

4.2.3.2　活动计划冲突检测

活动计划冲突检测用于发现航空器间的计划轨迹冲突情况，包括关联空域计划冲突、同一空域计划冲突，如图 4.13 所示。

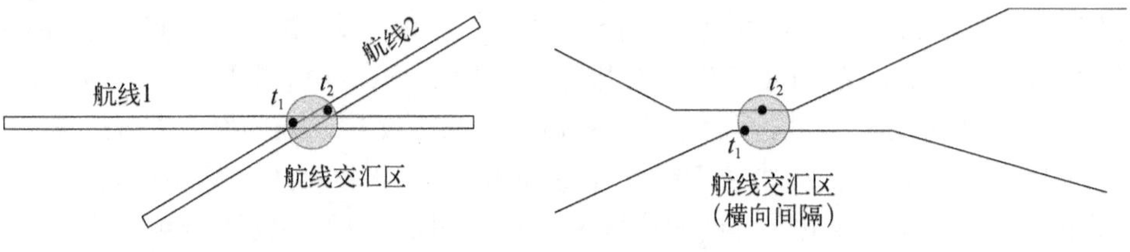

(1) 关联空域计划冲突

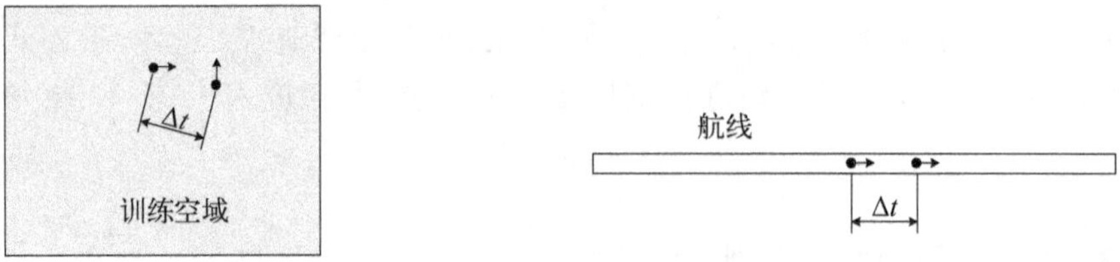

(2) 同一空域计划冲突

图 4.13　活动计划模型

对于关联空域计划冲突检测是针对不同轨迹的飞行计划，计算航线的交汇点，每个交汇点视同一个空域，将多个航空器按活动计划推算到交汇点空域，根据其时间属性和高度属性,按间隔标准判断是否存在冲突。

对于同一空域计划冲突是针对同一航线或同一活动空域的多个航空器,按活动计划推算其轨迹,当发现轨迹间隔小于空间间隔标准时,判断是否存在时间冲突。

4.2.3.3 频率使用冲突检测

1. 用频冲突分析

对于携带用频装备的空中平台,需要避免用频装备之间的相互干扰。这些干扰包括:

1) 电子干扰发射机对同频雷达接收机和通信接收机的干扰;

2) 雷达发射机对同频其他雷达接收机和通信接收机的干扰;

3) 通信发射机对同频其他雷达接收机和通信接收机的干扰。

在进行战术空域规划时,需要对频域的冲突进行分析,避免同频的用频装备之间出现相互干扰,从时间和空间上对存在干扰的发射机和接收机进行隔离。

用频装备之间的干扰共存分析,依赖于对发射机射频特性、接收机接收特性以及传播环境的分析。因此需要用频装备数据库和传播模型的支持。

(1) 用频装备数据库

用频装备数据库存储典型平台用频装备的参数特性,包括发射机射频特性和接收机接收特性两类参数。

发射机射频特性包括中心频率、射频带宽、发射功率、天线方向图、天线扫描周期(雷达)、发射功率模板、脉冲特性(宽度、幅度、周期等)、调制方式等。对于电子干扰飞机,还需要给出发射机的干扰方式、干扰对象等特性。

接收机接收特性包括中心频率、接收带宽、天线方向图、天线扫描周期(雷达)、接收机邻信道选择性、灵敏度、阻塞特性等。同时,还必须给出接收机对抗各种类型的干扰信号所需的最低信干比。

(2) 传播模型

传播模型给出了电磁波在空间中传播损耗的计算方式。影响传播损耗的因素包括频率、距离、阴影、多径、雨衰等,对于非视距传播,还需要结合地理信息数据库,考虑地形因素对传播损耗的影响。对于高速移动物体,需要考虑多普勒效应对传播损耗计算的影响。通过传播模型,系统能够计算出战场任意两点之间的传播损耗。

2. 用频冲突检测方法

用频冲突检测在空域冲突检测之后进行,针对装载有用频设备的平台,首先根据作战预案和用频装备数据库,找出同一时间存在频域重叠的发射机和接收机,然后对载有这些发射机和接收机的平台进行频率冲突检测。

对于空中的平台,频率冲突检测首先分析发射机信号的辐射范围,然后根据辐射范围在发射机平台的空域周围设立缓冲区,平台活动空域和缓冲区内,不应有同频接收机出现,否则便会受到干扰。考虑到不同接收机的抗干扰能力不同,因此缓冲区的大小也不一样,因此分析不同接收机时,缓冲区大小要分别考虑。

对于地面固定平台,由于没有活动空域,则围绕发射机设置缓冲区,缓冲区的设立需要考虑天线的设置和天线方向图,对采用全向或环扫天线的发射机一般采用圆形缓冲区,对于采用定向天线的发射机一般采用扇形缓冲区,扇形的角度与天线方向图主瓣方向一致,如图 4.14、图 4.15 所示。

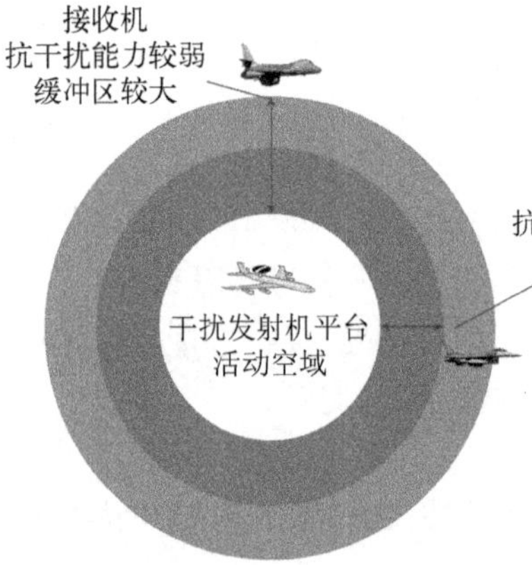

图 4.14　缓冲区设置示意图

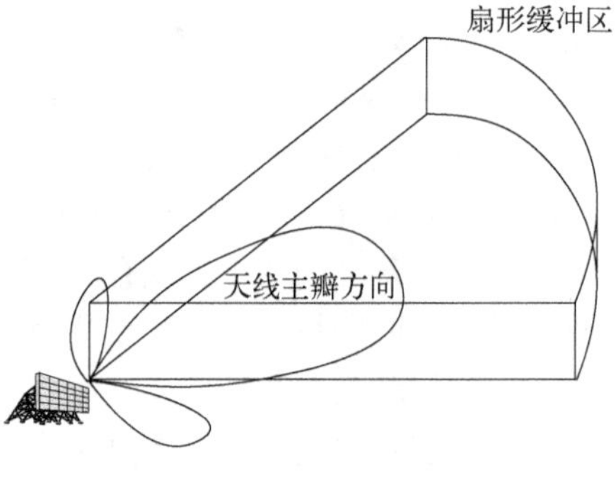

图 4.15　扇形缓冲区示意图

对于地面和海上的机动平台,可采用与地面平台相同的方式设立缓冲区,但需要考虑平台在执行任务过程中的移动性。

缓冲区的大小设置可以采用如下方式确定:首先计算干扰发射机和被干扰接收机之间的干扰余量:

$$P = P_{T} + G_{T} + G_{R} - P_{R} + \mathrm{SINR}$$

其中,P_T 为干扰发射机发射功率;G_T 和 G_R 为干扰发射机和被干扰接收机在干扰信号发射方向的天线增益,对于定向天线可由天线方向图获得;P_R 为被干扰接收机的有用信号接收功率;SINR 为被干扰接收机在某种干扰下通信的最低信噪比。

求得干扰余量后,用传播模型将干扰余量换算为空间隔离距离,即可求得缓冲区的大小。

3. 空域活动冲突检测流程

基本算法是遍历作战空域内所有待检测空域和计划,进行两两之间的空域冲突检测,基本流程如图 4.16 所示,步骤如下:

1) 计划与空域冲突检测。在空域激活时间范围内,计算航空器计划轨迹,检

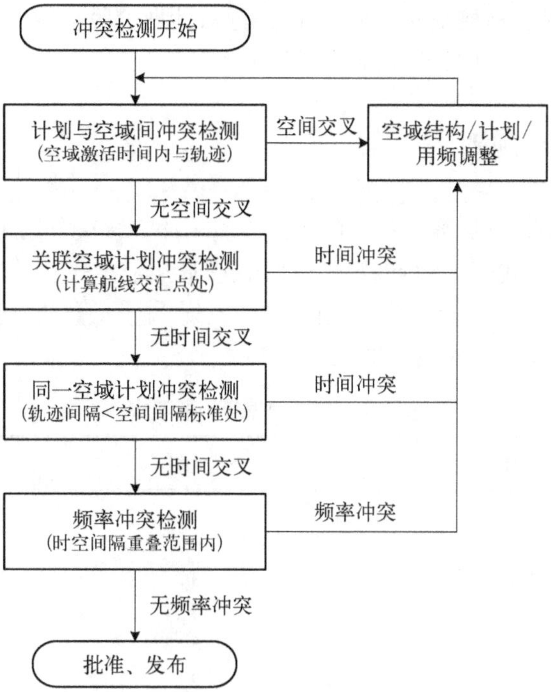

图 4.16　空域活动冲突检测方法流程图

测计划轨迹与空域是否存在空间冲突,如有冲突则进行调整,重新进入步骤(1)冲突检测流程,否则转入步骤(2)。

2）关联空域计划冲突检测。针对不同空域的计划,计算航线交汇点,检测计划轨迹在交汇点处是否存在时间和高度冲突,如有冲突则进行调整,重新进入步骤(1)冲突检测流程,否则转入步骤(3)。

3）同一空域计划冲突检测。针对同一空域的不同计划,计算轨迹空间间隔,检测轨迹间隔<空间间隔标准的计划,是否存在时间冲突,如有冲突则进行调整,重新进入步骤(1)冲突检测流程,否则转入步骤(4)。

4）频率冲突检测。针对装载有用频设备的平台,在时空冲突检测后,检测用频冲突,如有冲突则进行调整,重新进入步骤(1)冲突检测流程,否则结束检测。

4.3　战术空域冲突解脱技术

空域冲突解脱主要根据预先定义的空域活动规则,生成空域冲突解脱策略,形成空域冲突解脱方案,包括对空域控制程序的调整,对空中任务计划的修订。冲突解脱后的空域控制程序和空中任务计划,经仿真推演和用户协调后,向空域用户发布。空域冲突解脱包括航空器与地形冲突解脱、计划阶段空域冲突解脱、实时阶段空域冲突解脱以及空域用频冲突解脱[10-15]。

4.3.1 空域活动规则

空域活动规则是空域冲突排解的依据。美军冲突解决方法主要有时间间隔法和通用参照系统法,我国《飞行间隔规定》以及《通用航空飞行管制条例》对飞行基本规则作了规定,直升机、无人机、浮艇、导弹发射、炮射、警航、通航等按任务性质服从该规则,飞行任务优先级归纳见表 4.2。

表 4.2 任务优先级一般要求

飞 行 任 务	优先级	说 明
战斗飞行	1	最高
专机、重要任务飞行	2	
民航班期飞行	3	
一般任务飞行	4	
转场训练飞行	5	
场外训练飞行	6	
场内训练飞行	7	
其他飞行	8	

战术作战中,按照对海、对陆、防守、反击等作战任务以及空域限制条件,设定空域使用优先级,之后按打击目标价值、作战行动准备难度、武器平台机动性、武器使用要求等设定平台优先级,在相同的情况下,按照航空器小让大、轻让重、油多让油少、无人让有人等原则,最后映射到飞行任务的优先级。

4.3.2 空域冲突解脱模型

1. 航空器与地形冲突解脱

航空器与地形冲突解脱的主要策略是调整航空器高度及航向,其影响因素包括气象条件、设备精度、飞行规则等,在不同的影响因素下,冲突解脱的方法和安全余量亦有所不同,冲突解脱策略如图 4.17 所示。

2. 计划阶段空域冲突解脱

计划阶段,将空域使用结构要素在战术空域内按时间顺序排列,冲突类型包括时间和空间两个维度,主要通过调整计划进行冲突解脱。时间冲突解脱主要根据作战任务的性质、紧急程度来设定各武器平台的优先级,对冲突空域的使用时间进行先后调整,从而倒推至计划初始阶段。在时间冲突无法避免的条件下,对空域结

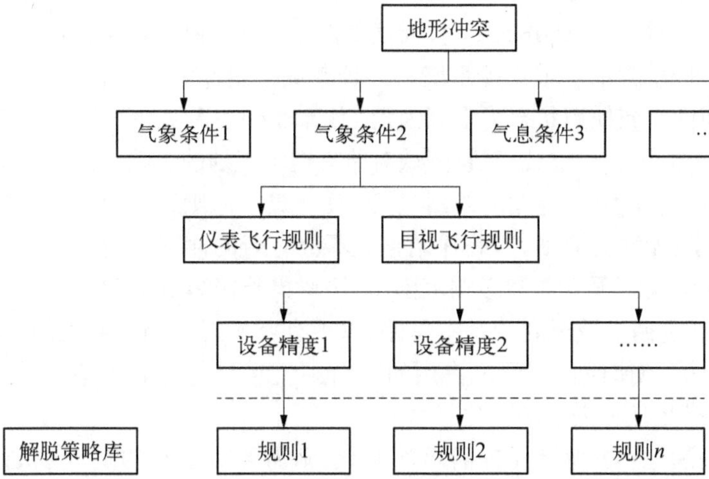

图 4.17　地形冲突解脱策略

构重叠部分重新进行边界划分。空域结构规划可以基于各武器平台作战空域的特点，首先保障优先级高的空域单元，使武器平台发挥最大的战斗效能，空域边界划分可以采用 Voronoi 图、混合整数规划算法等模型，计划阶段冲突解脱策略如图 4.18 所示。

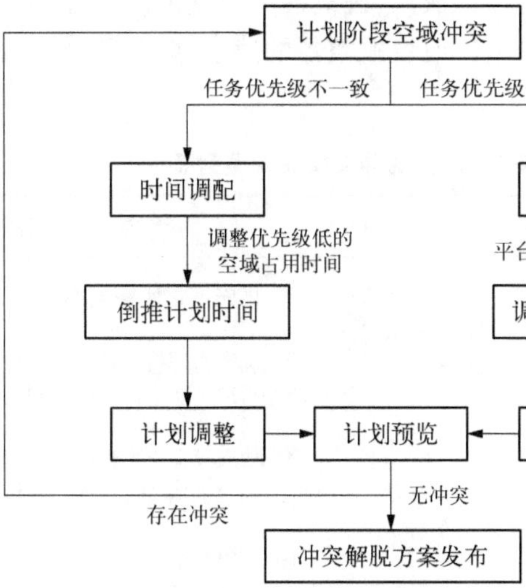

图 4.18　计划阶段冲突解脱策略

如前所述，火炮由于发射后不可控制原因，其模型简化为按时段激活与关闭的炮射区域，因此冲突解脱同样按时间、空间两个维度进行。

3. 实时阶段空域冲突解脱

对于联合作战行动中任务的变化、天气条件变化、外部环境变化等因素带来的空域使用临机调整，战术空域管控系统以当日空域控制计划和空勤任务计划为初始条件，以当前的空域使用状态为限制因素，为新加入的平台和受变化影响的平台规划合理、高效、低风险的空域，尽量降低对原有空域规划的影响。

空域临机调整过程中，遵循的原则包括：变化最小原则，即对现有空域规划的变更要尽可能小；无冲突原则，即确保调整后不会有新的冲突发生；如果冲突无法避免，则通过4维视图预览选择影响范围小、协调措施简单的调整方案。因此，空域临机调整仍然遵循空域规划的基本思路，以现有空域态势和空域规划为初始条件，采用“插空法”，对时间-空间未占用的“空白”空域进行抽取和整理，尽可能利用“空白”空域满足任务需求的变化。

若“空白”空域无法满足任务需求的变化，则需要对已有的空域规划进行调整，包括计划时间调整、高度层调整、几何结构调整以及飞行规则调整等，调整后重新对空域规划进行冲突检测和排解，推演通过后，按约定的空域协调措施(ACM)进行用户协调，发布执行。

实时阶段空域冲突解脱应综合考虑作战飞机机动性能、飞行时间和油量消耗等约束因素，利用蚁群算法、专家系统等辅助决策技术，建立空域冲突解脱规则库，搜集、整理不同空域结构中各武器平台之间冲突的解脱规则，形成可查阅、可参考的规则列表，协助指挥员进行辅助决策，提高冲突解脱的准确性和效率。

引入优先权的概念，可以给出改变航空器的速度、航向角和高度这三种简单易行的解脱策略，见表4.3。

表4.3　实时冲突解脱参考列表

序号	类　型	图　　例	实时冲突解脱策略
1	相对的两架航空器保持同高度作航线飞行	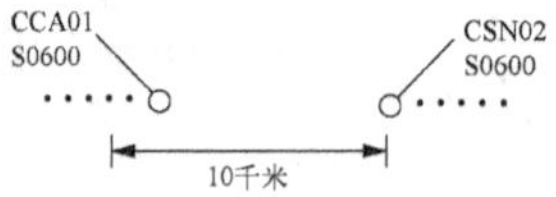	(1) 优先考虑水平转弯避让，其次上升或下降避让； (2) 优先指挥机动性能更好的航空器避让； (3) 当冲突航空器航向相对，则均发布向右转弯指令； (4) 如果存在交叉角度，则均发布向左指令； (5) 确定最佳转弯幅度，避免对其他航空器造成新冲突； (6) 考虑航空器转弯的不稳定性，包括飞行员目视避让、航路转弯点等
2	相对飞行的两架航空器同时下降	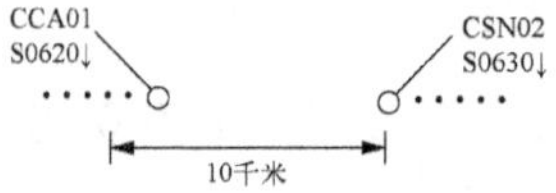	除1中还包括： (1) 指挥两者中机动性较好的停止下降； (2) 令其中之一增大下降率，同时指令另外航空器停止下降

（续表）

序号	类　型	图　　例	实时冲突解脱策略
3	相对飞行的两架航空器同时上升	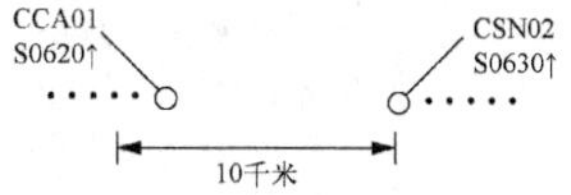	除1中还包括： （1）飞行员无法目视冲突航空器； （2）指挥其中一架航空器降低爬升率或停止爬升； （3）不建议指挥其中之一增大爬升率
4	相对飞行，一个上升，一个保持高度飞行	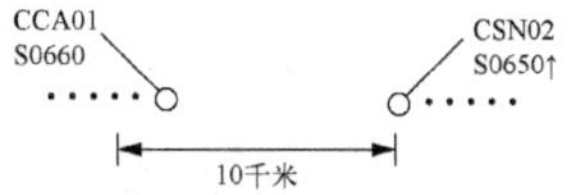	除1中还包括： （1）不改变飞行高度的航空器目视寻找冲突目标困难； （2）应指挥正在爬升的航空器降低爬升率或停止爬升； （3）不指挥保持原高度的航空器避让
5	相对飞行，一个下降，一个保持高度飞行	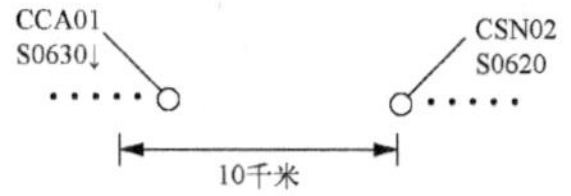	除1中还包括： （1）指挥正在下降的航空器停止下降或降低下降率，不指挥保持高度的航空器避让； （2）在一定高度差范围内，指挥正在下降的航空器加大下降率
6	同向追赶，两架航空器同高度航线飞行	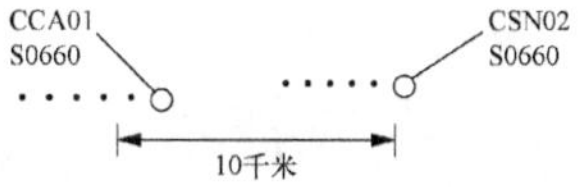	（1）不推荐调速方式调配； （2）优先指挥后面航空器避让； （3）转弯避让比改变高度避让效果更好； （4）指挥前机继续保持航向飞行
7	同向飞行，后机速度大，两机同时下降	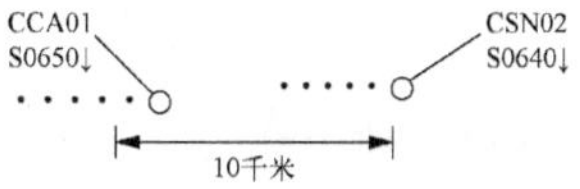	除6中还包括： （1）指挥高度相对较高的航空器停止下降； （2）指挥高度相对较低的航空器加大下降率； （3）立即停止下降外，指挥两个航空器分别向左向右转弯
8	同向飞行，后机速度大，两机同时上升	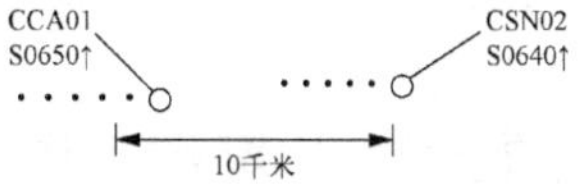	除7中还包括： （1）指挥高度相对较低的航空器停止爬升； （2）指挥高度相对较高的航空器增大爬升率
9	同向追赶，前机上升，后机保持高度飞行	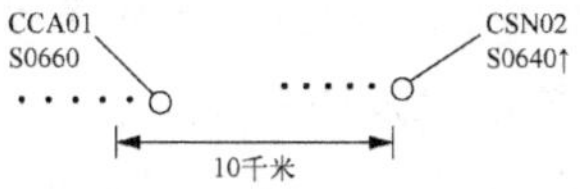	除7中还包括： 指挥前机停止上升，除非前机即将或已达到后机的飞行高度
10	同向追赶，前机保持高度飞行，后机上升	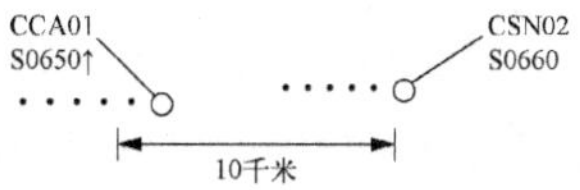	除7中还包括： 若后机未达到或穿越前机的飞行高度，指挥后机停止上升
11	同向追赶，前机下降，后机保持高度	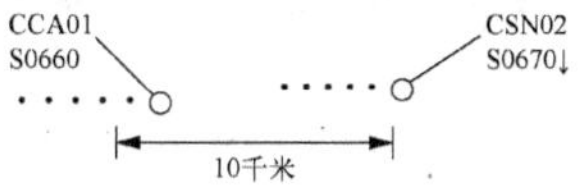	除7中还包括： 若前机未达到后机的飞行高度，应指挥前机停止下降
12	同向追赶，前机保持高度飞行，后机下降	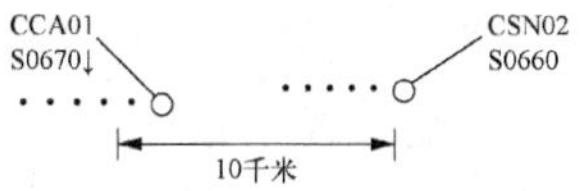	除7中还包括： 指挥后机停止下降，除非后机即将或已经达到或穿越前机的飞行高度

（续表）

序号	类　型	图　　例	实时冲突解脱策略
13	90度交叉汇聚,两架航空器同高度飞行	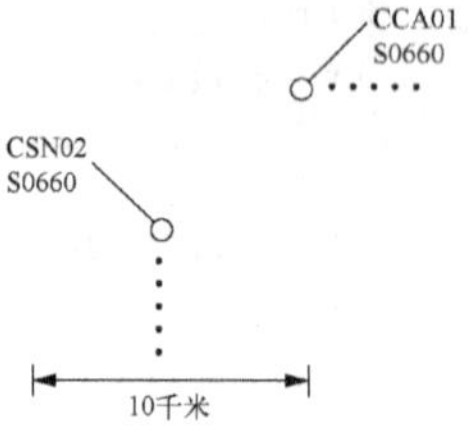	（1）优先考虑转弯避让; （2）优先指挥机动性能好的航空器避让; （3）指挥一个航空器转向另一航空器后方机动进行避让; （4）指挥两个航空器向同一方向转弯避让
14	90度交叉汇聚,两航空器不在同一高度飞行	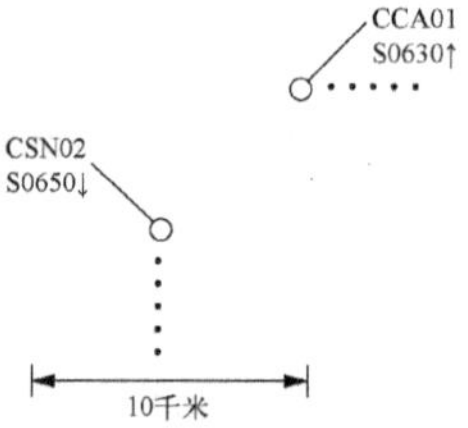	除13中考虑还包括: 同向追赶和相向飞行的注意事项适用

4.4　空域计划生成技术

1. 空中任务计划生成

战术空域管控系统对所有空域用户进行空域分配、协同规划后,进行空域冲突检测与排解,然后根据格式化的指令集,生成空中任务计划(ATO),空中任务计划是飞行员能够执行的指令。空中任务计划生成主要功能包括空中任务计划提取、空中任务计划转换。

空中任务计划提取是根据系统建立的空域总计划,提取作战部门所需要的空中任务计划,其数据内容包括:执行任务的国家、军种、作战单位及代号,航空器任务数据、任务编号代号、指挥官、首要任务及次要任务类型,告警状态,起飞返回位置,航空器数量、类型、型号、呼号、首要次要武器,最早开始时间,最晚完成时间,打击目标的编号、名称、高度、优先级,以及护航数据、路线信息、主用备用频率等。

空中任务计划转换是针对不同的作战平台承担的职责和任务,将提取的空中任务计划数据项按照规定的指令格式进行数据项、报文格式转换,生成符合战术意义的空中任务指令,并定向分发。

2. 空域控制计划生成

战术空域管控系统根据空域控制程序将空域转换为面向特定任务部队的战斗空间,并通过在战斗空间中设定飞行规则,将空域控制程序进一步细化为任务部队可执行的指令,即每日空域控制计划(ACO),用于协调任务部队及其他使用空域的单位、部门。主要功能包括空域-战斗空间转换、飞行规则设定以及日空域控制计划生成。

空域-战斗空间转换是将已经进行冲突解脱后的战术空域分解为单个武器平台的作战空间,对单个战斗空间的边界范围、激活/关闭时间、空域属性进行设定。

战斗空间飞行规则设定是对单个平台的战斗空间进行飞行规则的制定,包括航路航线、高度范围、特殊控制计划等。

日空域控制计划生成是将空域控制计划分解为每日可执行的空域控制计划直接用于发布。

参考文献

[1] 国务院中央军委空中交通管制委员会. 飞行间隔规定[Z]. 2005.

[2] 中国民航局. 中华人民共和国民用航空法[Z]. 1996.

[3] Air Force Research Laboratory. Joint airspace management and deconfliction (JSMAD). AFRL-RI-RS-TR-2009-13[S]. 2009.

[4] Department of the Army. Tactical data link(TDL) 16 message standard. MIL-STD-6016D[S]. 2008.

[5] 李远,彭辉,沈林成. 协同任务规划中基于约束满足的资源冲突检测与消解[J]. 系统工程与电子技术,2009,4: 868-873.

[6] 陈维. 多UCAV协同作战任务时空冲突检测方法研究[D]. 长沙: 国防科学技术大学,2007.

[7] 张兆宁,刘计民. 基于CNS性能的垂直间隔碰撞风险评估[J]. 中国民航大学学报,2010,28(1): 5-8.

[8] 王华,李海洋,唐国金. 飞行器碰撞概率计算的一般方法[J]. 国防科技大学学报,2006,(4): 27-31.

[9] 徐文胜,熊光楞,肖田元. 并行工程中实践约束网络建立及冲突检测研究[J]. 系统仿真学报,2003,15(2): 185-189.

[10] 李雄. 飞行危险天气下的航班改航路径规划研究[D]. 南京: 南京航空航天大学,2009.

[11] 王清琦,张兆宁. 单体雷暴下的改航模型研究[J]. 航空计算技术,2016(1): 44-47.

[12] 张晨靓,田勇. 恶劣天气影响下动态改航策略研究[J]. 哈尔滨商业大学学报(自然科学版),2013,29(6): 764-768.

[13] 李雄,徐肖豪,赵巍飞,等. 散点状分布危险天气区域下的航班改航路径规划[J]. 航空学报,2009,30(12): 2342-2347.

[14] 徐肖豪,孟令航,赵巍飞. 基于几何方法的洲际航空编队飞行路径规划[J]. 北京航空航天大学学报,2015,41(7): 1155-1164.

[15] 张兆宁,王霞. 考虑危险天气的终端区动态容量评估[J]. 中国民航大学学报,2013,31(6): 5-11.

第五章　战术空域态势监视技术

5.1　空域状态监视与动态调整

联合作战过程受计划调整、天气状况、战损、战场态势变化等多种因素影响，为确保战术空域运行有序高效，系统需要利用各空域用户对空域的实际使用状态信息、传感器探测的空情信息（包括飞机位置报告）、气象情报，结合地理信息和空域基础数据，进行实时数据融合处理生成四维空域态势图，以便监视空域计划执行情况。根据空域控制计划 ACO 进行空域使用一致性监视，根据空中任务计划 ATO 进行飞行一致性监视，发现潜在冲突和违规，以“快于实时”的方式“预览”潜在的冲突事件，结合计划调整以及新增需求，为空域临机调整提供输入。

结合图 5.1，按时间线程对空域状态监视与动态调整活动进行描述如下：

1）指挥所、作战平台等空域使用单位，基于分配的 ACO 计划和实际任务执行时间，利用特殊点/线/区消息格式（特殊点/线/区信息种类见表 4.1），提前 Δt 时间向系统以及战术共同体周期发送空域使用通告，激活该空域，直至任务结束后发送一次去激活通告；基于分配的 ATO 计划和实际任务执行时间，按飞行管制操作规程向系统和相关单位发送飞行情报，参见图 5.1 中 A.1。

2）系统根据规划的日空域总计划，提取当日空中控制计划 ACO 和空中任务计划 ATO，进行空域-战斗空间转换、激活/去激活时间标识、频率限制标识等，按时序激活计划，参见图 5.2 中 A.2。

- 将收到的特殊点/线/区消息与激活的 ACO 计划数据进行时-空-频“相关”处理，跟踪 ACO 执行不一致情况，检测潜在冲突，进行解脱计算，发出预警信息，生成实时空域态势图像，提示空域协调员。
- 将收到的飞行情报与激活的 ATO 计划数据进行“相关”处理，识别 ATO 发生变化的情况，对 ATO 进行修正更新。
- 对收到的计划调整信息和新增需求，进行动态空域规划、冲突检测和解脱、快速仿真和评估等，生成空域规划方案。

3）系统接收传感器探测的空情信息、空中平台 PPLI 报告、ADS－B 报告（自动相关监视）、气象情报等，进行多元情报融合处理，参见图 5.1 中 A.3。

- 与更新的 ATO 计划数据进行时-空“相关”处理，跟踪 ATO 执行不一致情况，检测潜在冲突，进行解脱计算，发出预警信息，生成实时空情态势图像，

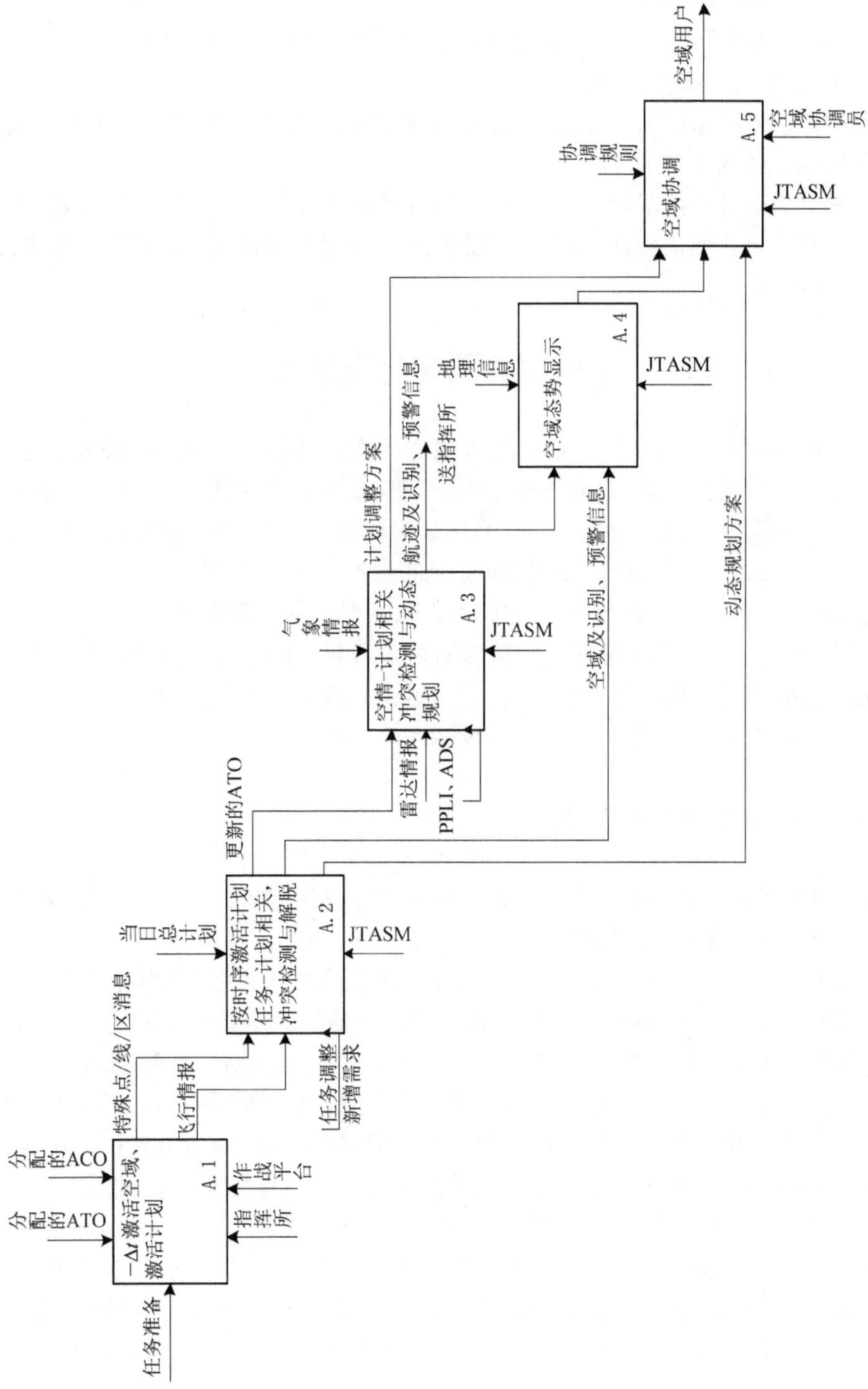

图 5.1 空域状态监视与临机调整活动模型

注：JTASM 为战术空域管控系统。

提示空域协调员。

- 利用掌握的全部空域活动计划,以及空情与计划的"相关"结果,识别空域目标,为航迹增加属性信息。

4) 根据空域状态信息、空情航迹信息、识别信息、预警与告警信息等进行空域态势显示,参见图 5.1 中 A.4。

5) 在空域态势监视基础上,对发现的空域潜在冲突或违规情况,向空域协调员提示,生成空域协调措施,向相关单位发送,同时辅助空域协调员跟踪处理结果,参见图 5.1 中 A.5。

5.2 空域冲突预警与告警技术

从空中航迹(包括各种有人飞机、无人飞机、地面兵种火力)推测算法入手,综合分析飞行计划、航路结构、作战任务、弹道预测等要素。利用动力学、运动学原理和飞行性能数据、历史飞行数据等建立目标运动模型;利用航迹推测技术,建立航空器各飞行阶段的状态转移模型;利用雷达情报数据、飞行计划数据、作战任务、战场实时数据,进行误差分析,建立航迹预测模型,对某一航空器航迹中的各点空间位置(经度、纬度和高度)和时间进行精确描述和预测。根据航迹预测结果,结合空域使用间隔、航迹间隔标准,计算目标在一定时间内的可能间隔,并与相应的间隔标准进行比较,发现冲突进行预警和告警提示。

5.2.1 航迹冲突预警和告警

短期冲突探测是基于系统综合航迹,对系统中所有航迹的当前状态和未来某个时间内是否存在危险接近进行探测。

在战术空域内的飞行目标包括歼击机、直升机、无人机等可控目标和火箭弹、炮弹等不可控目标。系统根据综合监视信息,获取航空器的平面坐标、高度、速度以及运动趋势等信息;根据航空器的当前飞行状态,计算任意"航迹对"之间的水平间隔、垂直间隔,以飞行动力学和弹道学为基础,分别计算可控目标和不可控目标的预测航迹,预测不同目标在一定时间内的可能间隔,并与相应的间隔标准进行比较,当垂直间隔和水平间隔同时小于预定的间隔标准时,发出短期冲突预警或者冲突告警。

冲突探测区域边界定义可参照 TCAS 的定义方案,如图 5.2 所示,按危险等级分为四部分: ① 无危险区,表示与本机无碰撞危险;② 入侵区,表示与本机接近,但尚无碰撞可能;③ 交通警戒信息发布区,表示与本机已相当接近,有碰撞可能,但不须作闪避动作,提醒飞行员目视搜寻;④ 决策信息发布区,表示两机有碰撞的危险,须立即避让。

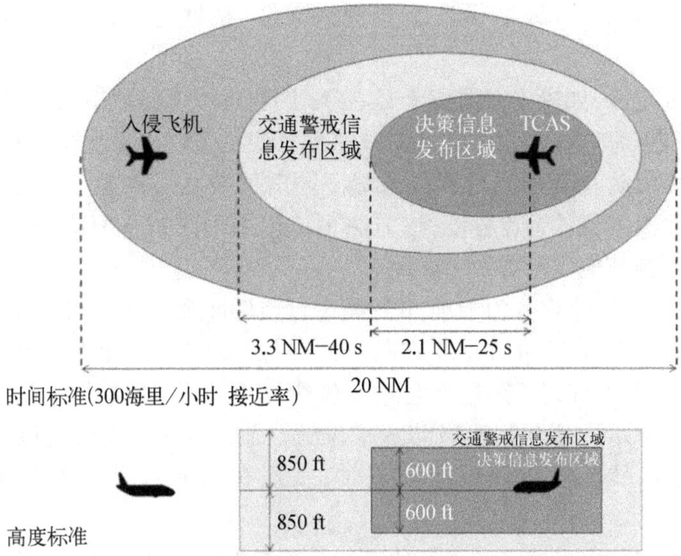

图 5.2　冲突探测告警对应的不同区域

注：ft 为英尺，1 英尺＝0.304 8 米。

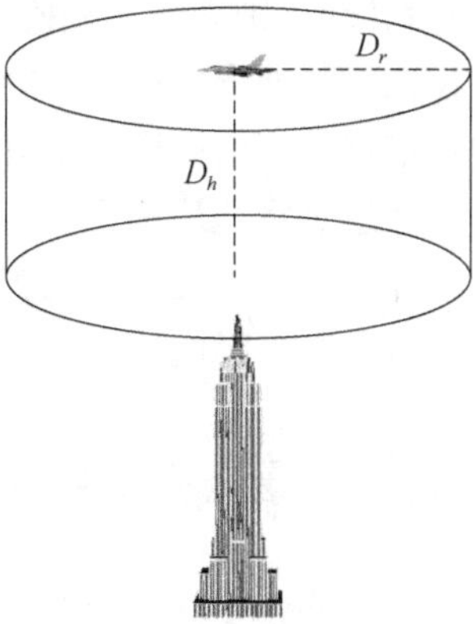

图 5.3　冲突区域简单示意图

这些区域的边界只和航空器动态以及当前空中态势有关。因此，冲突避免则可以根据这些区域描述为：让其他飞行器或者障碍物等都保持在以本机为中心、以 D_r 为半径、以 D_h 为高度的圆柱体之外的空域内，如图 5.3 所示。

根据安全等级的不同，对相应的空中态势区域进行状态空间描述，具体定义如下：定义 Z_0 是可能发生碰撞的位置集合，在此集合内航空器至少与一个闯入航线的航空器的水平距离小于 D_r 或者垂直距离小于 D_h，同时 Z_0 还包含航空器与地面距离小于 D_h 的位置集合，此时系统必须采取相应的规避策略增大与闯入飞行器或者地面的距离。

定义 Z_1 是探测到的其他飞行器不能保证一直位于 Z_0 之外的位置集合，由于本机有可能动态不可控和环境中的不确定因素，Z_1 是 Z_0 的超集。

定义 $Z_2(T)$ 是一个位置集合，从 $Z_2(T)$ 内某一位置出发，如果在时间 $[0, T]$ 内不采取策略，飞行器将存在闯入 Z_1 的风险。无论什么时候飞行器进入 $Z_2(T)$ 都可能变成一个潜在的威胁，但只要在这个集合内仍然可以采取策略保证安全距离或者避免发生碰撞。因此在飞行器进入 Z_1 之前，有必要开始采取规避策略。

定义 $Z_3(T)$ 是一个位置集合，从 $Z_3(T)$ 内任意一个位置出发，飞行器都不需要采取任何规避策略，即能保证不会进入 Z_1。根据定义，$Z_3(T)$ 是 $Z_2(T)$ 的补集。

通过上面定义，如果飞行器位于 $Z_3(T)$，则它可以依照原来的飞行规划保持飞行；如果飞行器一旦进入 $Z_2(T)$，则必须采取相应的策略来保证安全间隔；感知-避让系统必须能够防止其他飞行器进入 Z_0，同时又要尽可能地让其处于 Z_1 之外。根据飞行器距离本机的远近程度，该方法可以使用不同的 T 值或者不同的策略集来保证本机不与其他飞行器发生碰撞。

“航迹对”冲突计算分为当前冲突模式和预计冲突模式。当前冲突模式是用航空器的当前三维坐标和加速度方向作冲突探测计算，当计算结果符合当前冲突模式下的约束条件时，系统产生冲突告警信息。推测模式是系统根据用户设置的向前看时间，结合航迹当前水平位置、航空器最大飞行速度及所采用的间隔标准，跟踪具有潜在冲突的航迹对，发现在向前看时间内存在冲突的航迹对。

航迹对冲突分水平冲突和垂直冲突。系统根据航迹对两航空器当前的水平位置、速度矢量等要素，对两航空器在未来轨迹进行推算，并推算航空器对预计将要发生小于水平间隔参数事件的时间段，当这个时间段与告警时间具有共同的重叠时间段时，则表明该航迹对已经小于或者即将在告警时间内小于水平间隔参数，即存在水平冲突。垂直冲突的探测，对于已经判断出存在水平冲突的航迹对，根据两航空器的当前高度和上升下降率，对两航迹在将来的垂直运动轨迹进行推算，对于预计航迹将违反垂直间隔标准的航迹对和与告警时间段有重叠的航迹对，系统发出冲突预警信息。为减少航空器上升下降过程中因推测计算产生的虚假告警，系统对上升下降的航空器应根据 *QNH* 值进行高度修正。

5.2.2 最低安全高度预警和告警

最低安全高度预警和告警是利用航空器的高度及高度发展趋势、位置、速度、最低安全告警区域等信息，判定航空器是否处于安全高度飞行。

最低安全高度预警和告警采用三维地形近地告警技术，根据飞机位置、姿态、气压高度和飞行轨迹信息来确定潜在的撞地危险。对航空器进行实时的飞行一致性监视，当系统探测到航迹进入最低安全高度告警区域，并且航迹修正海压高度低于或将要低于预设参数高度时，对该批目标发出最低安全高度告警或预警。

最低安全高度告警分为航路区域、机场区域、机场最低安全高度监视区等最低安全高度告警。

1. 航路区域最低安全高度告警

在平原地带，当航空器在距离障碍物 25 千米范围内飞行，航空器的飞行高度小于障碍物的标高加400米时，产生最低安全高度预警；当航空器在距离障碍物25千米范围内飞行，其飞行高度小于障碍物的标高加200米时，系统产生最低安全高度告警。

在山岳地带，当航空器在距离障碍物25千米范围内飞行，其飞行高度小于障碍物的标高加600米时，系统产生最低安全高度预警；当航空器在距离障碍物25千米范围内，其飞行高度小于障碍物的标高加300米时，系统产生最低安全高度告警。

对于活塞式飞机或直升机，系统不产生最低安全高度预警。

2. 机场区域最低安全高度告警

在机场区域系统不进行最低安全高度预警，只进行最低安全高度告警；对正常起飞、降落的飞机不产生最低安全高度告警。

3. 机场监视区最低安全高度告警

机场的最低安全高度监视区在机场区域内，在跑道延长线方向上，在跑道中心线两侧各一定距离范围内划设的立体空间，当航空器在 *A* 点至 *B* 点区域飞行时，其飞行高度小于 *B* 点的高度，系统产生最低安全高度告警，如图5.4所示。

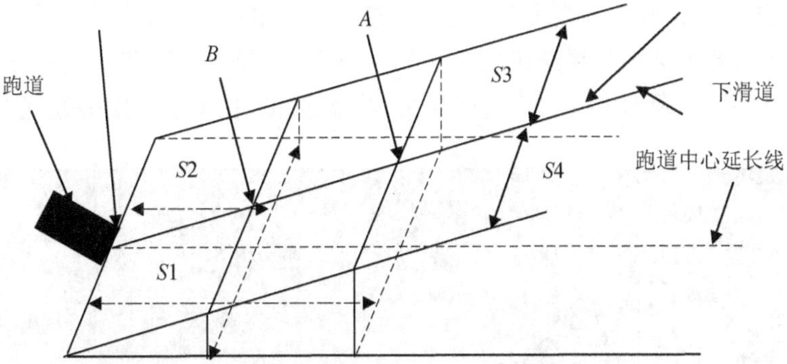

图5.4　机场区域最低安全高度告警处理

5.2.3　空域侵入预警和告警

空域侵入预警和告警是根据地理条件、气象条件和实际任务情况，防止我方航空器无意进入炮火射击区、靠近火力弹道或接近禁飞区域时被误伤。

侵入告警分为侵入火力弹道、危险区、禁射区、禁飞区、空中走廊、安全区等空域的预警和告警。当航空器与火力弹道、危险区、禁射区、禁飞区、空中走廊、安全区之间的间隔标准将被违背时，系统产生侵入预警；当航空器与火力弹道、危险区、禁射区、禁飞区、空中走廊、安全区之间的间隔标准已被违背时，系统产生侵入告警。

系统对雷达航迹进行跟踪计算,实时监视航空器的位置,计算炮弹等不可控目标的弹道,检查航空器位置所处的区域以及与邻近区域的距离,检查弹道经过的区域,当航空器过于接近危险区、火力弹道等空域时发出预警;当航空器进入危险区、禁飞区等空域时发出告警。若航迹不满足告警的条件,则按照当前位置、速度,推算适当时间或距离,若外推航迹进入或经过生效的告警区域,系统对该批航迹进行预警。

对具有 CFL(许可高度层)数据的航迹使用高度层保护方法以减少航空器在进行高度变化的过程中的虚假告警。空域侵入告警中,对使用该空域的航迹不进行空域的侵入预警和告警。

5.3　目标监视数据处理

空域态势图主要是在空域背景图上编辑激活的空域信息和目标航迹信息,激活的空域信息处理主要是对特殊点/线/区消息进行图形化处理,技术比较成熟。目标航迹信息一般来源于一/二次雷达、ADS 报告、数据链 PPLI 消息等,系统必须进行多元监视数据融合才能获得综合的航迹信息,如图 5.5 所示。多元监视数据融合要考虑传感器坐标系与系统坐标系之间的关系、不同传感器获取同一目标信息在时空上的相关性以及对多元目标进行相关、融合、滤波、估值和识别等处理[1-9]。

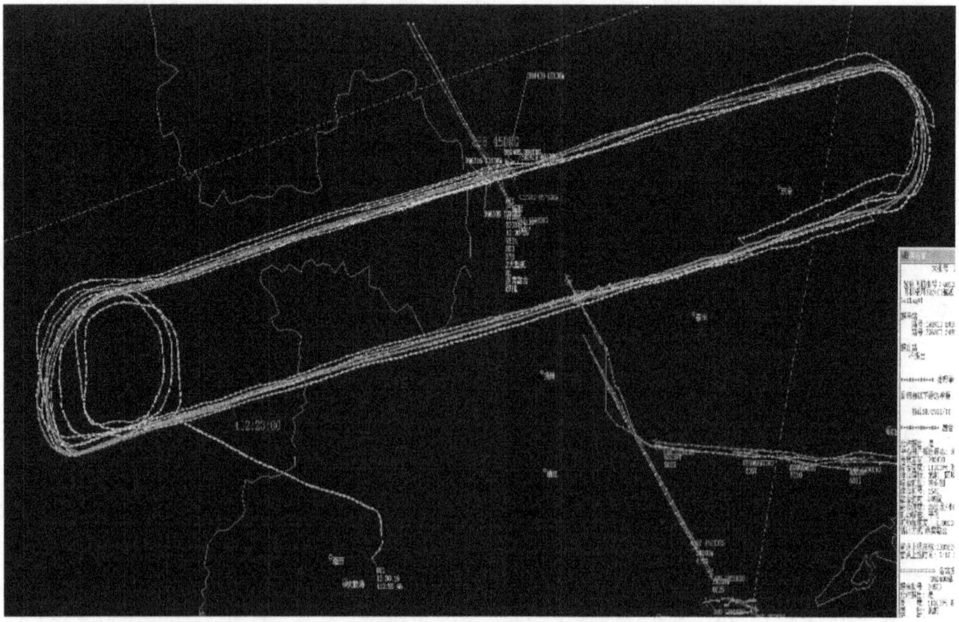

图 5.5　综合航迹示意图

5.3.1 数据注册方法

传感器探测目标存在系统误差和随机误差,系统误差由传感器的定位误差和校准误差构成,考虑到传感器有部署在机动平台的情况,所以一般认为系统误差具有时变性,系统误差修正过程称为数据注册,传统的数据注册采用人工估计误差,事先注入修正的方法,但是不能解决时变误差修正问题,这里提出一种利用合作目标位置报告(ADS、PPLI)动态校准系统误差的方法;随机误差处理在多元航迹跟踪滤波阶段完成。

5.3.1.1 误差来源

数据注册误差主要来源于平台地理位置误差、传感器误差、数据处理误差、远端平台误差。

1. 地理位置误差

平台地理位置误差与每个平台用经度 λ、纬度 φ 和高度 H 确定其位置的能力有关。地理位置误差定义为平台报告的自身位置与相对于基准球面的真实位置之差。固定平台通常通过场地测量确定其地理位置,运动平台从自身的导航系统和其他辅助导航设备中实时导出地理位置,一般而言,精确测量过的固定平台,其位置报告中的潜在误差比依赖导航系统的运动平台要小。

地理位置误差主要影响平台自身位置报告和坐标变换方程的坐标中心的位置,坐标变换通常在本地切平面和地理位置之间进行,如果地理位置误差很大,不仅影响报告目标的位置精度,而且将大大降低平台对本地目标和远端目标进行正确"相关"和"去相关"的能力。

地理位置误差用经度误差 $\Delta\lambda$、纬度误差 $\Delta\varphi$、高度误差 ΔH 表示。

2. 传感器误差

由于雷达探测目标以雷达天线为中心,而雷达天线位置通常与平台导航位置不重叠,所以相对于平台地理位置,平台传感器存在位置平移误差,用 $(\Delta x, \Delta y, \Delta z)$ 表示。

有源和无源传感器的固有操作程序要求校准传感器的测量系统,通常这些程序在平台组网工作之前完成。但是由于基本校准程序误差和测量中的不定因素,如噪声漂移和折射率等,传感器可能会出现很大的误差。此外,如果平台不能正确确定真北,也会产生另一种误差源,但是这种误差可以通过对传感器方位角的校准而得到补偿。

传感器误差用测距误差 $\Delta\rho$、方位角误差 $\Delta\alpha$、俯仰角误差 $\Delta\theta$ 表示。

3. 数据处理误差

数据处理误差由所使用的坐标系、坐标转换公式、数据处理所使用的基本算法和测量数据的外推(从观测时间到报告时间)等因素产生。

平台所使用的典型坐标系包括传感器系统使用的 (ρ, α, θ) 极坐标系,切平面使用的东、北、天 (x, y, z) 直角坐标系,以及通常使用的 WGS - 84 大地坐标系 (λ, φ, H)。系统将传感器数据变换成用于跟踪功能的航迹位置和速度数据,如果不考虑精度要求,这些变换所使用的公式可能会造成误差超过允许的范围。此外,目标数据外推也必须在数据处理中考虑,每一个平台在"相关"和"去相关"处理中必须确保目标位置与观测时间精确对准。

4. 远端平台误差

向网络发送目标信息的所有平台都会受上述误差影响,在最佳情况下,可以达到可接受的整个数据注册图(本地-远端差)。但在工作环境下,可能会有一个或多个平台存有残差,这些残差会产生不可接受的本地-远端位置差。远端平台误差可以通过观测同一目标从远端平台收到的远端目标位置和本地目标位置之差来确定。

远端平台误差是由本平台和所选的远端平台之间的地理位置差和传感器注册之差引起的。

5.3.1.2　数据注册

1. 数据注册过程

数据注册应周期性地进行,使得数据注册误差越来越小,典型的数据注册过程如图 5.6 所示。

传感器探测的目标位置应进行位置误差修正和测量误差修正(图 5.6②),从网络上收到的远端目标位置应进行报告平台位置误差修正(图 5.6④),目标位置在 (ρ, α, θ) 或 (x, y, z) 与 (λ, φ, H) 两种坐标系之间转换时,应基于修正后的本平台地理位置进行注册(图 5.6①),所有计算过程应考虑数据处理精度要求(图 5.6③)。

实时求出误差值 $(\Delta x, \Delta y, \Delta z)$、$(\Delta\rho, \Delta\alpha, \Delta\theta)$、$(\Delta\lambda, \Delta\varphi, \Delta H)$、$(\Delta x_n, \Delta y_n, \Delta z_n)$,是数据注册的关键。

2. 地理位置注册

各传感器平台/站监视其所报告的地理位置数据,并用从组合导航系统优选获得的信息周期地调整地理位置数据,完成平台地理位置注册;地理位置注册具体步骤如下:

1) 固定平台入网之前通过站点测量确定其地理位置,入网以后通过主动参与数据链网络相对导航功能获得高精度地理位置数据;

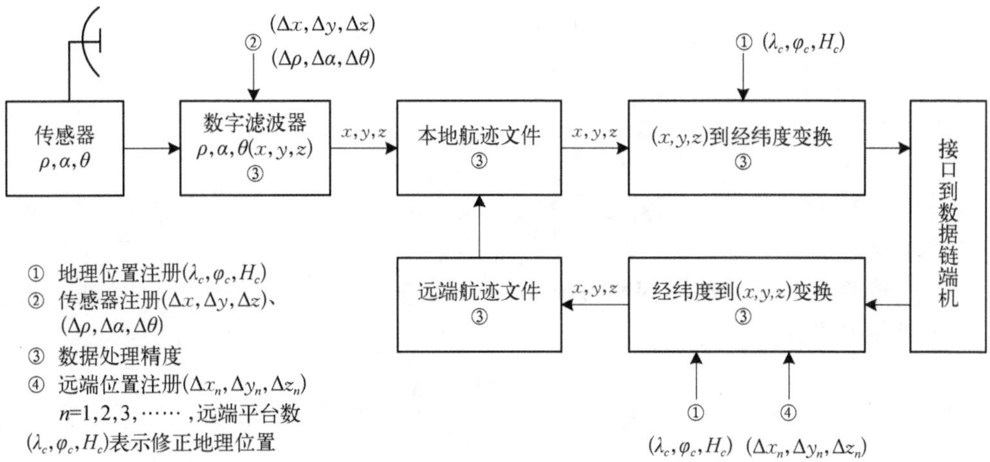

图 5.6 数据注册过程示意图

2）运动平台入网之前通过自身导航系统确定其地理位置，入网以后通过主动参与数据链网络相对导航功能，并从平台组合导航中优选，获得高精度地理位置数据；

3）网络参与平台用获得的高精度数据修正自身的地理位置（λ_c，φ_c，H_c），并用于坐标变换、航迹位置相关处理，以及生成平台位置报告；

4）根据规划的地理位置注册周期，重复执行第一步~第三步。

3. 传感器注册

传感器注册是保持用于测量目标位置的传感器精确校准的过程。考虑到平台运动会对误差产生时变性影响，传感器注册应周期性进行，计算出的修正变量应周期地加到传感器数据上，用于补偿传感器的校准差。

（1）地理位置校准

以修正后的平台地理位置（λ_c，φ_c，H_c）为直角坐标中心，在从网络上收到的所有合作目标报告中，人工或自动选取处于不同相像或方位间隔至少为45°的 n 个目标（$n \geqslant 3$），提取其位置信息（x_{oi}，y_{oi}，z_{oi}），同时利用“相关”功能，查找本平台雷达探测到的这 n 个目标，提取其位置信息（x_{ti}，y_{ti}，z_{ti}），由于平台自身位置报告精度高于雷达探测精度，因此，将两者进行时间对准后，可列出位置误差分量：

$$\Delta x_i = x_{ti} - x_{oi},\ \Delta y_i = y_{ti} - y_{oi},\ \Delta z = z_{ti} - z_{oi},\ i = 1,\ 2,\ \cdots,\ n$$

设传感器的地理位置误差为（Δx，Δy，Δz）

令 $\Delta x - \dfrac{1}{n}\sum\limits_{i=1}^{n}(x_{ti} - x_{oi}) = 0$，$\Delta y - \dfrac{1}{n}\sum\limits_{i=1}^{n}(y_{ti} - y_{oi}) = 0$，$\Delta z - \dfrac{1}{n}(z_{ti} - z_{oi}) = 0$

可得传感器位置注册误差为

$$\begin{cases}\Delta x = \dfrac{1}{n}\sum_{i=1}^{n}(x_{ti} - x_{oi}) \\ \Delta y = \dfrac{1}{n}\sum_{i=1}^{n}(y_{ti} - y_{oi}) \quad (n \geqslant 3) \\ \Delta z = \dfrac{1}{n}\sum_{i=1}^{n}(z_{ti} - z_{oi})\end{cases}$$

按照下式,对传感器探测的每一个目标数据进行平移误差补偿,即完成传感器地理位置注册。

$$\begin{cases}x_i = x_i - \Delta x \\ y_i = y_i - \Delta y \\ z_i = z_i - \Delta z\end{cases} \tag{5.1}$$

(2) 测量误差校准

以修正后的平台地理位置(λ_c, φ_c, H_c)为极坐标中心,利用上述人工或自动选取的 n 个目标,进行极坐标转换,得到合作目标位置信息为(ρ_{oi}, α_{oi}, θ_{oi}),本地探测到这 n 个目标、经平移误差补偿后的极坐标位置信息为(ρ_{ti}, α_{ti}, θ_{ti}),可列出传感器校准误差分量:

$$\Delta\rho_i = \rho_{ti} - \rho_{oi},\ \Delta\alpha_i = \alpha_{ti} - \alpha_{oi},\ \Delta\theta_i = \theta_{ti} - \theta_{oi},\ i = 1, 2, \cdots, n$$

设传感器校准误差为($\Delta\rho$, $\Delta\varphi$, $\Delta\theta$)

令 $\Delta\rho - \dfrac{1}{n}\sum_{i=1}^{n}(\rho_{ti} - \rho_{oi}) = 0$, $\Delta\varphi - \dfrac{1}{n}\sum_{i=1}^{n}(\varphi_{ti} - \varphi_{oi}) = 0$, $\Delta\theta - \dfrac{1}{n}\sum_{i=1}^{n}(\theta_{ti} - \theta_{oi}) = 0$

可得传感器注册误差为

$$\begin{cases}\Delta\rho = \dfrac{1}{n}\sum_{i=1}^{n}(\rho_{ti} - \rho_{oi}) \\ \Delta\alpha = \dfrac{1}{n}\sum_{i=1}^{n}(\alpha_{ti} - \alpha_{oi}) \quad (n \geqslant 3) \\ \Delta\theta = \dfrac{1}{n}\sum_{i=1}^{n}(\theta_{ti} - \theta_{oi})\end{cases}$$

按照下式,对传感器探测的每一个目标数据进行旋转误差补偿,即完成传感器注册。

$$\begin{cases}\rho_i = \rho_i - \Delta\rho \\ \alpha_i = \alpha_i - \Delta\alpha \\ \theta_i = \theta_i - \Delta\theta\end{cases} \tag{5.2}$$

4. 数据处理精度

在计算、变换和转换本地和远端目标数据时，影响数据处理精度的主要因素有算法、参考点、目标的时间-位置关系等。除常规的数据处理精度要求外，特别应遵循以下规则：

各平台在链路中交换的目标数据统一采用 WGS－84 坐标系的经度、纬度和海拔表示，避免在不同坐标空间频繁转换产生额外的处理误差。

每个平台在进行本地和远端目标“相关”时，必须将目标的位置数据按各自航向速度外推到同一时刻，避免由于时间差而增加目标的位置误差。

各平台采用统一的投影方法进行直角坐标和地理坐标转换，应将地理坐标的参考点设为(0°, 0°)作为所有平台的共同参考点，避免以平台位置（λ_c，φ_c）为参考时，由于平台之间的残差而产生额外的处理误差。

5. 远端平台注册

远端平台注册通过比较从选定的远端平台收到的目标数据和本地持有的目标数据，确定数据注册校正值，然后用校正值校正从该远端平台收到的目标位置数据。

远端平台注册应周期性进行，可自动或人工选择用于数据注册的远端平台，对于每个进行远端注册的平台，至少每 6 个周期、用不少于 3 个航迹质量较高的目标（本地 TQ ≥ 4），目标的方位间隔至少应为 45°，自动计算出平移注册误差和旋转注册误差。

（1）平移误差修正

设自动或人工选择的本地目标为（x_{bi}，y_{bi}，z_{bi}），从远端收到的这些目标为（λ_t，φ_t，H_t），将其转换为本地坐标（x'_{ti}，y'_{ti}，z'_{ti}），将两者时间对准后，按下式计算该远端平台平移注册误差为

$$\begin{cases}\Delta x = \dfrac{1}{n}\sum\limits_{i=1}^{n}(x'_{ti} - x_{bi}) \\ \Delta y = \dfrac{1}{n}\sum\limits_{i=1}^{n}(y'_{ti} - y_{bi}) \quad (n \geqslant 3) \\ \Delta z = \dfrac{1}{n}\sum\limits_{i=1}^{n}(z'_{ti} - z_{bi})\end{cases}$$

对从选定的远端平台收到的所有目标进行位置平移误差补偿：

$$\begin{cases}x_i = x_i - \Delta x \\ y_i = y_i - \Delta y \\ z_i = z_i - \Delta z\end{cases} \tag{5.3}$$

(2) 旋转误差修正

仍然利用上述自动或人工选择的目标,本地持有的这些目标为 $(\rho_{bi}, \alpha_{bi}, z_{bi})$,从远端收到的这些目标完成位置平移误差补偿后,转换为极坐标 $(\rho_{ti}, \alpha_{ti}, z_{ti})$,将两者时间对准后,按下式计算该远端平台旋转注册误差为

$$\begin{cases}\Delta\rho = \dfrac{1}{n}\sum\limits_{i=1}^{n}(\rho_{ti} - \rho_{bi}) \\ \Delta\alpha = \dfrac{1}{n}\sum\limits_{i=1}^{n}(\alpha_{ti} - \alpha_{bi}) \quad (n \geqslant 3) \\ \Delta z = \dfrac{1}{n}\sum\limits_{i=1}^{n}(z_{ti} - z_{bi})\end{cases}$$

对从选定的远端平台收到的所有目标进行旋转误差补偿:

$$\begin{cases}\rho_i = \rho_i - \Delta\rho \\ \alpha_i = \alpha_i - \Delta\alpha \\ H_i = H_i - \Delta z\end{cases} \tag{5.4}$$

5.3.2 传感器坐标系与系统坐标系

合作目标报告(如 ADS－B、PPLI)通常以 WGS－84 地理坐标 (λ, φ, Z) 表示,λ 为经度、φ 为纬度、Z 为海拔。雷达目标报告通常以天线位置为原点,用极坐标 (ρ, α, θ) 表示,ρ 为目标斜距、α 为相对于正北的目标方位角、θ 为目标仰角,转换为直角坐标有 $\begin{cases}x_\rho = \rho\sin\alpha \\ y_\rho = \rho\cos\alpha \\ h = \rho\sin\theta\end{cases}$,由于地球曲率的影响,以及雷达天线有一定的高度,式中 h 并不代表目标的真实高度,(x_ρ, y_ρ) 也与目标在地面上的投影有一定的误差,因此,在监视数据处理时,有必要对雷达目标作投影变换,以修正目标的投影误差。

多元目标数据融合通常采用加权融合和卡尔曼跟踪滤波算法,该算法在直角坐标系 (X_S, Y_S, Z) 下损失最小,因此需要将多元目标数据统一到系统坐标系中。为简化坐标转换,可先将传感器目标 (ρ, α, θ) 转换为地理坐标 (λ, φ, Z),然后再将 (λ, φ, Z) 以及合作目标转换到系统直角坐标系中。

5.3.2.1 雷达目标球面投影

1. 目标海拔计算

建立目标的球面投影模型如图 5.7 所示,R 表示地球半径(6 371.3 km),S 表

示雷达的位置，a 表示雷达天线海拔，T 表示空中目标。由此可推导目标海拔 Z 与雷达测量高度 h 之间的关系。

由 $\triangle OS'T$，可将目标的球面投影模型表述为

$$(Z+R)^2 = D^2 + [(a+R+h)]^2$$

将 $D=\rho\cos\theta$，$h=\rho\sin\theta$ 代入式中，得

$Z(Z+2R) = 2(a+R)\rho\sin\theta + a(a+2R)+\rho^2$，即

$$\frac{Z(Z+2R)}{2a+2R} = \frac{(2a+2R)\rho\sin\theta}{2a+2R} + \frac{a(a+2R)}{2a+2R} + \frac{\rho^2}{2a+2R}$$

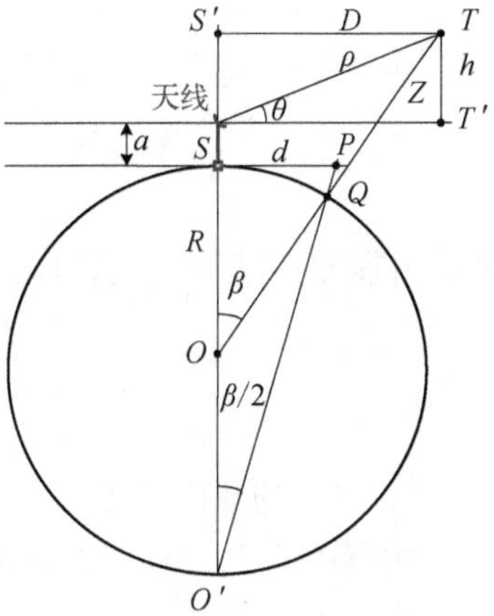

图 5.7　目标球面投影示意图

由于 R 远大于 a，R 远大于 Z，所以有

$$Z = h + a + \frac{\rho^2}{2(a+R)} \tag{5.5}$$

2. 目标在雷达平面的投影

将目标投影到雷达切平面上，投影关系如图 5.8 所示。

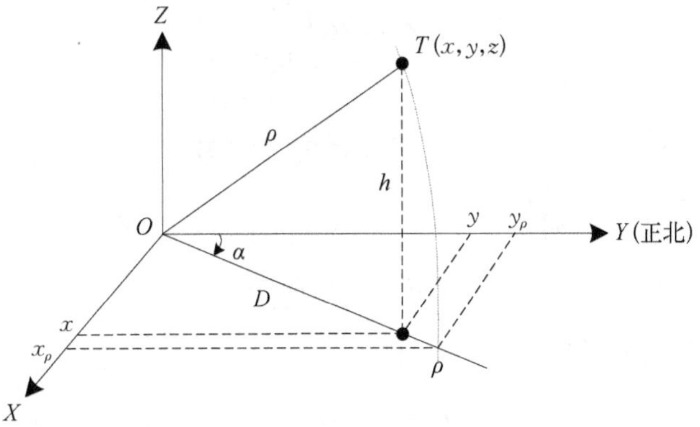

图 5.8　目标平面投影示意图

可将目标的平面投影模型表述为

$D^2 = \rho^2 - h^2$，即$\frac{D}{\rho} = \sqrt{1-\frac{h^2}{\rho^2}}$

令 $\sqrt{1-\dfrac{h^2}{\rho^2}}=K_1$，称为平面投影系数，则

$$D = K_1 \cdot \rho \tag{5.6}$$

根据相似形各边同比例原理，可得目标在雷达平面上的投影坐标为

$$\begin{cases} x = K_1 \cdot x_\rho = K_1 \cdot \rho\sin\alpha \\ y = K_1 \cdot y_\rho = K_1 \cdot \rho\cos\alpha \end{cases}$$

3. 目标的球面投影

根据图 5.7，目标 T 在地面上的投影为 Q 点，可用 P 点近似代替。

由 $O'SP$ 可知，

$$d = 2R \cdot \mathrm{tg}\frac{\beta}{2}$$

由于 $\sin\beta = \dfrac{D}{R+Z}$，$\cos\beta = \dfrac{h+a+R}{R+Z}$，而 $\mathrm{tg}\dfrac{\beta}{2} = \dfrac{\sin\beta}{1+\cos\beta}$

所以有，$d = \dfrac{2RD}{2R+Z+h+a}$

式中 h 用式(4－5)代换，得

$$d = \frac{R}{R+Z-\dfrac{\rho^2}{4(a+R)}} \cdot D$$

令 $\dfrac{R}{R+Z-\dfrac{\rho^2}{4(a+R)}} = K_2$，称为球面投影系数，则

$$d = K_2 \cdot D$$

将式(4－6)代入，得

$$d = K_1 \cdot K_2 \cdot \rho$$

同样，根据相似形各边同比例原理，可求得 $P(X_Q, Y_Q)$，即

$$\begin{cases} X_Q = K_1 \cdot K_2 \cdot x_\rho \\ Y_Q = K_1 \cdot K_2 \cdot y_\rho \end{cases}$$

综上所述，雷达目标的球面投影和海拔算法为

$$\begin{cases} X_Q = K_1 \cdot K_2 \cdot \rho\sin\alpha \\ Y_Q = K_1 \cdot K_2 \cdot \rho\cos\alpha \\ Z = \rho\sin\theta + a + \dfrac{\rho^2}{2(R+a)} \end{cases} \tag{5.7}$$

其中，$K_1 = \sqrt{1 - \dfrac{h^2}{\rho^2}}$，$K_2 = \dfrac{R}{R + Z - \rho^2/[4(R+a)]}$

5.3.2.2 直角坐标与地理坐标转换

直角坐标与地理坐标转换按不同用途有十多种方法，其中，比较常用的是等角正轴切圆柱投影，由荷兰制图学家墨卡托于 1569 年创立，故又名墨卡托投影。墨卡托投影变形是随纬度的变化而变化的，在同一纬线上各点的长度比、面积比、角度变形等均相等，适于纬线方向延伸地区。

$P(X_Q, Y_Q, Z)$ 为雷达目标在球面上的投影，可首先将目标 (X_Q, Y_Q, Z) 转换为地理坐标 (λ, φ, Z)，然后再转换到以系统为中心的直角坐标 (X_S, Y_S, Z) 中。

WGS－84 标准描述地球为一个椭球体，$a = 6\,378\,137 \pm 2$ m，$b = 6\,356\,752.31$ m，利用等角正轴切圆柱投影法，地理坐标与直角坐标互换公式为

$$\begin{cases} X = C \cdot (\lambda - \lambda_0) \\ Y = C \cdot (\ln U - \ln U_0) \end{cases} \tag{5.8}$$

其中，

$C = a^2 / \sqrt{a^2 + b^2 \mathrm{tg}^2\varphi}$；

$U = \mathrm{tg}\left(45^\circ + \dfrac{\varphi}{2}\right)[(1 - e\sin\varphi)/(1 + e\sin\varphi)]^{\frac{e}{2}}$；

$e = \sqrt{a^2 - b^2}/a$；

(λ_0, φ_0) 为直角坐标系原点的经纬度，单位为弧度。

5.3.3 多元监视数据处理模型

战术空域管控系统接入本地和远端传感器的测量结果，包括目标的方位、距离、高度等，进行数据注册和投影误差修正后，与航迹文件中的某目标的航迹预测值进行“相关”分类，然后对航迹文件中的目标进行状态估计，确定目标的状态矢量，给出数学意义上的最优拟合值(即综合航迹)，支持空域态势的可视化，多元监视数据处理处理模型如图 5.9 所示。多元监视数据处理模式可以划分为以下三个层次：

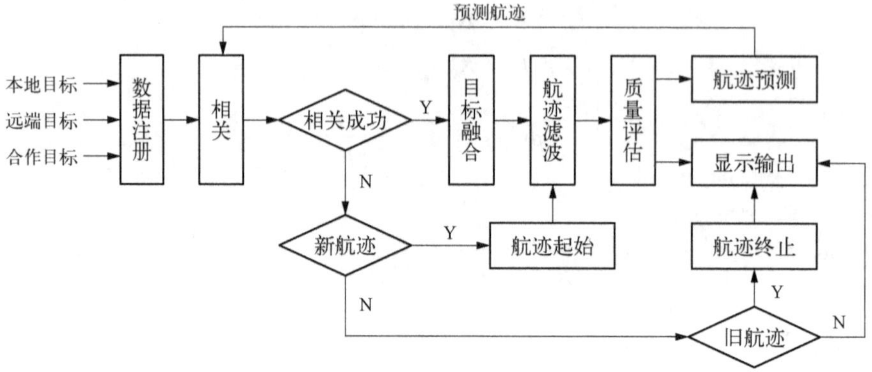

图 5.9　多元监视数据处理模型

一级处理，根据多传感器测量的目标位置数据和特性数据来确定所辨识目标的航迹；

二级处理，通过对目标数据、目标间相对关系、目标与空域相对关系以及时空模型的评定实现位置评估，发现空域冲突，生成冲突预警或告警信息；

三级处理，是空域态势评估和辅助决策，系统依据多源数据融合所提供的目标运动态势进行策略计算，生成空域冲突解脱辅助决策方案。

5.3.4　多元监视数据处理算法

目前多元监视数据处理算法大都采取 6 维独立测量目标跟踪置信度方法，基于目标直角坐标位置 (x, y, z) 和速度 (v_x, v_y, v_z)，由于以 6 维测量互相独立为前提，所以将观测误差的空间协方差和速度协方差都作为零来处理，这种方法对于直角坐标目标跟踪系统也许是合适的，而对运行于极坐标系的雷达、侦察等传感器，测量的目标 6 维参量为极坐标位置 (ρ, α, θ) 和速度 $(v_\rho, v_\theta, v_\alpha)$，这些参量只有在极坐标系中是非相关的，如果在直角坐标下进行航迹相关，首先要将测量值转换到直角坐标系中，这样直角坐标 6 维参量就产生了关联性，$(\sigma_{xy}^2, \sigma_{yz}^2, \sigma_{zx}^2, \cdots, \sigma_{uv}^2, \sigma_{vw}^2, \sigma_{wu}^2)$ 均不为零，如果仍采用独立测量评估方法，将它们忽略为零，其航迹可信度将大受影响。对此，论文基于传感器极坐标探测目标的特点，研究提出了新的多元航迹相关方法。

5.3.4.1　航迹相关波门的形状和尺寸

在航迹持续过程中，航迹相关波门是以目标航迹预测值为中心的一个空间区域，在确定相关波门的形状和尺寸时，应使落入波门中的目标观测值有 0.95 的概率，而又不允许波门内有过量的无关目标，航迹相关波门的合理性将直接影响目标的航迹质量。由于传感器测量精度、航迹预测精度以及目标的机动性等均具有随机性,因此用统计判决理论进行分析。

判决某个目标测量点迹是否与某个航迹相关联,可以看作是对下列两个对立假设的检验:

H_0 表示点迹和预测航迹不属于同一目标;

H_1 表示点迹和预测航迹属于同一目标。

实现上述检验就是把 H_0 和 H_1 的相对似然比值与某个判决门限进行比较。为此,规定目标点迹和航迹间有适当的间隔 $\boldsymbol{\nu}$, 计算每一个假设出现 ν 值的概率,分别记为 $p_0(\boldsymbol{\nu})$ 和 $p_1(\boldsymbol{\nu})$。这样,有效的检验为: $L(\boldsymbol{\nu}) \triangleq p_1(\boldsymbol{\nu})/p_0(\boldsymbol{\nu}) \gtrless \lambda$。

在给出第 k 次雷达扫描时所有以前的测量值的情况下,第 $k+1$ 次雷达扫描中具有二维矢量 $\boldsymbol{Z}_{k+1}$ 的点迹与同一次扫描中具有预测位置 $\widehat{Z}_{k+1/k}$ 的航迹配对。二维矢量 $\boldsymbol{\nu}$ 可定义为 $\boldsymbol{\nu} = Z_{k+1} - \widehat{Z}_{k+1/k}$。

由于雷达测量误差、航迹预测误差和目标机动等因素,差值 ν 不为零。假定 $\boldsymbol{Z}_{k+1}$ 和 $\widehat{Z}_{k+1/k}$ 为高斯随机过程,其协方差矩阵分别为 $\boldsymbol{R}_{k+1}$ 和 $\widehat{\boldsymbol{P}}_{k+1/k}$。另再假设目标加速度是协方差矩阵为 $\boldsymbol{Q}$ 的高斯随机过程。那么,点迹、航迹差就是一个具有如下协方差矩阵的高斯分布随机矢量 $\boldsymbol{\nu}$:

$$\boldsymbol{\Sigma}_\nu = \boldsymbol{R}_{k+1} + \widehat{\boldsymbol{P}}_{k+1/k} + \frac{\boldsymbol{Q}T^4}{4} \tag{5.9}$$

在 H_1 假设中, $\boldsymbol{\nu}$ 的均值为零,其概率密度为 $p_1(\boldsymbol{\nu}) = \dfrac{1}{(2\pi|\boldsymbol{\Sigma}_\nu|)^{1/2}} \exp\left\{-\dfrac{1}{2}\boldsymbol{\nu}^T\boldsymbol{\Sigma}_\nu^{-1}\boldsymbol{\nu}\right\}$,若对虚假点迹的概率分布没有先验信息可用,则 $p_0(\boldsymbol{\nu})$ 假定是不变的。因此,执行这个检验就要计算统计间隔 y, 并把它与门限 χ^2 相比较:

$$y \triangleq \boldsymbol{\nu}^T\boldsymbol{\Sigma}_\nu^{-1}\boldsymbol{\nu} \leqslant \chi^2 \tag{5.10}$$

y 是一个具有二维自由度 χ^2 概率分布的随机变量, χ 是一个可供选择的参数,用以获得正确关联概率和虚假关联概率的赋值。

航迹相关在极坐标系中进行,则用式(4-9)得协方差矩阵为

$$\boldsymbol{\Sigma}_\nu = \begin{bmatrix} \sigma_\rho^2 & 0 \\ 0 & \sigma_\theta^2 \end{bmatrix} + \begin{bmatrix} \widehat{\sigma}^2_{\rho,\,k/k+1} & 0 \\ 0 & \widehat{\sigma}^2_{\theta,\,k/k+1} \end{bmatrix} + \frac{T^4}{4}\begin{bmatrix} \sigma^2_{a,\,\rho} & 0 \\ 0 & \sigma^2_{a,\,\theta} \end{bmatrix} \tag{5.11}$$

$\sigma^2_{a,\,\rho}$ 和 $\sigma^2_{a,\,\theta}$ 为目标加速度分量的方差,为简单起见,设加速度分量互不相关。将式(5.11)代入式(5.10)得标量方程: $\begin{array}{l} |\rho_{k+1} - \widehat{\rho}_{k+1/k}| < K_\rho \\ |\theta_{k+1} - \widehat{\theta}_{k+1/k}| < K_\theta \end{array}$

式中，(ρ_{k+1}，θ_{k+1}) 是由雷达提供的点迹测量值，($\widehat{\rho}_{k+1/k}$，$\widehat{\theta}_{k+1/k}$) 是滤波处理航迹预测值。这样，极坐标相关波门的参数为

$$\begin{cases} K_\rho = \chi(\sigma_\rho^2 + \widehat{\sigma}^2_{\rho,\,k/k+1} + \dfrac{T^4}{4}\sigma^2_{a,\,\rho})^{1/2} \\ K_\theta = \chi(\sigma_\theta^2 + \widehat{\sigma}^2_{\theta,\,k/k+1} + \dfrac{T^4}{4}\sigma^2_{a,\,\theta})^{1/2} \end{cases} \tag{5.12}$$

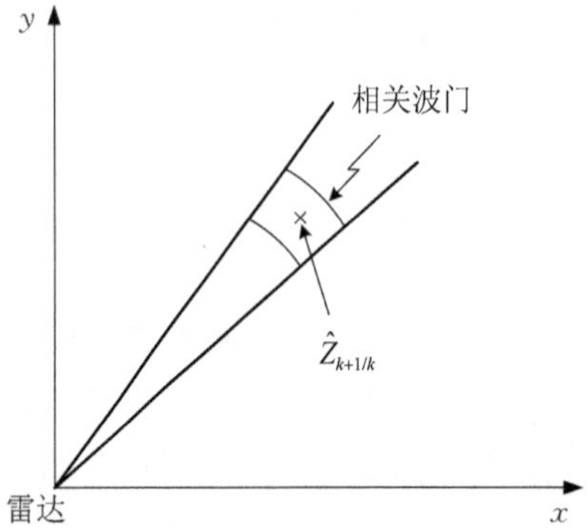

图 5.10 相关波门的形状

式(5.12)表示的相关波门的形状如图 5.10 所示。

根据目标跟踪滤波算法，有

$$\frac{\widehat{\sigma}^2_{\rho,\,k/k+1}}{\sigma_\rho^2} = \frac{2(2k-1)}{k(k+1)}(k \geqslant 3) \tag{5.13}$$

方位上也有类似的方程式。将式(5.13)代入式(5.12)得

$$\begin{cases} K_\rho = \chi\left(1 + \dfrac{2(2k-1)}{k(k+1)} + \dfrac{\sigma^2_{a,\,\rho}T^4}{4\sigma_\rho^2}\right)^{1/2}\sigma_\rho \\ K_\theta = \chi\left(1 + \dfrac{2(2k-1)}{k(k+1)} + \dfrac{\sigma^2_{a,\,\theta}T^4}{4\sigma_\theta^2}\right)^{1/2}\sigma_\theta \end{cases} \tag{5.14}$$

由式(5.14)可知，航迹相关波门尺寸随着处理周期 k 的增加而减小，k 累积的越多，估值的可靠性越大。相关波门尺寸的稳态值与目标加速度方差有关，如果波门对准了位移正比于 $\sigma_a T^2/2$ 的目标，则高机动目标也能够始终保持一条航迹，目标转弯、闪避式机动以及周围环境变化引起的加速度均可看作是对匀速航迹的扰动。波门尺寸与目标类型相关，固定目标的波门只取决于测量精度，匀速运动目标的波门按照测量值和预测滤波器的精度计算，机动目标的波门还要考虑加速度的影响。

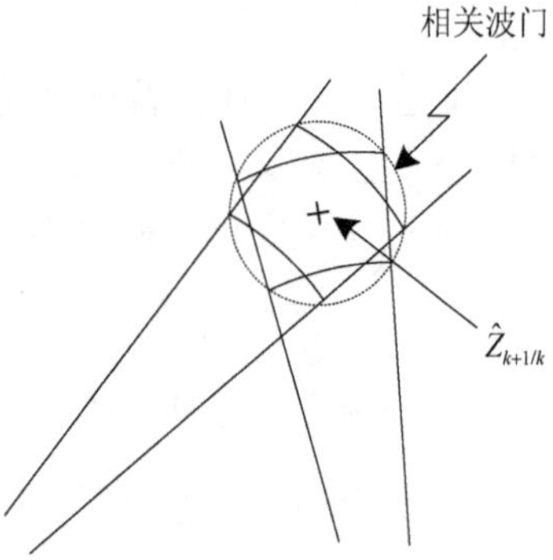

图 5.11 多源航迹融合相关波门形状

多元监视数据包括一部或多部传感器获得的点迹/航迹以及合作目标 ADS 报告、数据链 PPLI 消息。当多传感器对准同一目标时，航迹处理误差区域可认为是多个传感器相关波门的累加，积累后

的航迹误差函数为二维正态随机函数，为简化计算，相关波门形状可近似为圆形，如图 5.11 所示。这样，多元监视数据处理的航迹误差区域可表示为

$$S_m = \frac{\pi}{4}(K_\rho^2 + \rho^2 K_\theta^2) = \frac{\pi \chi^2}{4}\left[\left(1 + \frac{2(2k-1)}{k(k+1)}\right)(\sigma_\rho^2 + \rho^2\sigma_\theta^2) + \frac{T^4}{4}\sigma_a^2\right] \tag{5.15}$$

令 $\frac{\chi^2}{4}(\sigma_\rho^2 + \rho^2\sigma_\theta^2) = r_0^2$，且$\chi_{0.05,2}^2 = 5.991$，则转换为相关波门半径 r_m，有以下关系式：

$$r_m^2 = r_0^2 + \frac{2(2k-1)}{k(k+1)} r_0^2 + \frac{\chi^2 T^4}{16}\sigma_a^2 \quad (k \geqslant 3) \tag{5.16}$$

根据 r_m 查有关航迹质量(TQ)分级表，可确定航迹跟踪阶段航迹各点的航迹质量值。分析式(5.16)可知，对于传感器参数确定的系统，第 1 项主要随目标距离变化，是确定波门尺寸的基本参数；第 2 项表示运动目标的相关波门，与跟踪滤波器参数有关；第 3 项是目标机动或加速度带来的影响，具有随机性。在航迹处理过程中，可根据跟踪的目标分类，估计一组加速度值 a_i，算出相关波门半径的附加值，用于捕获目标的机动情况，如图 5.12 所示，当目标的测量点落入波门的某附加区域时，说明目标正在发生机动或加速，因而可估计所跟踪目标的加速度范围，同时通过调整 k 值而适当调整跟踪滤波器参数，在航迹平滑与快速跟踪之间取得平衡。

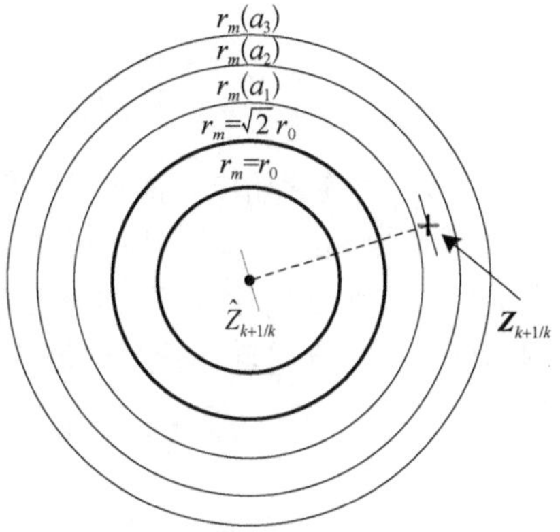

图 5.12　目标跟踪波门

5.3.4.2　航迹起始波门的形状和尺寸

目标航迹起始从建立航迹的第一点起到航迹进入可靠阶段为止，起始航迹质量主要取决于航迹起始相关波门的大小。

令 z 表示目标位置测量值 $(\rho,\ \theta)$，测量值 z 受到具有零均值和协方差矩阵 $\boldsymbol{R}$ 的平稳随机误差 w 扰动，V 表示目标速度分量，即$(\dot{\rho},\ \dot{\theta})$，由于航迹起始阶段缺少有关目标航线信息，可以假设 V 为具有零均值和协方差矩阵 $\boldsymbol{\Sigma}_V$ 的随机矢量。

可以导出两个相继点迹间的目标位移为：$\boldsymbol{d} = \boldsymbol{Z}_{k+1} - Z_k = VT + w_{k+1} - w_k$

而且 $\boldsymbol{d}$ 是具有如下协方差矩阵的零均值随机矢量：

$$\boldsymbol{\Sigma}_d = \boldsymbol{\Sigma}_V T^2 + 2\boldsymbol{R} \tag{5.17}$$

为了判断这两个相继点迹是否同属于同一目标，需要进行检验：$y \triangleq \boldsymbol{d}^{\mathrm{T}}\boldsymbol{\Sigma}_d^{-1} d \leqslant \chi^2$

y 是一具有二维自由度 χ^2 概率分布的随机变量。

利用式(5.17)，$\boldsymbol{\Sigma}_d$ 可写为：$\boldsymbol{\Sigma}_d = \begin{bmatrix} \sigma_{\dot{\rho}}^2 & 0 \\ 0 & \sigma_{\dot{\theta}}^2 \end{bmatrix} T^2 + 2\begin{bmatrix} \sigma_{\rho}^2 & 0 \\ 0 & \sigma_{\theta}^2 \end{bmatrix}$

极坐标系下，ρ 和 θ 方向的速度矢量不相关，方差分别为 $\sigma_{\dot{\rho}}^2$、$\sigma_{\dot{\theta}}^2$，式(5.17)可分解成下述标量关系式

$$\begin{cases} |\rho_{k+1} - \rho_k| = \dfrac{\chi}{2}\sqrt{\sigma_{\dot{\rho}}^2 T^2 + 2\sigma_{\rho}^2} \\ |\theta_{k+1} - \theta_k| = \dfrac{\chi}{2}\sqrt{\sigma_{\dot{\theta}}^2 T^2 + 2\sigma_{\theta}^2} \end{cases} \tag{5.18}$$

可见，航迹起始波门的形状与航迹跟踪过程中的点迹-航迹相关波门相同。式中，T 为两个相继点迹的时间间隔，在目标离传感器较近距离处 $\Delta\theta$ 应有限制，以免取值过大。为了简化处理，并考虑多源融合情况，可将式(5.18)的相关波门近似为圆形门，这样，航迹起始误差区域为

$$S_m = \pi(|\rho_{k+1} - \rho_k|^2 + \rho^2|\theta_{k+1} - \theta_k|^2)$$

$$S_m = \frac{\pi\chi^2}{4}[2(\sigma_{\rho}^2 + \rho^2\sigma_{\theta}^2) + \sigma_v^2 T^2]$$

其中，$\sigma_v^2 = \sigma_{\dot{\rho}}^2 + \rho^2\sigma_{\dot{\theta}}^2$

令 $\dfrac{\chi^2}{4}(\sigma_{\rho}^2 + \rho^2\sigma_{\theta}^2) = r_0^2$，且 $\chi_{0.05,2}^2 = 5.991$，转换为相关波门半径 r_m，得以下关系式

$$r_m^2 = 2r_0^2 + \frac{\chi^2 T^2}{4}\sigma_v^2 \tag{5.19}$$

由(5.19)可见，航迹起始波门与航迹跟踪过程中的相关波门相同类似，航迹起始阶段，相关波门尺寸与航迹滤波器参数无关。根据 r_m 查有关航迹质量(TQ)分级表，可确定航迹起始阶段各航迹点的 TQ 值。

5.3.4.3 目标航迹融合算法

设 N 部传感器在 k 时刻对同一目标的量测值为 $\boldsymbol{Z}_i(k)$，$i = 1, 2, \cdots, N$，系统

经过数据注册、航迹相关、融合处理得到目标的状态估计为 $\widehat{Z}(k \mid k)$，协方差矩阵为 $\boldsymbol{P}(k \mid k)$，传感器对目标的观测误差的协方差矩阵为 $\boldsymbol{R}_i(k)$，$\boldsymbol{R}_i(k)$ 可简化为观测值的标准偏差 σ_{wi}^2，目标航迹融合就是以 $\boldsymbol{Z}_i(k)$ 和 $\boldsymbol{R}_i(k)$ 作为输入计算 $\widehat{Z}(k \mid k)$ 的过程。由于各传感器性能的差异或相对于目标的距离不同，给出的量测协方差 $\boldsymbol{R}_i(k)$ 也不同，协方差矩阵表达了不同传感器航迹数据精度的差别，用 $\boldsymbol{R}_i^{-1}(k)$ 作为加权因子对航迹进行融合，称为加权融合算法。

设 $\widehat{Z}(k)$ 为融合结果，推导可得

$$\widehat{Z}(k) = \widehat{Z}(k \mid k-1) + K(k)\left[\left(\sum_{i=1}^{N} R_i^{-1}\right)^{-1} \sum_{i=1}^{N} \boldsymbol{R}_i^{-1} \boldsymbol{Z}_i(k) - \boldsymbol{H}\widehat{Z}(k \mid k-1)\right] \tag{5.20}$$

$$\boldsymbol{P}(k) = p(k)\left(\sum_{i=1}^{N} \boldsymbol{R}_i^{-1}\right)^{-1} \tag{5.21}$$

式中，k 表示当前处理时刻；$(k-1)$ 表示上一处理时刻；$K(k)$ 为表示滤波系数；$\boldsymbol{H} = [1,\ 0]$ 是从状态到观测的投影矢量。

如果将 $\left(\sum_{i=1}^{N} \boldsymbol{R}_i^{-1}\right)^{-1} \sum_{i=1}^{N} \boldsymbol{R}_i^{-1} \boldsymbol{Z}_i(k)$ 看作一总量测值 $\boldsymbol{Z}_m(k)$ 时，式(5.20)则等价于一般的卡尔曼滤波公式。

下面给出一种求取的总量测值 $\boldsymbol{Z}_m(k)$ 的方法。

假设有 N 个传感器测量的目标点 $(x_i,\ y_i,\ z_i)$，$i = 1,\ 2,\ \cdots,\ N$，落入相关波门，由于传感器观测误差的标准偏值 σ_{wi}^2 是可预知的(传感器测量精度)，目标总量测值 $\boldsymbol{Z}_m(k)$ 的直角坐标分量可按下式计算：

$$\begin{cases} x_m = \sum_{i=1}^{N} \alpha_i x_i \\ y_m = \sum_{i=1}^{N} \alpha_i y_i \\ z_m = \sum_{i=1}^{N} \alpha_i z_i \end{cases} \tag{5.22}$$

式中，$\alpha_i = \dfrac{1}{\sigma_{wi}^2} \Big/ \sum_{i=1}^{N} \dfrac{1}{\sigma_{wi}^2}$　$i = 1,\ 2,\ \cdots,\ N$。

至此，可认为该总量测值 $\boldsymbol{Z}_m(k)$ 与航迹文件中的某航迹预测值 $\widehat{Z}(k \mid k-1)$ 建立了“相关”关系，下一步将利用 $\boldsymbol{Z}_m(k)$ 去更新和改善目标位置和速度的估计，即进入卡尔曼航迹滤波过程。

5.3.4.4　航迹滤波与预测算法

航迹滤波算法是通过新获得的总量测值 $\boldsymbol{Z}_m(k)$ 与目标航迹预测值 $\widehat{Z}(k \mid k-

1) 之间的差值求取,对目标的预测位置与速度进行校正,输出目标位置和速度的最佳估计 $\widehat{Z}(k)$。

用 $\mathbf{Z}_m(k)$ 改写式(5.20)得

$$\widehat{Z}(k) = \widehat{Z}(k \mid k-1) + K(k)[\mathbf{Z}_m(k) - \widehat{Z}(k \mid k-1)] \tag{5.23}$$

这是一种循环迭代算法,执行的是航迹平滑和预测,利用以前的估计和本次观测融合值 $\mathbf{Z}_m(k)$ 求取本次估计。该算法适用于目标位置的三个直角坐标分量 x、y、z,对于 x 分量,滤波方程(5.23)分解如下(y、z 有类似的方程):

$$\begin{cases} x_s(k) = x_p(k) + \alpha[x_m(k) - x_p(k)] \\ \dot{x}_s(k) = \dot{x}_p(k) + \dfrac{\beta}{T}[x_m(k) - x_p(k)] \end{cases} \tag{5.24}$$

$$\begin{cases} \dot{x}_p(k+1) = \dot{x}_s(k) \\ x_p(k+1) = x_s(k) + \dot{x}_s(k)T \end{cases} \tag{5.25}$$

式中,T 为处理周期,α、β 为卡尔曼滤波器的加权系数,在(0, 1)之间取值,计算方法如下:

$$\alpha = \frac{2(2k-1)}{k(k+1)} \text{ 及 } \beta = \frac{6}{k(k+1)} \quad k \geqslant 3 \tag{5.26}$$

式(5.24)完成目标的位置和速度的滤波,而式(5.25)给出了预测逻辑。滤波器的阶数由 α、β 的数值确定,如果 α 和 β 都等于 1,那么滤波的位置和速度就取决于总量测值(融合点)的位置,反之,如果 α 和 β 都等于 0,那么滤波的位置和速度就主要决定于航迹预测的位置。

5.4　空域态势综合显示技术

战术空域管控系统将多元目标航迹融合的结果 $\widehat{Z}(k)$,与背景地图匹配,结合飞行情报、航行情报、特殊点/线/区表示的对空射击活动等特殊点/线/区信息,对空域使用状态进行汇总和显示处理,生成周期更新的空域综合态势图像,空域综合态势图要素包括背景地图、空中目标、冲突告警、航行情报、气象信息、各种空域使用信息、识别信息等。

战术空域管控系统拥有最全面空域用户计划数据,通过对空域计划/飞行计划与实时空域情报/目标航迹的关联处理,能够识别空域中所有预知航空器的属性,以格式化信息向各级指挥所实时发送,为指控系统提供一种新的敌我识别(IFF)方法,即使空中平台由于作战需要处于静默状态(关闭 IFF 应答器),指控系统也能对空域情况进行识别。由于战术空域管控系统能够提供全面的空域使用数据和空域情况监视数据,因而能够支持全面的战损评估。

参 考 文 献

[1] Farina A, Studer F A. Radar data processing[S]. Research Studies Press LTD, 1985.

[2] Farina A, Studer F A. Radar data processing Ⅱ[S]. Research Studies Press LTD, 1985.

[3] Mao Y, Li Y R, Zhu J F. Research on key technologies of network centric system distributed target track fusion[J]. Mathematical Problems in Engineering, 2017(10): 1-8.

[4] Mao Y, Zhu J F, Li Y R. Target localization model and algorithm for radar cooperative detection[J]. Internationa Journal of Earth Science and Engineering, 2015, 8: 1748-1752.

[5] Mao Y, Xu S E, Tong M. Capacity assessment error elimination and evaluation methods[C]. Beijing: 6th IEEE International Conference on Logistics, Informatics and Service Science, 2016.

[6] 李云茹. 多雷达和 ADS 数据融合处理[J]. 现代电子工程,2002,2: 1-11.

[7] 李云茹,毛亿. 数据链战术应用功能实现方法研究[J]. 中国电子科学研究院学报,2014,9(5): 453-457.

[8] 毛亿,童明,郭宝华. 多雷达协同监视关键问题研究[C]. 上海: 中国航空学会民用飞机航电国际论坛,2017.

[9] 张立庆,王冰. 浅析 Thales 自动化系统雷达航迹与飞行计划的相关功能[J]. 空中交通管理,2009(9): 19-21.

第六章　战术空域仿真和评估技术

6.1　战术空域规划仿真方法

采用数学模型和仿真模型相结合的方法，对规划的空域方案进行仿真，快速推演空域运行情况，计算空域资源使用瓶颈，评估空域规划结果、校验对飞行冲突的解决能力，可视化表现空域容量和流量的变化，进而评估空域规划方案对联合作战效能的影响。空域规划仿真与评估技术主要有空域系统建模、航空器仿真建模、空域运行仿真、仿真数据生成、统计分析等[1]。

6.1.1　空域系统仿真建模

根据影响战术空域运行的因素，包括空域结构、地理信息、空域运行规则、战术战法、设备情况、人员情况、天气情况和机型比例等，建立空域仿真模型和空域管制策略模型。

6.1.1.1　空域仿真建模

研究航空器、空域、天气与飞行规则、人-机-环境相结合的空域仿真技术，构建飞行运行全过程的空域仿真模型，主要包括机场及终端区域仿真建模、战术空域/子空域仿真建模、飞行路径建模等。

1. 机场区域仿真建模

机场仿真建模主要涉及跑道、进近面、起飞爬升面。

跑道与升降带建模。跑道参数主要有跑道长度 L 和跑道宽度 W；升降带参数主要有升降带沿跑道中心线向跑道两侧的侧净空区延伸宽度 W_1、升降带沿跑道端线向跑道两侧端净空区延伸长度 W_2。跑道与升降带参数标示如图 6.1 所示：

进近面建模。进近面的起端位于升降带边线处，以一定的斜率向外向上延伸。由于飞机在降落过程中都有一个平飞阶段，所以进近面的定义在剖面上看是分成三段的，进近面的参数主要有：起端宽度 $W_3 = 2 \times W_1$；跑道入口距离 W_2；两侧散开率 r_0；第一段坡度为 r_1，长度为 L_1；第二段坡度为 r_2，长度为 L_2；第三段为水平段，坡度为 0，长度为 L_3，末端高度为 H_3。进近面总长度为 L_4。

进近面模型如图 6.2 所示。

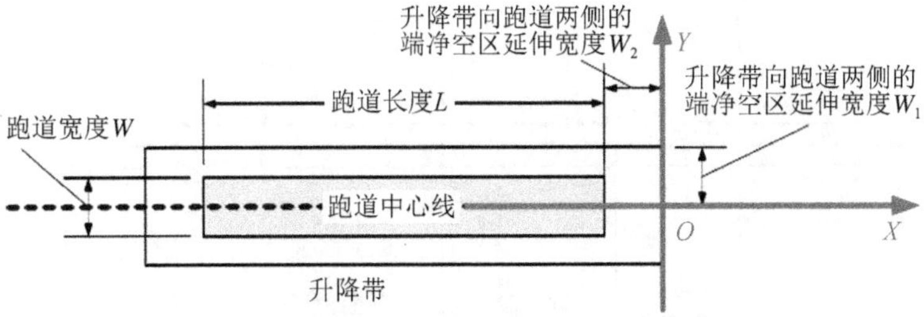

图 6.1 跑道与升降带模型图

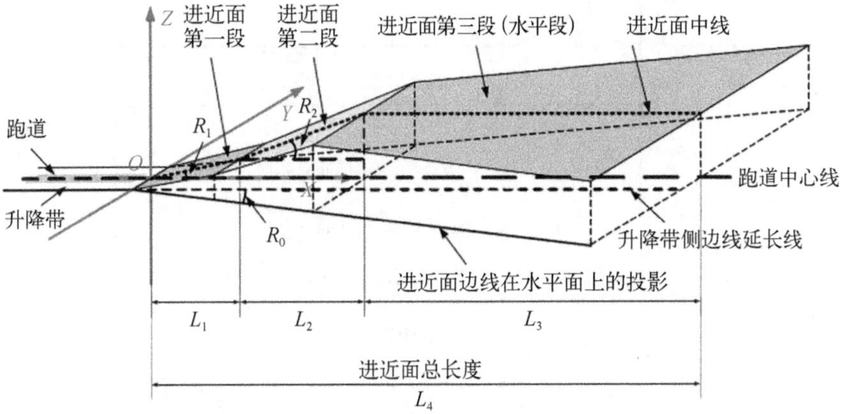

图 6.2 进近面模型图

图 6.3 为进近面模型计算图,进近面的顶点一共有 8 个,其中一侧的四个点计算公式分别为

$$\mathrm{Pt}_1(X,\ Y,\ Z)\begin{cases}X_1=0\\Y_1=W_1\\Z_1=0\end{cases}\qquad \mathrm{Pt}_2(X,\ Y,\ Z)\begin{cases}X_2=L_1\\Y_2=L_1\times r_0+W_1\\Z_2=L_1\times r_1\end{cases}$$

$$\mathrm{Pt}_3(X,\ Y,\ Z)\begin{cases}X_3=L_1+L_2\\Y_3=(L_1+L_2)\times r_0+W_1\\Z_3=L_1\times r_1+L_2\times r_2\end{cases}\qquad \mathrm{Pt}_4(X,\ Y,\ Z)\begin{cases}X_4=L_4\\Y_4=L_4\times r_0\\Z_4=Z_3\end{cases}$$

起飞爬升面建模。起飞爬升面模型如图 6.4 所示,起飞爬升面的主要参数有:跑道入口距离 W_4,其长度等于进近面的跑道入口距离,即 $W_4=W_2$;起端宽度 W_5;起飞爬升面的长度 L_6;起飞爬升面的向上倾斜的坡度 r_5;起飞爬升面向两侧扩散的斜率 r_6。

起飞爬升面模型计算图如图 6.5 所示,起飞爬升面的计算主要是计算起飞爬

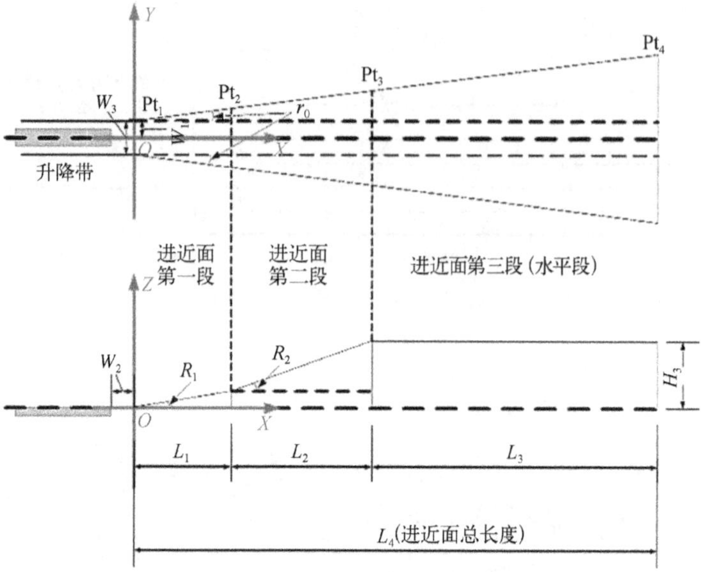

图 6.3　进近面模型计算图

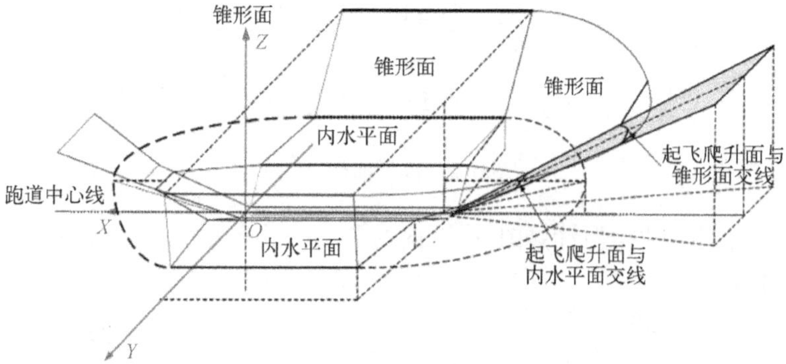

图 6.4　起飞爬升面模型图

升面的顶点 Pt_{15}、起飞爬升面与内水平面的交点 Pt_{16}、起飞爬升面与锥形面的交点 Pt_{17}、锥形面被起飞爬升面切割的拐点 Pt_{18} 和起飞爬升面的末端顶点 Pt_{19}。各交点计算方法如下：

$$Pt_{15}(X,\ Y,\ Z)\begin{cases} X_{15} = -(W_4 + W_2 + L) \\ Y_{15} = \dfrac{W_5}{2} \\ Z_{15} = 0 \end{cases} \qquad Pt_{16}(X,\ Y,\ Z)\begin{cases} X_{16} = -\left(\dfrac{H_0}{r_5} + W_4 + W_2 + L\right) \\ Y_{16} = \dfrac{H_0}{r_5} \times r_6 + \dfrac{W_5}{2} \\ Z_{16} = H_0 \end{cases}$$

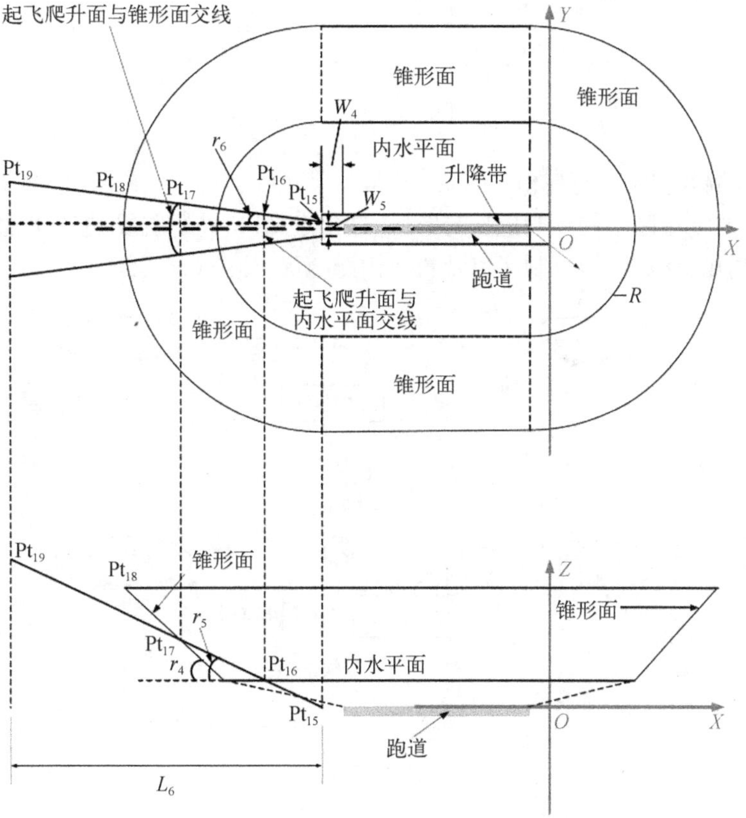

图 6.5　起飞爬升面模型计算图

$$
\mathrm{Pt}_{17}(X,\ Y,\ Z)\begin{cases} X_{17} = -\left(\dfrac{R - H_0 \times r_4}{1 - R_4 \times r_5} + W_4 + W_2 + L\right) \\ Y_{17} = \dfrac{R - H_0 \times r_4}{1 - r_4 \times r_5} \times r_6 + \dfrac{W_5}{2} \\ Z_{17} = \dfrac{R \times r_5 - H_0 \times r_4 \times r_5}{1 - r_4 \times r_5} \end{cases}
$$

$$
\mathrm{Pt}_{18}(X,\ Y,\ Z)\begin{cases} X_{18} = \dfrac{-b - \sqrt{b^2 - 4ac}}{2a} - (W_4 + W_2 + L) \\ Y_{18} = -(X_{18} + W_4 + W_2 + L) \times r_6 + \dfrac{W_5}{2} \\ Z_{18} = H_0 + H_1 \end{cases}
$$

$$\mathrm{Pt}_{19}(X,\ Y,\ Z)\begin{cases}X_{19}=-\ (L_6+W_4+W_2+L)\\ Y_{19}=L_6\times r_6+\dfrac{W_5}{2}\\ Z_{19}=L_6\times r_5\end{cases}$$

2. 终端区空域运行建模

典型的终端区结构一般包括等待区、进出走廊口、进场航线、进近航线、复飞航线、标准离场航线、塔台管制区以及机场内跑道等,如图 6.6 所示。

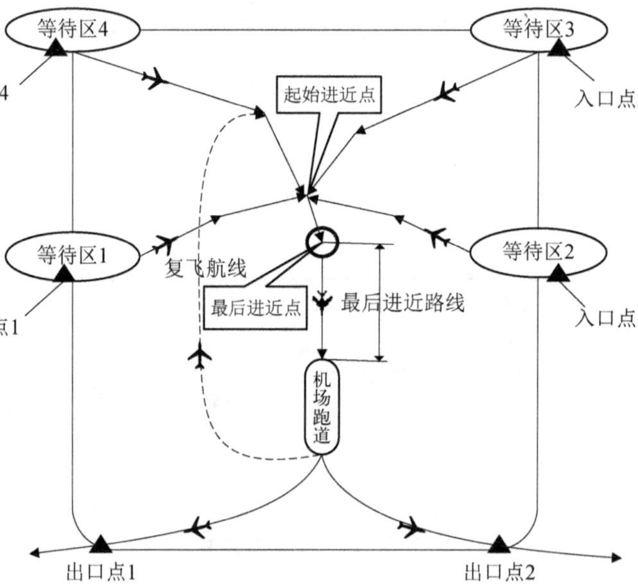

图 6.6 终端区空域结构示意图

终端区空域运行包括:

- 进离场飞行程序,标准仪表进场、进近、离场及空中等待程序;
- 移交协议,各移交点往返何地、移交高度、移交间隔;
- 管制方式,实行雷达管制还是程序管制、雷达引导区、雷达引导航迹;
- 间隔标准,终端区空域内航空器间的纵向间隔标准、最后进近间隔标准、管制员实际掌握的间隔裕度;
- 航空器飞行速度规定,终端区空域内各飞行阶段各型航空器飞行速度限制;
- 终端区空域内潜在飞行冲突及其解决策略;
- 紧急排序的方法,进近阶段航空器主要的排序方式、通过延长三边可额外消耗掉的时间、在进近过程中是否允许超越等;
- 军航活动及其影响;

- 不同气象条件的影响,在仪表气象条件及目视气象条件下间隔标准和运行细则有何差异;
- 可接受的平均延误和进近失败率。

3. 战术空域仿真建模

战术空域模型包括区域地理信息和空域障碍物信息的坐标、范围、名称、代号等,还包括移交点布局、飞行航线走向、高度层使用等。飞行航线模型包括航路、航线、交叉点和飞行规则等。

6.1.1.2　飞行程序建模

飞行程序模型主要显示终端区内航空器起降阶段选取的飞行航线。根据航空器所处的不同阶段可分为进场程序、离场程序和进近程序。

1. 进场程序

进场程序建模是对航空器从航路至终端之间的飞行路径进行建模。进场程序起始于航空器离开航路飞行的定位点(通常为机场走廊口);终止于等待点或起始进近点。每一个机场,为每一条可用于着陆的跑道设计所使用的进场程序,进场程序模型以标准仪表进场图的形式展现。

2. 离场程序

离场程序建模是对航空器在航路和终端区间的飞行理想轨迹的建模。它以跑道尽头为起点,以达到下一飞行阶段(航路、等待或进近)所允许的最低安全高度为终点。离场程序模型以标准仪表离场图的形式展现。当一个终端区内有多个机场时,将以终端区为单位设计统一的标准仪表离场程序模型。

3. 进近程序

进近程序建模从起始进近定位点的进场航路开始,至能完成着陆的一点为止,如不能完成着陆,则复飞加入等待航线。进近程序分为目视进近和仪表进近两类,仪表进近程序又可分为非精密进近和精密进近两种程序。与进、离场程序相比,进近程序要复杂得多,它包括进场阶段、起始进近阶段、中间进近阶段、最后进近阶段,若进近失败还需加入复飞阶段,同时还包括不少于一个等待程序模型。

6.1.1.3　空域灵活使用建模

空域灵活使用时航路优化方法主要是实现空域资源的动态使用。空域不再被固定地分配给民航或军航使用,而将空域看作国家资源统一管理,根据军民航各自任务优先级动态分配。综合考虑条件航路、临时隔离空域、跨国界区域、平/战空域等,灵活调整相邻空域的边界和航路结构。

空域灵活使用模型包括动态航路优化模型、临时空域使用模型和空域动态规划模型等。

1. 动态航路优化模型

根据空域使用计划变化,实时动态调整航路网络,如图 6.7 所示。三角形区域为动态航路区域,该区内航路为可变航路。在动态航路灵活使用中,可根据实际情况在固定航路和可变航路间进行灵活选择。动态航路优化模型能够在设定时间段动态决策空域用户在该时间段使用哪条航线,以此解决空域灵活使用区域的航线分配。

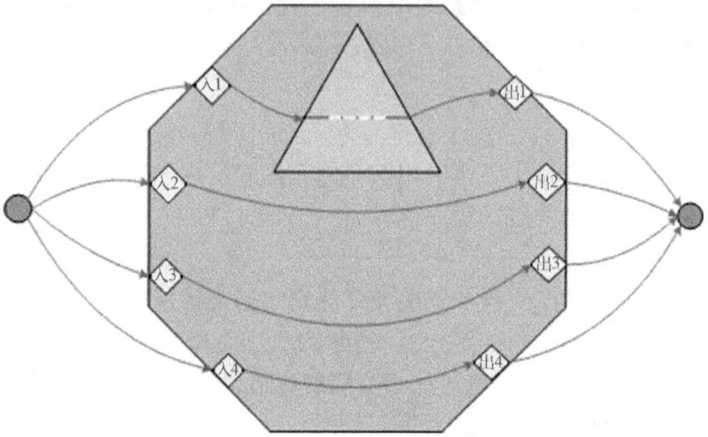

图 6.7　动态航路开闭模型图

2. 临时空域使用模型

这里的临时空域是指在固定空域之外叠加一些临时使用空域,供军民航需要时临时使用,各类航空用户均可向相关空管部门提出使用申请,若出现空域冲突,进行空域协调和按规定优先级进行调配,以求更加灵活、规范地使用空域,增加空域容量。临时空域可以是条件航路、等待区、临时训练空域和隔离空域等。划设条件航路,在某些特定条件出发的前提下方可提出申请和使用;划设临时隔离空域时,应当划设具有规定坐标连线的一个空域,供特定用户在规定时间段专用。

6.1.1.4　改航管理建模

分析天气、导航设备失效以及进行空域管制和飞行流量约束对相应空域的影响,当该空域容量不满足飞行流量需求时,建立包含机场、导航台和航路的网络拓扑结构,在合理利用有限空域资源兼顾公平的原则下,应用静态网络最短路径求解方法,确定飞经该空域的航空器的飞行路径,制定航空器的改航策略,利用仿真建模技术建立相应的改航管理模型。

6.1.2　航空器仿真建模

根据航空器外廓尺寸、机身长度、机翼和起落架等参数,描述航空器仿真模型。

根据空气动力学模型和飞行管理逻辑，建立航空器飞行姿态模型，直观仿真和显示航空器的飞行过程。航空器建模包括以下部分：气动模块、运动方程模块和大气仿真建模。

气动模型参数源自航空器内部反馈项，如动力参数、升限高度、最低安全高度、侧滑角、迎角、重心位置、发动机拉力系数、角速度等飞行参数以及飞控系统提供的舵面位置、液压系统提供的起落架、襟翼位置，计算稳定轴上的气动系数，最后计算出航空器机体轴上的气动力和力矩，最终输出到运动方程。气动模型将反映航空器气动性能的仿真，即用来计算航空器的力矩、气动系数和气动力。

为了精确地仿真出航空器的气动性能，在气动系数仿真计算时，除了计算基本要素以外，还要考虑各种客观因素对气动性能的影响，这些客观影响因素主要包括：地面效应、气动弹性、飞机重心位置变化、积冰、失速、飞机构形变化和动力装置的影响。气动模型分为推力模型、反推模型、升力模型、阻力模型和空气动力学模型，主要以数学模型的形式建立，最后反映在航空器模型的运动上。

运动方程主要完成航空器空域刚体运动六维自由度的方程解算。首先统筹考虑航空器所受的各种力和力矩，计算沿航空器机体轴的角加速度和线加速度；其次，应用矩形积分产生的航空器合成速度；最终，在显示界面上准确仿真航空器运动轨迹。

在以上假设的基础之上，给出飞行器的六自由度十二状态数学模型，惯性坐标系下典型航空器相关参数如图 6.8 所示。

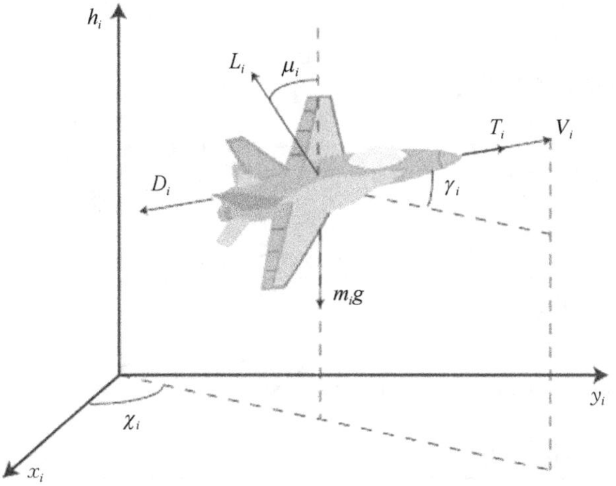

图 6.8　典型航空器相关参数示意图

六自由度非线性方程是一个由 12 个状态变量、4 个控制变量组成的动力学系

统，状态变量和控制变量分别为

$$\boldsymbol{X}^{\mathrm{T}} = [p \quad q \quad r \quad \alpha \quad \beta \quad \mu \quad V \quad \chi \quad \gamma \quad x \quad y \quad z]$$

$$\boldsymbol{U}^{\mathrm{T}} = [\delta_T \quad \delta_e \quad \delta_a \quad \delta_r]$$

将方程分为以下四组。

（1）力矩方程组（机体坐标系）

$$\dot{p} = (c_1 r + c_2 p) q + c_3 \overline{L} + c_4 N \tag{6.1}$$

$$\dot{q} = c_5 pr - c_6 (p^2 - r^2) + c_7 \overline{M} \tag{6.2}$$

$$\dot{r} = (c_8 p - c_2 r) q + c_4 \overline{L} + c_9 N \tag{6.3}$$

其中，惯性系数定义如下：

$$c_1 = \frac{(I_y - I_z) I_z - I_{xz}^2}{\sum}, \quad c_2 = \frac{(I_x - I_y + I_z) I_{xz}}{\sum}, \quad c_3 = \frac{I_z}{\sum}, \quad c_4 = \frac{I_{xz}}{\sum}$$

$$c_5 = \frac{I_z - I_x}{I_y}, \quad c_6 = \frac{I_{xz}}{I_y}, \quad c_7 = \frac{1}{I_y}$$

$$c_8 = \frac{I_x (I_x - I_y) - I_{xz}^2}{\sum}, \quad c_9 = \frac{I_x}{\sum}, \qquad \sum = I_x I_z - I_{xz}^2$$

（2）力方程组（气流坐标系）

$$\dot{\alpha} = q - \operatorname{tg}\beta (p\cos\alpha + r\sin\alpha) + \frac{(-L + Mg\cos\gamma\cos\mu) - T\sin\alpha}{MV\cos\beta} \tag{6.4}$$

$$\dot{\beta} = p\sin\alpha - r\cos\alpha - \frac{T\sin\beta\cos\alpha - (Mg\cos\gamma\sin\mu + Y\cos\beta)}{MV} \tag{6.5}$$

$$\begin{aligned} \dot{\mu} = {} & \sec\beta (p\cos\alpha + r\sin\alpha) - \frac{g\cos\gamma\cos\mu\operatorname{tg}\beta}{V} \\ & + \frac{[\sin\alpha(\operatorname{tg}\gamma\sin\mu + \operatorname{tg}\beta)] - \cos\alpha\operatorname{tg}\gamma\cos\mu\sin\beta}{MV/T} \\ & + \frac{L(\operatorname{tg}\gamma\sin\mu + \operatorname{tg}\beta) + Y\operatorname{tg}\gamma\cos\mu\cos\beta}{MV\cos\gamma} \end{aligned} \tag{6.6}$$

(3) 运动学方程组

$$\dot{V} = \frac{-D + Y\sin\beta - Mg\sin\gamma + T\cos\beta\cos\alpha}{M} \tag{6.7}$$

$$\dot{\chi} = \frac{(T\sin\mu\sin\alpha + \cos\mu\sin\beta\cos\alpha) + (L\sin\mu + Y\cos\mu\cos\beta)}{MV\cos\gamma} \tag{6.8}$$

$$\dot{\gamma} = \frac{(L\cos\mu - Mg\cos\gamma - Y\sin\mu\cos\beta) + T(\sin\mu\sin\beta\cos\alpha + \cos\mu\sin\alpha)}{MV} \tag{6.9}$$

(4) 导航方程组

$$\dot{x} = V\cos\gamma\cos\chi \tag{6.10}$$

$$\dot{y} = V\cos\gamma\sin\chi \tag{6.11}$$

$$\dot{h} = -V\sin\gamma \tag{6.12}$$

式中，p、q、r 分别为滚转角速率、俯仰角速率、偏航角速率；$\overline{L}$、$\overline{M}$、N 分别为滚转力矩、俯仰力矩、偏航力矩；g 为重力加速度；L、D、Y、T 分别为升力、阻力、侧力和发动机推力；V、α、β 分别为飞机空速、迎角、侧滑角；χ、γ、μ 分别为航迹方位角、航迹倾斜角和航迹滚转角；x、y、h 分别为飞机质心位置在地面坐标系中的投影坐标；I_x、I_y、I_z 分别为飞机对机体轴系 3 个坐标轴的惯性矩；I_{xz} 为惯性积；M 为飞机质量。

6.1.3 空域运行仿真

根据获得的模型数据加入空中平台的计划和雷达信息，针对不同空中平台的运动学模型，对空域内的任务计划航迹进行仿真，包括巡航、盘旋、路径飞行以及火炮发射、弹道导弹等；并可以通过查询和/或人工输入方式根据飞行计划产生仿真脚本。

空域运行仿真既能对机场、终端区、飞行路线等空域单元进行仿真，也能对特定的空域方案进行仿真，按照“时钟推进，事件调度”的仿真机制，逼真模拟航空器的外部环境条件（空域结构、天气、管制命令），采用面向对象的方法建立航空器对象，通过建立航空器性能模型、运动学模型，结合空域数据、环境数据和飞行计划，依靠基于 4D 航迹的快速推演技术模拟空域内飞行过程，对航空器运行进行仿真，并对仿真结果进行分析[2-5]。

6.1.3.1　航迹仿真

航迹仿真根据获得的模型数据加入空中平台的相关计划和雷达信息,对空域内的历史航迹和计划航迹进行重演和仿真,包括飞行计划航迹和历史航迹仿真,并可以通过查询和/或人工输入方式根据飞行计划产生仿真脚本。

1. 机场内的活动模型

飞机在机场内的运行活动仿真分为地面滑行、滑跑起飞、爬升和下降以及对正着陆四个阶段。

(1) 地面滑行阶段

航空器地面滑行可分为：跟进、相遇、避让,如图 6.9 所示。飞机地面滑行仿真模型包括在已知飞机预计滑行起始和结束时间指定滑行路径、当前滑行路径优化。

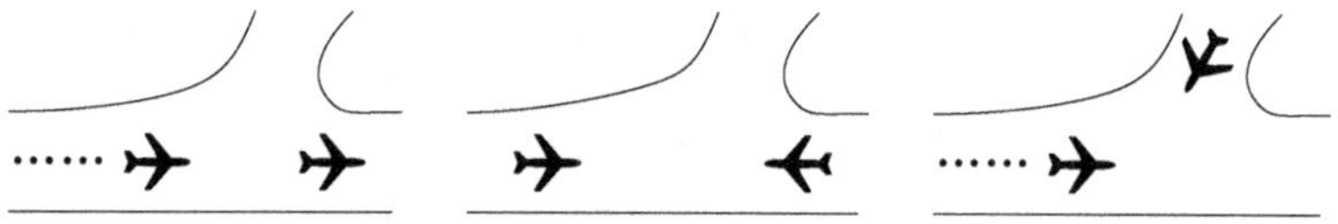

图 6.9　地面滑行示意图

航空器在机场面内滑行可以看作二维平面点到点的运动,多航空器的地面滑行路径被看作多结点和连线构成的路由网络。这些点包括跑道、联络道、滑行道上的所有路口以及停机位,在这些点上,航空器有可能转弯,从而改变运动方向。

航空器的滑行过程如图 6.10 所示,路由结点分为：起点、转弯点、等待点和终点。滑行加速过程可分为静止、开始加速、匀速滑行,减速,匀速转弯,重复加速、匀速、减速等活动,直至到达终点,航空器停止运动。

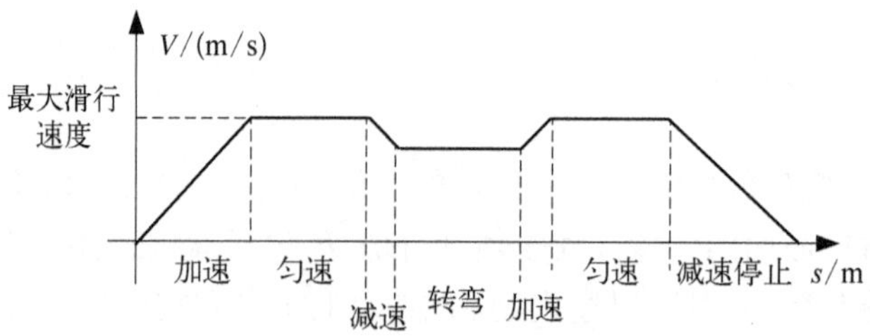

图 6.10　飞机地面滑行过程中速度的变化

航空器滑行路径模型遵守相应的规则和规定,包括指定路线滑行、对头相遇各自靠右侧滑行等,考虑经济收益和运行效率选择距离较短的方案形成优化模型。

(2) 滑跑起飞阶段

滑跑起飞如图 6.11 所示,包括飞机在跑道头起飞线从速度为零开始直线加速到离地速度,离地后在场内加速上升,收起落架,转弯进入航路平飞,收起襟翼,爬升至安全高度,完成起飞过程。

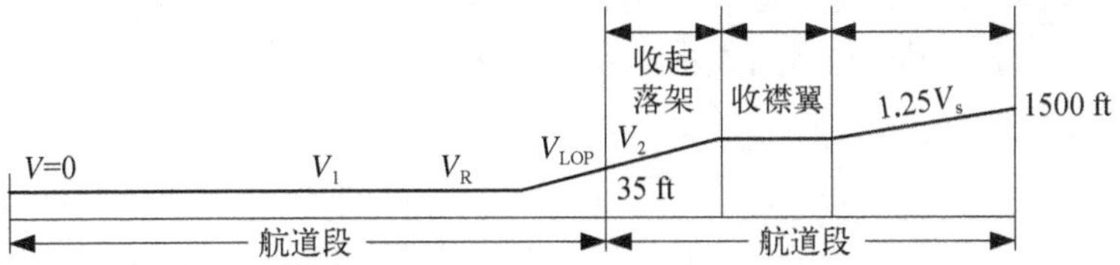

图 6.11　飞行仿真起飞剖面示意图

(3) 飞机爬升阶段和飞机下降阶段

这两部分的速度变化,都可视为空中以飞机为质点的移动。

(4) 对正着陆阶段

跑道着陆阶段,包括飞机从跑道头下降、拉平接地、减速到滑行速度或停止滑跑。飞机着陆滑跑与起飞滑跑相似,但顺序相反,着陆滑跑是减速运动。

2. 终端区飞行过程仿真

终端区内的飞行过程如图 6.12 所示,进入终端区飞机从脱离航路开始,按预定高度进入终端区走廊,不同的飞机按规定分配不同的高度层;在空中走廊阶段飞行结束后,按标准仪表进场路线或目视进近路线飞向起始进近点,开始准备进近飞行;飞机从起始进近点开始,按照一定的梯度多次下降高度层并减速,直至以符合要求的高度和速度到达最终进近点,并按照仪表或目视程序着陆。

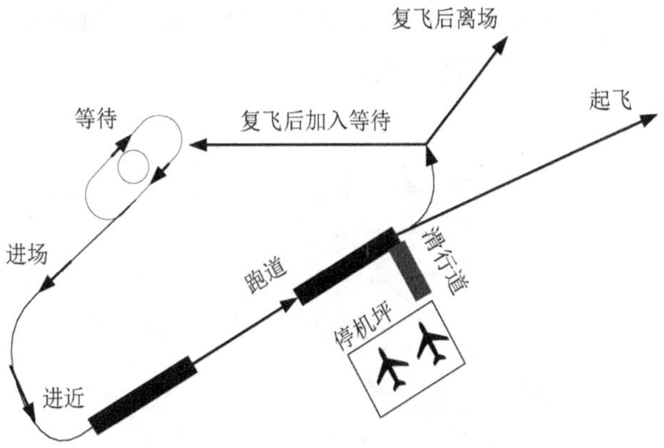

图 6.12　终端区飞行过程示意图

在仿真中要运用航迹推测和航迹融合两项技术。航迹推测根据飞机当前的速度、高度、加速度、上升(下降)率和仿真速度计算在单位时间内该飞机飞过的距离和高度变化,并根据具体的飞机所属的进离场航线推测每一架飞机在该航线上的下一点位置,每隔单位时间刷新一次视图,进而显示出所有航空器不断飞行的画面,实现按航空器性能飞行,并与终端区空域的进离场路线吻合。航迹融合不仅给出飞机下一点的位置,而且给出下一点飞机的飞行方向,即下一点所属航段的方向;在转弯过程,对飞机姿态也进行调整。终端区仿真飞行如图 6.13 所示。虚线表示离场,实线表示进场,圆圈表示进场等待区。

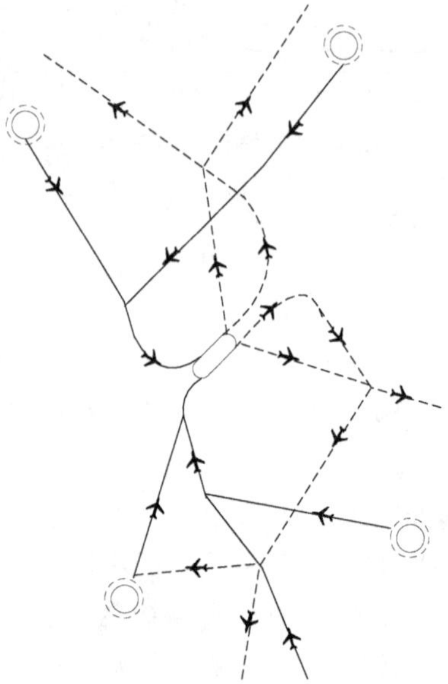

图 6.13　终端区仿真飞行示意图

当终端区空域结构和空中飞行流量分布相对平均时,如图 6.14 所示,各条进近航线和进离场航线相互均没有交叉点。

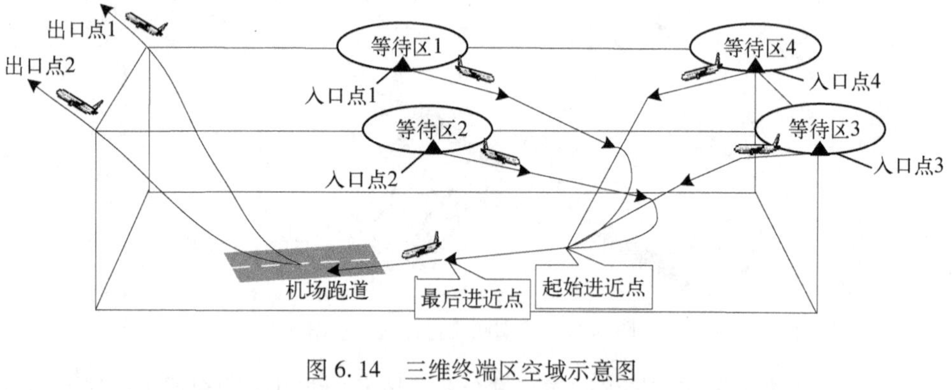

图 6.14　三维终端区空域示意图

对于准备进入进近阶段飞行的飞机,在开始进近之前,需要将飞行高度和飞行速度下降到规定区间内,从规定的进入点进入终端区空域。在终端区内,飞机沿进场航路飞向起始进近点。飞机从到达起始进近点开始,按照一定的梯度下降高度和逐渐减速,在到达最后进近点时下降到规定的高度层,同时把速度下降到规定的速度区间。在最后进近阶段,飞机按照进近程序对正跑道中心线,在最后进近阶段除非中止进近，管制员不指挥飞机改变高度、速度和航向。如果进近着陆失败，飞机按复飞程序进行复飞。

3. 空中运动仿真

仿真时把飞机在空中的运动看成是质点的运动，以简化航空器在空中的运动仿真，并保证系统实时性的要求。空中的运动仿真包括巡航仿真、路径飞行仿真和盘旋仿真。

1）巡航仿真，航空器按当前航向飞行过指定的时间点形成的巡航仿真模型。

2）路径飞行仿真，路径飞行时，航空器飞行经过第一个关键位置点，如导航台、位置报告点、转弯点、特殊的地理坐标点和自编地名点等。整个路径飞行仿真模型看成是航空器从当前位置飞到下一个关键位置点，直到最后一个关键位置点。

3）盘旋仿真，盘旋飞行仿真模型中，飞机在不改变高度层的前提下飞行，连续转弯不小于360度，在盘旋飞行过程中的飞行高度、飞行速度和转弯半径均不产生变化。

6.1.3.2　空域使用情况仿真

根据飞行计划数据和空域系统模型，计算仿真航迹和空域使用情况，主要包括：

- 飞机对空域的占有情况、实际使用情况及空域使用效率；
- 跑道运行情况，包括起飞、着陆两种运动；
- 对紧急需求的空域突出显示，如通过较强闪动图像以及声音给予提示；
- 对空域一般占有情况和使用需求，以较弱的闪动图像以及声音给予提示。

6.1.3.3　空域使用冲突仿真

根据飞行计划数据和空域系统模型，计算航迹仿真和空域使用情况，并计算空域使用的冲突。

从空域使用角度考虑的冲突，主要是各种航空器之间的冲突，具体是规划设计空域之间、空域与飞行之间。

从空域地理角度考虑的飞行冲突，包括机场地面运行冲突、终端区运行冲突和航路飞行冲突仿真。

1）机场地面运行冲突仿真，包括跑道使用冲突、机场场面滑行冲突和停机位分配冲突。

2）终端区运行冲突仿真。根据各用户空域使用需求，分析终端区使用冲突情况，包括飞行计划航迹、冲突产生的时间、冲突发生的飞机标识、冲突发生的位置、冲突发生的高度和冲突发生的航迹号等。

3）航路飞行冲突仿真，包括：

- 高度层穿越冲突，航空器在向上（向下）爬升（下降）过程中，与固定在某高度层飞行的航空器发生冲突；
- 汇聚冲突，同一水平面，交叉航路飞行的航空器，彼此间距离逐渐接近，直到不满足间隔标准，形成冲突；
- 追赶冲突，同一水平面，处于后方的航空器因为速度较快，造成与前方较慢航空器间距离不断减小，直到不满足间隔标准，形成冲突。

6.1.4　仿真数据生成

在符合空域规划预案、空域结构数据和模拟飞行数据等约束条件的前提下，生成相应的仿真数据，包括原始数据获取和仿真运行数据生成两部分。

原始数据获取主要有空域运行方案、空域运行预案、仿真场景、气象信息和计划数据等。其中，计划数据包括：

- 历史飞行数据，即录取真实的飞行数据；
- 预执行飞行数据，即从飞行计划中提取出即将执行的飞行数据；
- 模拟飞行数据，即系统接受用户自己编辑飞行计划形成的数据。

仿真运行数据主要有空域结构数据、监视数据、飞行情报数据和气象数据等，由系统根据获取的原始数据处理生成。生成方式包括：

- 根据空域运行方案或空域运行预案，生成准确的空域结构数据；
- 根据气象部门提供的信息，生成气象数据；
- 根据历史数据、预执行飞行数据和模拟飞行数据，生成监视数据和飞行情报数据等；
- 由系统提供的便捷的人工录入工具，录入相应空域使用计划，辅助生成的人工仿真数据。

6.2　战术空域容量评估建模

根据获得的模型数据加入空中平台的计划信息和雷达信息，针对不同平台的运动学模型，对空域内的计划航迹进行仿真，包括巡航、盘旋、路径飞行以及火炮发射、弹道导弹等；并可以通过查询和（或）人工输入的方式根据飞行计划产生仿真脚本。

采用计算机仿真方法建立战术空域理论容量模型，建模的基本思路是考虑上述主要参数,构建战术空域运行的基本流程;为空域设置进出航线,按照一定的进出流量比、航空器类型比等参数生成模拟运行流,根据不同的空域运行标准预测空域飞行冲突,建立空域使用排序;统计每个航空器空侧运行的延误时间,进而计算仿真时间段内的总延误时间和平均延误时间;判断联合战术空域运行是否满足使用需求。模型包括空域运行、随机计划生成与更新、冲突探测与解脱、航空器运行排序、延误时间统计与计算、结果分析与输出等多个子模型,仿真时间段一般为一小时。下面分别介绍模型的主要阶段。

1. 初始化

输入起降场空侧的基本结构数据,包括跑道、滑行道、空域进出点、飞行程序等。根据国内外一般规律,空域进出点一般需配备相应的航线,空域结构有所调整时,空域进出程序一般应进行优化设计。立足战术空域运行程序及空域结构现状,面向战术空域多进出点运行需要,在评估研究中将空域以不同进出点的基本空域结构作为运行条件进行分析。

2. 设置关键参数

空域进出流量比、机型比、各向进出空域流量分布、间隔标准、空管运行模式等是容量评估的关键参数。其中,进出空域流量比按 3∶7、4∶6、5∶5、6∶4、7∶3 五种情况设置,涵盖了空域运行中一般出现的情况,进入流量或退出流量一方过大的情况可不考虑,分别计算不同比例下的空域容量。航空器比是重、中、轻三类航空器分别占总架次的百分比,默认设置为中型机占 100%。管制模式采用程序管制和战术空域管制分别进行评估。

3. 空中交通流生成

在评估中,按照设置的进出空域流量比、机型比、各向进离场流量分布等参数,随机生成一定数量的模拟交通流,计划量可按需设置,计划进出空域时刻符合均匀分布,这样有利于保证评估结果的通用性、稳定性。

4. 空域运行冲突解脱

仿真进出空域交通流运行过程进行飞行冲突探测与解脱,主要包括航线交叉点冲突、与地面障碍物冲突等,根据冲突解脱情况适当调整计划过点时刻。

5. 进出空域排序

根据计划激活情况调整航空器进出空域顺序,按照优先保障加权高的计划,同等加权先到先使用原则,排列空域进出计划,计算各行动计划的实际进出空域时刻。

6. 统计总延误时间

计算各航空器在进出空域过程中的延误时间,包括起飞等待时间、航线交叉点延误时间、空中等待时间等,统计全部战术空域运行时间段的总延误时间。

7. 计算平均延误时间

用总延误时间除以当次仿真的航空器出动量即可得平均延误时间。

8. 判断空域容量是否满足要求

空域容量评估需要根据一定量的计划量-平均延误时间数据来拟合飞行延误曲线,从而反映空域运行延误的总体趋势,通过延误情况判定空域容量。因此,需要更新计划数值,多次进行仿真运算,直至满足要求。

9. 战术空域运行能力评估模型

根据计划量-平均延误时间曲线,可接受延误水平即一定延误时间对应的计划出动量为空域容量。在战术空域评估实践中,一般以 5 分钟为可接受延误水平。空域运行容量评估模型如图 6.15 所示。

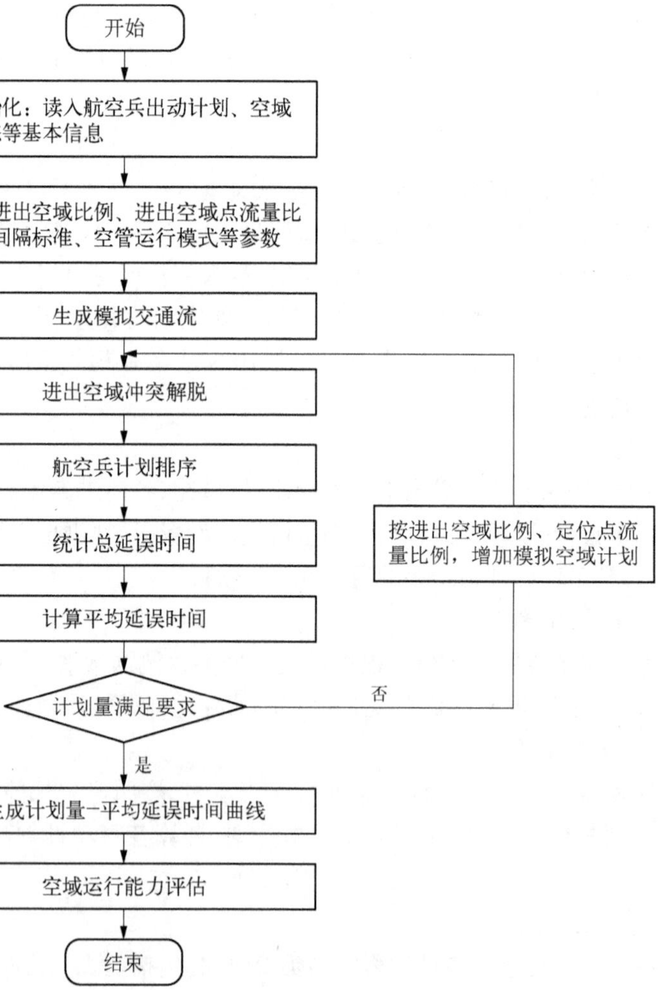

图 6.15　空域运行容量评估模型

6.3　系统运行效能评估技术

6.3.1　概念内涵

系统运行效能是综合衡量空域管控系统整体运行状态的重要指标。“效能”的基本含义是工作的能力和办事的效率，它是工作结果的衡量尺度，是衡量效率、效果、效益的重要因素。在军事、航空、航天等领域的系统发展过程中，人们发现，效能评估与系统满足任务需求的程度紧密相关，而且贯穿任务始终，所以在越来越复杂的信息系统设计、研发、维护中，效能评估的作用越来越关键。

关于系统效能的概念，学术界和工业界的看法不一，不同组织或研究机构由于所考虑的角度和要素不同，对系统效能的定义也有所不同，其中，美国工业界武器系统效能咨询委员会(WSEIAC)对效能的定义比较全面，其主要从对象、任务、条件、时间、能力五方面入手，依据系统用途和任务需求，评估研究系统在某种条件环境下一段时间内体系特性改变时，满足任务需求的程度。

从研究的系统性层面看，早在 20 世纪 60 年代美国就开始了效能的研究和分析，当时的研究用途主要是用于武器装备的评估，并由此建立了 ADC、SEA 等模型，此时的模型将效能分为可用性、可靠性和固有能力三个综合要素。对空域管制系统运行效能的研究则始于 20 世纪 90 年代，当时的美国和欧洲针对空域系统利用率不足等问题联合开展了国家空域系统效能评估研究，并提出用灵活性、预报性、可达性和延误四类要素来度量空域利用率和运行效能[6-10]。

用于军事目的的战术空域管控系统效能评估，除空域运行通用要素外，还要考虑空域使用效率、安全性和机动性等有关作战方面的特殊要素。战术空域管控系统效能的评估方法，可通过系统效能评估建模和确立评价标准建立，评价标准主要是分析影响系统效能的各方面要素，并把这些要素所对应的开销转换为它在系统效能评估中所占的比例。由于战术空域管控系统研究起步晚，管制运行系统效能方面的研究还比较少，本书仅作简要分析，用以抛砖引玉。

6.3.2　评估要素

战术空域管控系统运行效能是在战术作战条件下，运行能力达到任务需求的程度，是战术空域管制运行体系的综合运行状态的重要衡量因素。为了综合评估整个系统在空域利用率、安全性和机动性条件下的运行效率，使系统条件描述更加全面，条例更加清晰，应用性更强，可采用经典的系统理论“人员-设施-环境-管理-

任务”模型，充分研究分析影响空域管制运行效能的任务、人员、设施、管理等关键因素，找出相互关系，建立整体、客观、可调、普适的要素体系，从投入和产出对关键因素进行分类评估，最后对关键因素提出合理化建议，使其互相协作，从而使系统达到最好的综合效果。

“人员”是指战术空域管制人员，其职责是监视空域执行情况，及时协调空域动态需求，保障空域高效、有序运行，人的因素直接作用于战术空域管制运行系统，是衡量战术空域运行效能的关键要素。

“设施”是指在战术空域运行的指挥、控制、通信、导航、情报、侦察、监视以及航空器机载设备等，设施的状态及性能、新技术的发展和应用，直接关系战术空域的可用性和可靠性，是影响空域管制运行效能的直接因素。

“环境”是指战术空域管控系统运行的综合环境，包括空域环境、空域规划、空域运行模式、空域特点以及安全环境、自然环境、工作环境等，这些环境因素会直接影响战术空域利用率，是空域运行效能的重要因素。

“管理”是指战术空域运行管理，它不直接作用并影响系统过程，但是会间接反映系统的效能，管理主要包括相关法律法规、条例条令、管制运行机制、管制规则、运行标准等。

“任务”是指从任务目标出发，分析评估对象的任务需求。战术空域管制运行系统的主要职责是负责作战区域内的用户使用空域的服务工作，安全有序地组织空域用户执行作战任务，负责对空域用户提供空勤任务服务、空域管制服务、空域协调服务、告警服务等。任务效能是衡量战术空域运行情况与任务需求的匹配程度。

6.3.3 评估体系构建原则

要素体系是指由一系列影响要素及其互相作用组成的体系，由于战术空域管制运行系统的复杂性，各要素之间互相影响、互相作用、相辅相成，体现了战术空域管制运行效能评估要素的多样性。如何适量选取要素体系中诸多要素，使其不会太多导致要素冗余，评价内容相互重叠，又不会太少使其评价不够全面，最终达到要素体系层次分明、条理清晰、结构合理，准确地综合体现战术空域管控系统的投入与产出比率，这就需要满足一定的原则。

1. 整体性原则

评估要素既要准确地评价系统的各个方面，更要综合战术空域管制运行系统的全过程，对系统状况作出系统、完整、全面的情况反馈，真正做到层次分明、条理清晰、结构合理。一套不合理要素体系，往往不能真实地反映系统的运行状态。

2. 客观性原则

评估要素体系中的要素相辅相成，互相作用，为使系统更加符合实际需求，系统内在的问题就需要真实、准确地得到反馈，就需要综合实际运行情况，并吸取专家意见，最终确定评估要素。

3. 动态性原则

评估要素体系应可根据容量变化、装备改进、运行环境变化等不断更新和完善，因此需要能够动态变化和调整，以便及时、真实、准确地对战术空域管制运行系统进行评估。

4. 普适性原则

评估要素的选择、要素体系的建立要具有普遍适用性，便于系统间横向对比，从而达到发现问题、解决问题、改进系统的目的。

6.3.4 效能评估体系

根据上述建立要素体系的要求，对影响战术空域管制运行效能的投入类和产出类要素进行分析，从“人员-设施-环境-管理-任务”的角度，并根据影响因素的重要性，选择子效能模块，从而建立以战术空域管制运行效能为中心，以人员效能模块、设施效能模块、环境效能模块、管理效能模块、任务效能模块为支柱的战术空域管制运行效能体系，体系架构如图 6.16 所示。

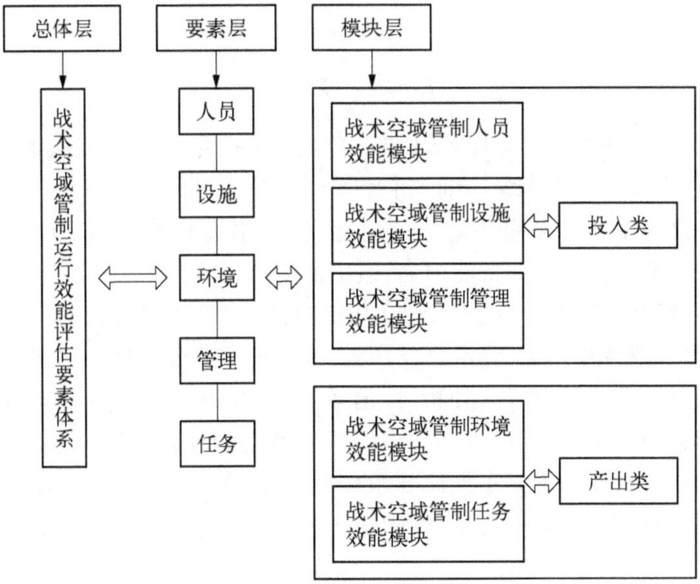

图 6.16　管制运行效能评估体系示意图

6.3.5 常用效能评估方法

运行效能常用评估方法主要有层次分析法、ADC 模型法、系统效能分析法、灰色聚类关联度分析法、模糊综合评价法、数据包络分析法、量化标尺法等，简述如下。

1）层次分析法：又称 AHP 法，是以定量化的决策为目标，将定量与定性有机结合，从而实现多目标决策的一种方法。该方法运用过程中主要引入测度理论，将研究对象根据其自身性质分解为多个影响要素，共同形成一个层级结构，即将决策问题按层次分解成目标层、准则层和方案层，然后按层分析，通过构造判断矩阵，求解判断矩阵的特征值和特征向量，最终计算出每一层次的要素元素所占权重，以及该层要素对上一层某要素的优先权重，最后通过加权得到对总目标层的最终权重。该方法的优势在于可以较好地将一些定性要素转化为定量要素，较适合于权重分配问题以及某些需要分层对要素进行评价但要素又难以定量描述的目标系统。

2）ADC 模型法：最早由美国工业武器系统效能咨询委员会提出，用于对武器效能进行评估，模型选用了系统可用性、可信性和固有能力三个效能评估要素，通过将可用性向量 $\boldsymbol{A}$（表示满足任务时各种状态/概率的向量）、可信性矩阵 $\boldsymbol{D}$（表示系统在运行过程中持续工作的可靠性概率）及能力矩阵 $\boldsymbol{C}$（系统在特定任务条件下满足任务需求的能力）三个要素代入具体的数学公式，计算出系统实际能力与任务要求能力的匹配程度，及系统效能 $\boldsymbol{E}$。

ADC 效能评估模型：

$$\boldsymbol{E} = \boldsymbol{A} \cdot \boldsymbol{D} \cdot \boldsymbol{C}$$

3）系统效能分析法：又称 SEA 法，其实质是把系统任务和系统运行结合起来，将运行能力和任务要求统一到一个空间进行分析对比，通过对比运行轨迹和任务轨迹的符合程度来判断整体系统的效能，符合率高则效能高，符合率低则效能低。这一方法的优势在于分析能力强，适用范围广，比较直观。

4）灰色聚类关联度分析法：该方法通过对已知的基础信息进行定性、定量分析和处理，生成灰色权函数，确定聚类系数，将各项参数要素进行归纳，利用灰色聚类评价方法对聚类结果进行再分析，作出最终评估，以该评价结果为向量，描述聚类对象属于各个灰类的强度，最终实现对系统效能的评估。该方法的优点在于对分析对象的样本量及样本分布规律要求较低，简单易行，综合能力较强，适用于信息不完全的多要素多因素复杂系统；缺点是所得结果分辨率较低，难以区分两极的变化特征。

5）模糊综合评价法：这是一种基于数学的综合评价方法，针对效能评估中的不同系统,经常会遇见难以定量分析的定性要素,对于这些要素的评价往往难以准确衡量,模糊综合评估法考虑所评价的定性要素的模糊性,根据模糊数学的隶属度理论把定性评价转化为定量评价。该方法的优点在于能解决模糊的、难以量化的问题,使得结果清晰,系统性强,缺点在于过度强调极值会导致数据损失过多。

6）数据包络分析法：又称 DEA 法,它将数据导向性用于评估一组同类实体是否技术有效的非参数分析法,即通过研究比较,选定输入要素与输出要素,利用选定数据包络模型计算出决策单元(DMU)的有效性系数,进行优劣情况排列评价。

近年来,一些专家尝试利用 AHP 来计算 DMU 中各要素的权重,形成含评价专家偏好的约束锥,这一方法可避免单独使用 AHP 或 DEA 的不足。

7）量化标尺法：该方法以系统结构和评价项目为基础,根据各要素给出的定量化标尺,对其进行比较得到评分,最终得出系统综合效能。公式表达如下：

$$q_i = q_s / q_B$$

其中,q_s 为系统的实际值；q_B 为量化标尺值。

战术空域管制运行效能评估体系下的五个效能模块(图 6.16),根据效能模块特征,结合上述效能评估方法对不同系统的适用性,可选择不同的效能评估方法。人员效能模块、任务效能模块、环境效能模块由于定性要素较多,可以选择 AHP 模型和 DEA 模型进行分析评价,设施效能模块可采用 ADC 模型进行分析评价,管理效能模块可采用量化标尺法进行分析评价。

6.3.6 效能评估流程

1）确定评估目的。根据任务要求,确定总体层评估目的是评估战术空域管制运行效能。

2）系统效能界定、原则描述。确立战术空域管制运行效能研究方向、范围、原则,分析影响因素,形成要素层,使得任务和评估信息、行为匹配一致。

3）建立效能评估模块,选择评估模型和方法。对要素层进行分析,建立要素模块,并针对各个模块特点,选取适用的评估方法。

4）评估所需数据获取。从实际管制运行统计数据和系统积累数据中选取。

5）计算管制运行总效能。计算所得各模块的效能,然后通过加权计算管制运行总效能。

6）提出相关建议。对每一次任务的管制运行效能评估的结果进行分析对比,发现影响管制运行效能的短板因素和子因素,提出相关建议。

战术空域管制运行效能评估流程如图 6.17 所示。

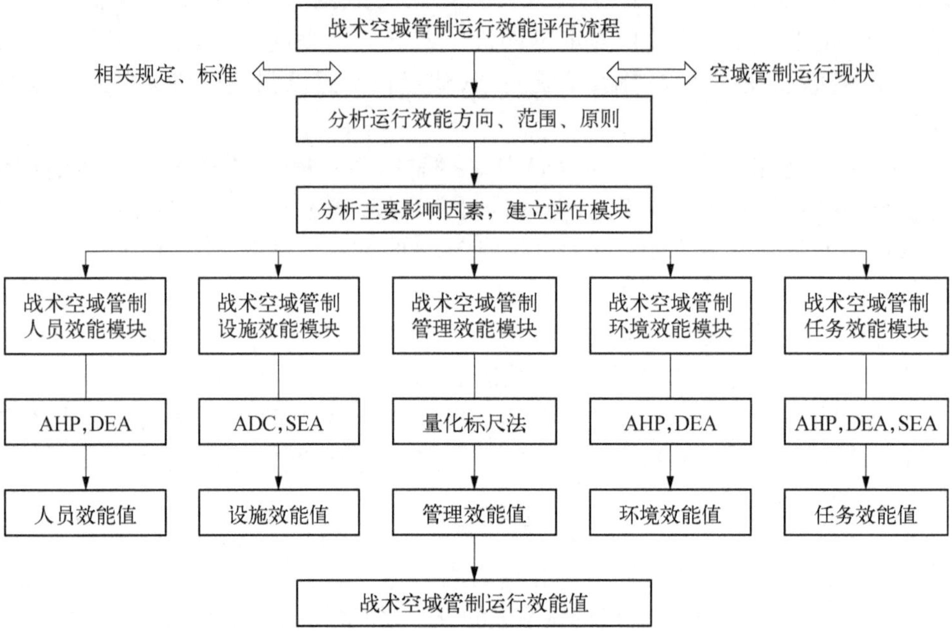

图 6.17　管制运行效能评估流程示意图

6.4　战场空域效能评估技术研究

从各国军队空中力量发展历程以及近几场局部战争对空中力量的运用情况来看,空中战场已经成为现代战争的主要战场。空中作战需求对战场空域规划提出了更高的要求,也对战场空域效能评估提出了更高的要求,空域效能评估可用于支撑战场空域优化使用,预判可能存在的各种问题,提高作战效能。

6.4.1　战场空域效能评估方法概述

6.4.1.1　战场空域概念

战场空域是在一般空域内进行空中作战、空中进攻、空中突击等军事活动的立体空间,战场空域的实质本体是空域。通常讲,平时只对空域进行定义和划分,只有战时才对空域进行临时更替使用,空域才成为战场空域。

空域定义为在一定时间内,处于一定的空间位置,属于某一所有者,具有一定大小、形状和结构,以空气为介质,用于航空活动的特定空间。

战场空域是利用空域基础功能实现军事目的的一种特定航行空间,与其余空域有着密不可分的关系。战场空域可定义为交战双方以飞机、导弹为主要武器装备，以航空力量、地面防空力量、空降兵等为主要作战力量，以侦察、通信、监视、预警、空运、突袭、反突袭等为主要手段，以夺取“制空权”为主要目的而进行作战活动的空间。

民用航空一般将空域划分为航路航线、高度层、机场区域、禁区等空域类型，我国民航将管制区分为 A、B、C、D 四类空域，分别为高空管制空域、中低空管制空域、进近管制空域、塔台管制空域。军航对空域没有统一的划设，各航空兵部队、各场站和其他空域使用相关单位一般都依托驻扎机场，依据机场使用细则，以各部队不同的训练和任务需要划设了数量不等的训练空域，其功能是在平时的训练飞行中更便于开展训练且更利于军民航双方明确管理范围，提升协同管理能力。针对作战划设战场空域，通常是根据演习演训和作战任务的筹划，划设临时空域作为不同功能的战场空域。值得注意的是，军民航在划分各自空域时，为了安全起见，绝大多数情况下不会发生空域重叠情况，但在军民航机场相邻地区会有共用空域存在。而在划设战场空域时，划设单位秉持以作战为主的原则，一切围绕作战实施展开，并不会将与其他空域使用冲突纳入考虑。

6.4.1.2　空域效能评估常见方法

空域运行效能评估是对空域规划方案的可行性、风险度以及对作战效益提供的支撑等要素进行评估与估量，通过对空域规划方案进行科学有效的评估能够为作战指挥提供决策支持。目前，评估方法主要有三种：综合评价法、数学建模评估法和软件评估法。三种评估方法有不同的评估特征，适用于不同的评估场景，以下简单介绍三种评估方法并针对战场空域效能评估寻找合适的评估方向。

1. 综合评价法

综合评价法是指运用相应的数学模型将多个单独评价指标得到的结果整合为一个全面的、综合的评价结果。该方法得益于 20 世纪 80 年代“功效系数法”的产生，使得综合评价法在多个研究领域得以运用并不断发展。目前主要的综合评价方法有层次分析法(analytic hierarchy process, AHP)、灰色综合评价法、人工神经网络评价法(artificial neural network, ANN)、数据包络分析法(data envelopment analysis, DEA)、模糊综合评价法(fuzzy comprehensive evaluation, FCE)等，这些方法在定性与定量、客观与主观等方面均有优缺点，随着综合评价法的大量运用，针对各类具体情况、评价目标等指标可选择合适方法，使评价结果趋于客观、真实及准确。

其中，模糊综合评价法具有方便实用、系统性强、能很好地判断不确定性与模糊性、结果清晰可靠等优点。模糊综合评价法的评价特点对空域效能及战场空域效能评估具有较强的针对性和可用性，但是，模糊综合评价法缺乏通用准则，在去除尊重分配中仍存在一定的主观性,这是运用此方法进行战场空域效能评估时要重视和解决的问题。

2. 数学建模评估法

目前数学建模评估法尚未形成完整的评估体系,只是在航路容量、机场容量、区域容量等问题上使用数学模型进行评估。数学模型是用符号、函数关系将评价目标和内容系统规定下来,并把互相间的变化关系通过数学公式表达出来,该方法所表达的内容可以是定量的,也可以是定性的,但必须以定量的方式体现出来。因此,数学模型法的操作方式偏向于定量形式,从而数学建模评估法在关联性强、模糊度高、多目标多因素的战场空域效能评估中作用有限。但是,在战场空域效能评估的过程中,仍然会涉及不少需要进行定量评估的问题,通过建立数学模型进行评估仍是有力的解决方式,数学建模评估法对战场空域效能评估研究不可或缺[11]。

3. 软件评估法

为了模拟多因素的实际影响情况,可以使用计算机软件模拟真实空域情况,再对模拟所得结果进行研究分析。目前国外研究出了多种仿真模拟软件,如SIMMOD、TAAM、RAMS、The Airport Machinc 等,但这些软件主要是对民航在机场、航路航线及空域结构等方面进行仿真模拟,针对战场空域进行模拟的仿真软件国内外都还比较薄弱。

6.4.2 战场空域效能评估指标体系

6.4.2.1 战场空域效能评估方法的确立

从空域效能评估各项常用方法的特点可知,战场空域效能评估要以模糊综合评价方法为主要评价方法,数学建模为定量研究手段,计算机仿真模拟为辅助手段。综合来看,战场空域效能评估是对空域效能和作战效能评估两大体系的多重评估,其本质并不是空域效能和作战效能评估的简单叠加,而是两个独立评价体系的二次整合塑造,其中各评价因素关联性、整体性高。

典型的模糊综合评价法并不能在战场空域效能评估中进行简单的套用,空域效能和作战效能评估共同的特点是两者在评估时主观性强,以空域划分和作战方案设计为例,这两个环节中人的主观意愿成分很高,抑或是对专家评价意见依赖性很强,评估的效果客观度上说服力不足。

实际中可以采用综合评估方法,将主观评估与客观评估模型相结合,对影响空域运行效能的投入类和产出类要素进行分析,根据影响因素的重要性,遴选相应指标。在采用模糊综合评价法典型评估方式时,引入新的指标量化和处理方法,将作战方案设计人员、参与评估专家对评估的主观影响降至合理范围。

6.4.2.2　战场空域效能评估准则的建立

确定战场空域效能评估的具体评估因素应该以清楚、明晰的评估准则为基础，并以此为指导建立有方向、有目的、有关联、有结构的评估因素体系。以战场空域效能评价及战场空域作战目的为出发点，明确战场空域效能评估准则，从而为构建合理的战场空域效能评估指标体系打下基础。

探究战场空域效能评估的准则，必须围绕战场空域的核心功能进行讨论，而战场空域要实现的核心功能总体上来说是支撑空中作战力量完成既定的核心任务，实现军事目的，占据战略主动。这一功能又可以具体细分为空中进攻能力、空中防空保障、空中预警保障等方面需要实现的具体功能，同时又涉及地面支持、民航协同等方面因素功能的实现。依托功能和目的来确定评估准则，是符合评估流程的通用做法。

以民航方面空域效能评估为例，其运行功能是为了实现空中交通运行能力的最大化，保证所运输旅客和货物的安全，同时实现经济效益最大化，即国际民航组织提出的“安全、经济、便捷”的运行准则。另外，美国联邦航空管理局（FAA）在制定空管效能评估指标之前也进行了评估准则的确定，FAA 通过分析过往的空管效能记录以及未来美国民用航空的发展趋势，确定了空中交通评估要秉持“空管要具有更强的灵活性、可预报性，并减少延误，同时不放松对安全的要求”为准则，确定了包括成本效率高低、飞行效率高低、延误情况、周边环境、可达性、安全性、灵活性、可预报性、是否公平、是否可用 10 类空管效能评估指标来度量空中交通管理的能力和效率。

根据战场空域的核心能力是对完成核心任务的支撑能力，兼顾战场空域牵连相关的其他领域，建立战场空域效能评估准则：

1）战场空域效能评估要围绕释放空中作战力量战斗力为根本，以完成核心任务支撑能力为重点；

2）战场空域效能评估要考虑战术运用的充分程度，尽可能削减战术制定中人为因素的主观影响；

3）战场空域效能评估要体现空防保障、预警保障、通信保障等方面的协同功效；

4）战场空域效能评估要将已划设的战场空域遭打击后的再生能力及持续提供战场环境的能力纳入评估；

5）战场空域效能评估要将战场空域对己方各类作战力量的安全性纳入考虑；

6）战场空域效能评估要考虑空中作战全周期内对民航方面的干扰以及民航方面对作战行动的影响。

6.4.2.3　战场空域运行效能支撑因素及影响因素

战场空域运行效能的高低取决于其完成核心任务支撑因素所提供的支撑能力以及其他辅助因素提供的帮助，同时战场空域运行效能又受制于一些限制因素在一定时间段内的干扰。构建评估体系，就必须在评估准则的指导下，探寻出战场空域运行效能的支撑因素、辅助因素以及影响因素，以便于得到各因素间的相互关系，实现更精准的评估。

根据战场空域效能评估准则，战场空域运行效能的支撑因素其本质是核心任务支撑能力因子，即完成作战任务的能力。核心任务支撑能力因子是一个宏观的集合概念，拆分该因子构成的过程其实是拆分空中作战的各个环节的过程，空中作战的核心环节和力量都应该作为核心任务支撑能力因子的组成部分来看。但其评估地位应置于核心任务支撑能力因子的分支，是第二层级的评价因子。

除战场空域运行效能的支撑因素以外的因素统称为影响因素，影响因素根据其正反作用又可以细分为辅助因素和限制因素。

首先，辅助因素中最为重要的是安全性能因素，将该因素纳入评估体系是为了突出安全的重要地位。安全性囊括了空中作战力量进行空中军事行动各环节、各作战单元、各保障单位等组成部分之间的安全性，着重突出考虑我方不同作战航空器相撞、防空武器单元误击误伤等情况发生，从而通过评估产生既能完成核心任务又能尽最大可能减少非战斗减损战斗力的情况。

其次，辅助完成核心任务的因素也包括战场空域的顽强性。顽强性是在确保本方作战能力安全存在的前提下，将战场空域的抗打击能力以及遭受打击后再次提供作战支撑的能力作为辅助因素进行考虑，其本质目的是考虑到作战行动的周期性和持久性，战场空域不能当作一次性的战场，而是要当作持续可用去研究，为战略战术提供多样性选择。

另外，辅助因素中还包括战场空域的兼容性。在联合作战的背景下，空中作战行动往往要配合多军兵种的联合行动，例如空军、陆军航空兵、海军航空兵等多种空中力量的联合打击如何实现战斗力的最大化，如何实现战术上的密切配合，如何将各军兵种独立的作战体系融合为一体。从兼容性的角度出发评估战场空域效能，是联合作战对空域效能评估的基本要求。

而限制因素主要体现在民航方面和社会影响对战场空域效能的限制作用，在民航业和通用航空高速发展的今天，军事行动多数情况下在不影响民用航空和通用航空的前提下进行，甚至有时以两者的掩护进行空中军事行动。因此，既要考虑民航、通航的飞行规定等对战场空域的限制，也要规避军事行动对民航、通航的安全影响。

总之，战场空域效能的支撑因素是指核心任务支撑能力，影响因素中安全性、顽强性和兼容性是辅助因素，而对民航、通航的影响则是限制因素。

6.4.2.4　构建战场空域效能评估指标体系

指标体系是空域效能评估的关键部分，由于与民航之间有截然不同的效能目标，空域的效能评估指标体系也与民航完全不同，必须结合作战要求，研究贴合战场需求的空域效能评估指标体系。

根据战场空域效能评估准则及支撑因素、辅助因素和限制因素，可建立两层空域效能评估指标体系：第一层主要从核心任务支撑能力、安全性、顽强性、兼容性、对非作战单位的影响五个子效能模块进行评估；第二个层面主要对子效能模块进行描述，构成二级指标。空域效能的综合指标体系如图 6.18 所示，其中带“(+)”的为增益指标，带“(-)”的为减损指标。

其中核心任务支撑能力指标是指整个战场空域体系在同一的核心作战目标牵引下，分解到各个具体空域或作战保障功能空域，组对核心作战任务的支撑能力。具体而言，在典型的战场空域中所涉及的作战保障功能包括预警保障能力、通信保障能力、防空保障能力、电子战支援能力、情报支援能力五个子评估指标，每一个保障功能对应相应的战场空域。上述指标均为增益指标。

安全性指标是指在预设的空域系统条件下，飞机之间、地面火力与飞机之间的直接或间接的伤害风险，包括空域冲突、空中相撞风险、误击误伤风险与应急救援能力四项指标，该指标主要通过空域的时空位置关系确定。其中，空域冲突、空中相撞风险、误击误伤风险为减损指标，应急救援能力为增益指标。

顽强性指标是指空域系统及其中用户单元遭到敌方打击破坏后重新塑造态势和保持持续作战的能力，包括空中单元再补充能力、持续作战能力、空域调整使用能力三个二级作战能力，上述指标均为增益指标。

兼容性指标是指同一战场空域系统能够支持的打击目标数量、作战任务样式以及与陆战场、海战场的协同作战能力，包括支持多目标打击能力、支持多样式作战能力和支持多维度作战能力三个二级指标，上述指标均为增益指标。

对非作战单位的影响指标是指战场空域系统划设后可能对非作战单位产生的影响，例如对民航运行的影响，战争进行过程中可能对平民和重要的政治、经济、宗教目标产生的威胁等，该项指标包含对民航的影响、对地面平民的威胁和对重要目标的威胁三个二级指标，上述指标均为减损指标。

综观所建立的战场空域效能评估指标体系，按照层级分为第一级、第二级两层指标，通过全面完善二级指标所涉及的领域，更好地支撑了一级指标的整体性和饱满度，使得两级指标结构性更强、更完整。同时，从所确立的 18 个指标来看，所建立的指标体系基本上囊括了空中作战有关的全过程、全环节、全要素，同时突出了完成核心任务能力的地位，能更好地突出战斗力这一核心效能标准。

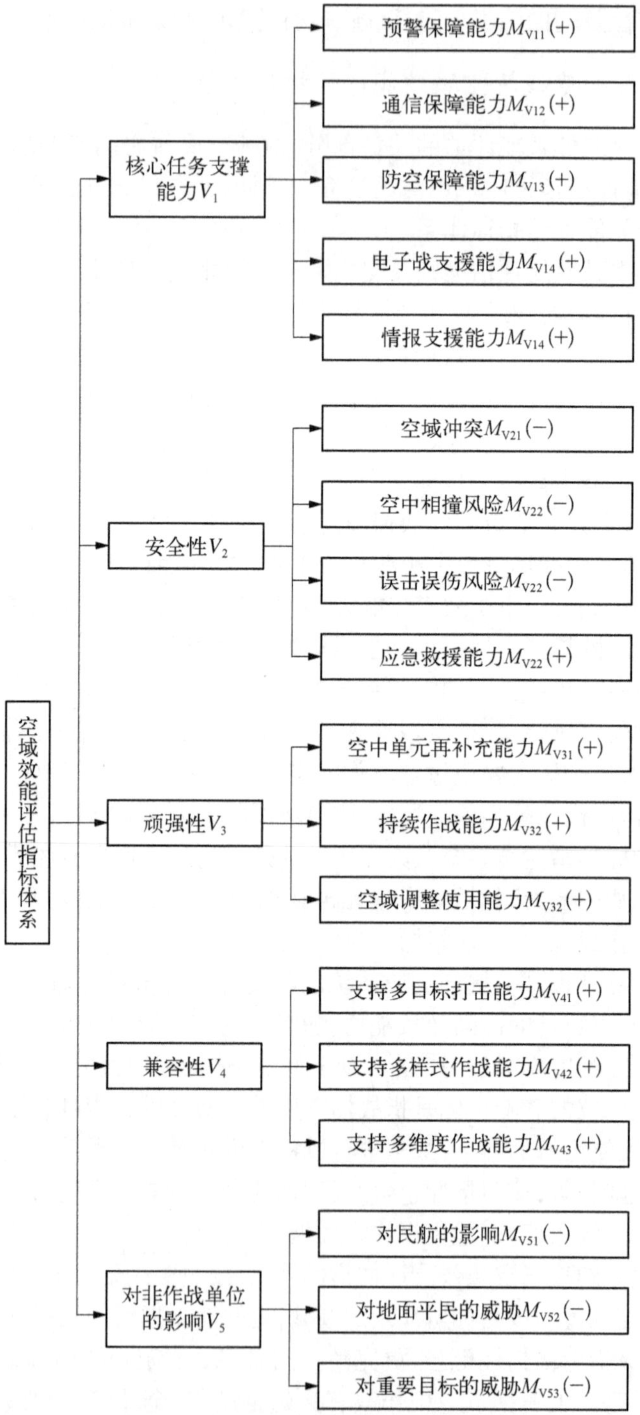

图 6.18　战场空域效能评估指标体系

6.4.3　战场空域效能评估计算模型

6.4.3.1　战场空域效能评估计算模型概述

在评价体系一级指标中有核心任务支撑能力、安全性、顽强性、兼容性、对非作战单位的影响五项指标,其中核心任务支撑能力在理论上应是客观确定的,其支撑能力大小由战场空域本身确定。因此计算模型可拆分为两部分:第一部分为基于支撑系数的核心任务支撑能力层级树研究,此部分是为了确定任一战场空域的核心任务支撑系数。第二部分是基于核心任务支撑能力层级树的矩阵计算模型研究,计算核心任务支撑能力之外的 4 个一级指标的系数问题,其过程如图 6.19 所示。

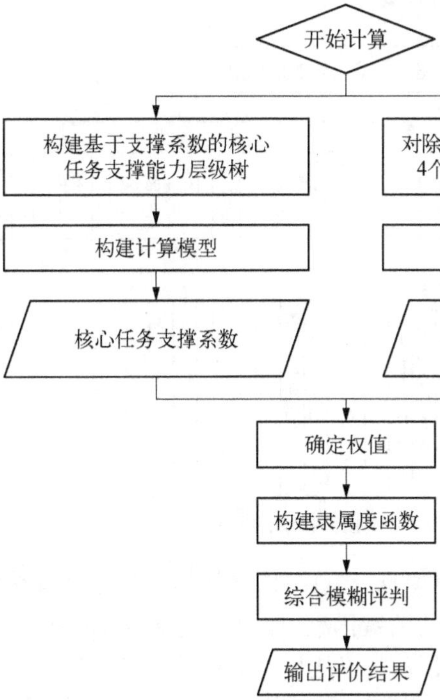

图 6.19　战场空域效能计算模型流程图

按照评估计算思路,可根据核心任务支撑能力层级树计算得出支撑系数,以得出支撑系数为目标,开展核心任务支撑能力层级树的设计及构造,然后再逆向根据已构建的核心任务支撑能力层级树及相应计算方法得到支撑系数,从而利用此方法取代直接计算的方法,在一定程度增强了支撑系数的科学性和客观性。战场空域核心任务支撑能力,通过前面构建的指标体系不难看出,其与作战其他各单元联系范围最广泛,联系程度最紧密。尤其是选取作为二级指标的预警保障能力、通信保障能力、防空保障能力、电子战支援能力、情报支援能力,每一个方面都对应着相应的作战单位,而各个作战单位的战时作战能力高低取决于平时训练程度、武器装备性能等因素,本质上是一个客观存在的值,评价过程只是去探寻客观值的过程。而其余四个一级指标的主观性更为明显,需要通过评价工作的介入,平衡主客观影响,得到科学理论值。因此,支撑系数的计算和其他一级指标系数的计算在理论上采取不同方法。

在探寻支撑系数的过程中,可根据作战协同关系,建立核心任务支撑能力层级树。战场空域的支撑系数绝大部分取决于空中军事力量的效能,也就是战机的空战效能。战机空战效能评估通常选取机动性、生存能力、快速瞄准能力、格斗火力、态势感知能力、操纵能力、电子对抗能力、作战半径等评估指标进行评价。以超视距空战为例,其指标体系通常如图 6.20 所示。

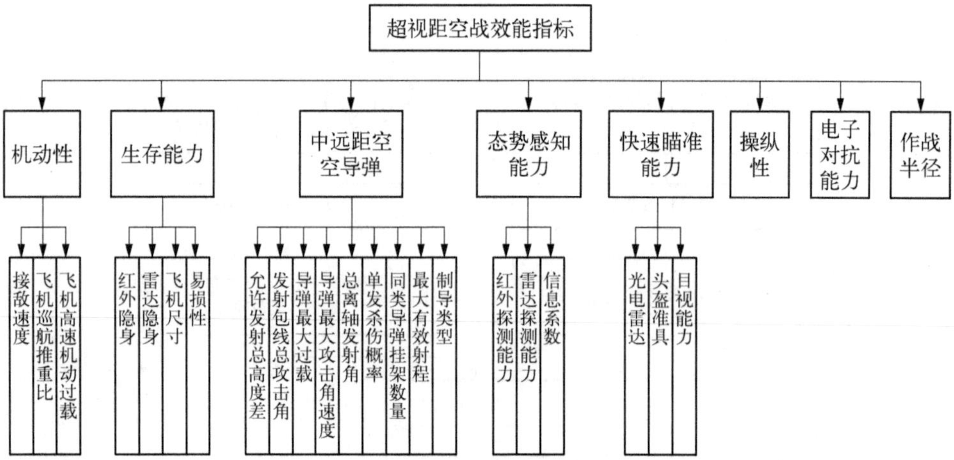

图 6.20　超视距空战效能指标

通过对比不难发现,除去战机本身因素以外,在战场空域层面来看战场地面预警、通信、防空能力应是支撑系数的关键因素,而电子战支援和情报支援能力则为辅助因素。因此,以核心任务为根节点,以战场地面预警、通信、防空能力为战场基础态势背景,将保障空域与核心空域之间、保障空域与保障空域之间的相互支撑关系以层级树的形式呈现,如图 6.21 所示。

其中 A 类指标值表示预警保障能力、通信保障能力、空防保障能力、电子战支援能力、情报支援能力五大能力指标对核心任务的支撑系数;B 类指标为各类空域(基础态势背景)对本能力指标的支撑系数;C 类指标为空防、预警保障能力对各类空域的支撑系数,部分参数数值上等于 A_1 或 A_2 指标。

通过建立模型,量化分析任务协同关系、空域位置关系、战场基础态势背景与

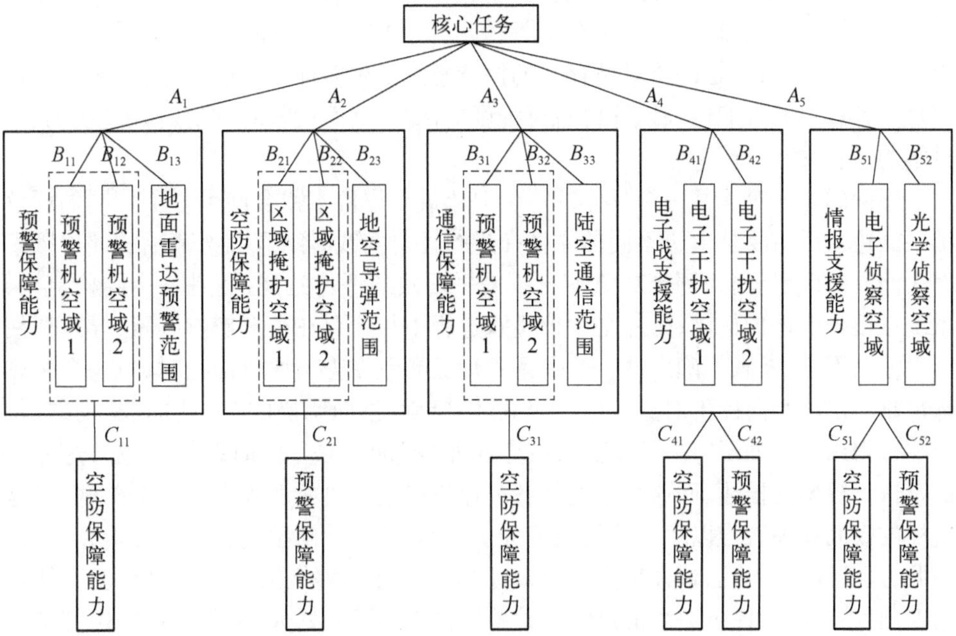

图 6.21 核心任务支撑能力层级树

保障能力之间的互补关系等因素确定 A、B、C 类指标的数值,然后通过归一化加权乘积,求得整个空域系统对核心任务的支撑系数。

值得注意的是,虽然支撑系数在宏观角度上和其他指标运用不同的方法进行确定,但此处 A、B、C 三类指标的具体数值的确定,需要运用同其他一级指标评价相同的模糊综合评价法进行计算,作为同一评价框架下指标,通过模糊综合评价法让评价过程更具有统一性和完整性,也使得评价过程更为简便,具体的计算方法下面进行详细说明。

6.4.3.2 战场空域效能单因素模糊评价

单因素模糊评价是模糊综合评价法的核心步骤,它将针对前面所构建的评价指标体系中的每一项评价指标逐一进行模糊评价。整体来看,每一个指标的评价过程大致相同,但在具体的个别指标量化处理上有所差异。因此,这里将从模糊分析法简要介绍入手,逐步剖析模糊分析法在战场效能评估中的具体运用,同时完成对战场空域效能评价指标两级体系中包含的 23 个指标的单因素模糊评价。

1. 战场空域效能模糊综合评价思想

战场空域效能模糊综合评价思想本质上是模糊综合评价思想在战场空域的具

体体现,其基本思想就是通过评估把评价对象应该隶属于某一评语等级的可能性具体量化,从而代替每个独立个体对评价对象模糊不定、悬而不决、高低不一的评价意见。换言之,就是评价对象存在的评价意见多种多样,要量化分析评价对象得到每一种意见的可能性及该评价意见程度的深浅,从而代替对评价对象笼统的、不科学的、随意的评价。

不同的主体对于某一个具体的评价对象进行评价实践会产生各不相同的评价结果。这背后主要是由于不同的主体在进行评价实践时纳入考虑范围的评价因素因人而异;其次是因为评价对象本身不是平面式的评价范围,而是一个结构复杂、系统性很强的评价整体;另外是评价实践过程中往往存在很多影响因素,导致评估结果波动不定、充满不确定性。这一系列现象导致在得出评价结论时,每一个主体都很难下定决心向评价对象给出一个具体、精确、指向明确的"非此即彼"的结果,而往往得出一个处于"中间状态"的"亦此亦彼"的结果。同时结果多数通过文字语言进行模糊的描述,而这种描述使各类评语产生了模糊性程度很高的关联,但是这样的模糊和关联难以用具体的数值分析、经典的数学模型进行统一的量化分析。因此,模糊综合评价法从评价对象隶属于每一个评语等级的可能性及程度高低的角度出发,首先将评价对象的最大评价范围作出判断和划分,将各种可能性都纳入考虑。一方面,体现出评价对象在自身层次上的特点与区别。同时这也是确立了统一的评价标准,让不同的评价对象在统一的、科学的、精确的评价标准、体系下进行评估。另一方面,这样的方法并不脱离评价主体的主观能动性,并不否定评价人员专业经验、专业知识等方面对评价实践的促进作用,既采纳主观专业经验,又可以使评价结果更具有客观性,更好地和实际情况相拟合。通过这样的方法,最终得到一个定性与定量相结合、主观与客观相结合、评价深入度与可信度相结合的评价结果。

以一级指标中的"对非作战单位的影响"为例,在战场空域划设完成或已实际形成时,战场空域有无对民航、平民、地面重要目标等的影响,这一问题在不同专业的人眼中有着不同的看法,这就属于"是"或"不是"的问题。但客观情况是不同的战场空域对不同非作战单位影响情况不同。通过综合评估,就是用偏向"是"或"不是"的程度来量化这一类影响。而在战场空域评估中,往往存在多种感觉上比较模糊的指标,需要运用模糊综合评价法来量化各项指标,将其数字化、可处理化、可视化,同时综合多方因素及意见,平衡主客观作用。

2. 战场空域效能单因素模糊评价步骤

单因素模糊评价在整个模糊综合评价过程中步骤最多,也决定着综合模糊评价的整体质量。纵观整个评价过程,步骤大体上如图 6.22 所示。单因素模糊评价包括了图中前 4 个主要过程。

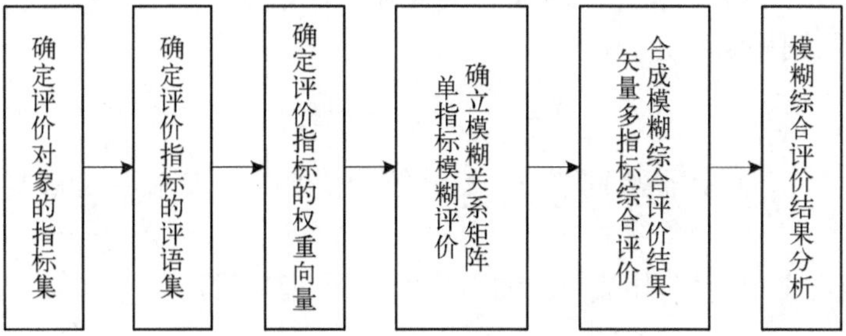

图 6.22　综合模糊评价过程图

(1) 确定评价对象的指标集

评价指标体系就是对评价实体有影响的因素的集合,由于核心任务支撑能力 V_1 采取与后四个指标不同方法路线进行探究,所以理论上用安全性 V_2、顽强性 V_3、兼容性 V_4 和对非作战单位的影响 V_5 四个一级指标以及相应的二级指标进行评价,则评价指标体系为

$$V = \{V_2, V_3, V_4, V_5\}$$

在模糊综合评价的过程中,核心任务支撑能力 V_1 理论上是一个客观存在的具体值,但其具体 A、B、C 三类权值的确定仍需要通过专家参与的评估确定,其本质类同于后四个指标的单因素模糊评价。另外,支撑系数在本质上也同后四个指标确定权重系数相同。因此,对于核心任务支撑能力 V_1 在计算方法上将其视为后四个指标评估地位相同进行处理来探寻核心任务支撑能力 V_1 客观值,同时统一评估流程,提升评估的完整性。所以,战场空域效能评价指标体系为

$$V = \{V_1, V_2, V_3, V_4, V_5\}$$

评价指标体系的建立除确定指标集外,还需要分配指标权重,权重的大小由评价因素的重要程度来确定。

(2) 确定评价指标的评语集

在确定评价指标的评语集过程中,评估专家应当包括管制员、领航员、作战参谋等与空中军事行动相关联的各方面人员,以保证评估的全面性。这一过程正是收集专业意见的重要途径,常见的方法通常为专家打分法及专家投票法。在这两种方法中,专家打分法虽然能更精确地体现各位专家的具体意见和专家之间的细微差别,但这一方法生成的评语集是一个元素无限的集合,若细化打分分值的规定则违背了此方法的初衷。因此,为了生成一个有限的评语集,并便于后期收集处理数据,可采取专家投票的方法收集评语集。换言之,对指标体系中的每个指标都规定程度不同的 4 档评语,每一档代表了一定范围内的影响能力。评估专家对评估

对象可能作出的各种评价结果组成的集合称为评语集,用大写字母 P 表示。设共有 m 个评语,则评语集为

$$P = \{p_1, p_2, \cdots, p_m\}$$

评语集为 p_1 表示非常重要;p_2 表示较为重要;p_3 表示不太重要;p_4 表示不重要。

以安全性 V_2 和对非作战单位的影响 V_5 两个指标为例。

$$P_{\text{安全性}} = \{\text{安全性优秀,安全性良好,安全性及格,安全性差}\}$$

$$P_{\text{对非作战单位影响}} = \{\text{影响巨大,影响一般,稍有影响,无影响}\}$$

当有多个战场空域划设方案并存,需要通过评估确定最终方案时,专家们仅需针对安全性及对非作战单位的影响的评语集进行投票即可。这样的投票方式减轻了专家的评估工作量,同时让流程清晰明了,具有更强的可操作性和通用性。

(3) 确定评价因素权重

权重是以某种数量形式对比、权衡被评价事物总体中各指标相对重要程度的量值。模糊综合评价法的难点在于各因子权重的确定。在进行模糊综合评价时,权重对最终的评价结果会产生很大的影响,不同的权重有时会得到完全不同的结论。

这里可采取主观赋值与客观计算相结合的权重确定方法,具体来说是首先采取专家打分法收集该领域权威人士从专业角度对于战场空域划设方案的初始赋值,在这一环节虽然能够收集到绝大多数的专业权威意见,但无法除去其中的个人主观想法的冗余成分。因此结合 AHP 法与 CRITIC 法对初始赋值进行客观层面的数理计算处理,既能实现去除专家个人主观因素冗余影响,又能消除评价指标间隐形的相互影响成分,实现更准确的评估。

1) AHP 法

AHP 法即层次分析法,是针对多级目标或指标体系适用性很强的一种计算模型,它主要解决的是指标间在重要程度上的排序问题。通过一定的数理计算,实现对多级指标逐一进行评估并赋予权重值,从而体现各指标重要性的不同。其主要步骤为:构建层次结构模型,构造判断矩阵,层次单排序,一致性检验,层次总排序。

a. 构造判断矩阵

为了更直观地标定各指标重要性程度,使用数字 1~9 及其倒数进行体现,目的是便于评估人员用此初始量化的方法体现各指标之间的细微差别,各数值代表意义参见表 6.1。

表 6.1　AHP 判断矩阵标定表

标　度	两元素重要性对比
1	两者重要性相同
3	前者比后者稍微重要
5	前者比后者明显重要
7	前者比后者强烈重要
9	前者比后者极端重要
2,4,6,8	取上述相邻判断的中间值

在具体运用中,五个一级指标及各一级指标下属的二级指标各自相应看成一个比较对象集合,进行排序。以所有一级指标及核心任务支撑能力 V_1 下属所有二级指标为例,构造判断表 6.2 与表 6.3。

表 6.2　一级指标判断矩阵(举例)

	核心任务支撑能力	安全性	顽强性	兼容性	对非作战单位的影响
核心任务支撑能力	1	3	5	9	7
安全性	1/3	1	3	5	5
顽强性	1/5	1/3	1	5	3
兼容性	1/9	1/5	1/5	1	1/3
对非作战单位的影响	1/7	1/5	1/3	3	1

表 6.3　V_1 二级指标判断矩阵(举例)

	预警保障能力	通信保障能力	防空保障能力	电子战支援能力	情报支援能力
预警保障能力	1	1	1/3	1/5	1/3
通信保障能力	1	1	1/3	1/5	3
防空保障能力	3	3	1	1/3	5
电子战支援能力	5	5	3	1	7
情报支援能力	1/3	1/3	1/5	1/7	1

在构造判断矩阵时,仅需作战规划及指挥人员根据行动方案确定各指标之间的比较关系,而无须专家在此环节进行评估。从而依据上述表格摘取数据,生成各级指标的判断矩阵。

b. 层次单排序

对判断矩阵进行排序计算,利用方根公式及下列公式求出评价体系内每个指标的权重向量。

$$W_j = \frac{1}{n}\sum_{j=1}^{n}\frac{c_{ij}}{\sum_{k=1}^{n} c_{kj}} \quad i = 1, 2, \cdots, n$$

令此步骤求得的各权重向量分别为向量：

$\boldsymbol{A} = [\boldsymbol{a}_1 \quad \boldsymbol{a}_2 \quad \boldsymbol{a}_3 \quad \boldsymbol{a}_4 \quad \boldsymbol{a}_5]$，$0 \leqslant \boldsymbol{a}_i \leqslant 1$，且 $\sum_{i=1}^{5} \boldsymbol{a}_i = 1$ 为一级指标的权重向量，$\boldsymbol{B}$、$\boldsymbol{C}$、$\boldsymbol{D}$、$\boldsymbol{E}$、$\boldsymbol{F}$ 为各一级指标下属二级指标的权重向量。

判断矩阵存在的前提是在构造所有判断矩阵时前后构造思路是连贯的、统一的，此时判断矩阵通过计算会产生一个值 $\lambda_{\max}$ 以及其他判断所需的值，当判断矩阵构造不合理、不统一、不一致时会出现 $\lambda_{\max} > n$ 的情况（n 为矩阵阶数）。因此，运用 $\lambda_{\max} - n$ 所得差值大小来检验判断矩阵构造是否符合客观要求。同时，要充分运用两个一致性指标 CI、CR 来体现所有构建的判断矩阵一致性程度，CI 越小一致性越好。CR 是通过将一致性指标 CI 与 RI 所代表的平均随机一致性指标进行比较得出的一个检验值，只有当 $CR < 0.1$ 时才能体现其具有满意的一致性。其中，CI、CR 的计算公式为

$$CI = \frac{\lambda_{\max} - n}{n - 1}$$

$$CR = \frac{CI}{RI}$$

2）CRITIC 法

CRITIC 法主要功能是通过计算得出各评价指标间的对比强度，在量纲层面体现并消除多余的指标间隐形的冲突性影响，也可以去除在专家初始赋值时人为主观因素的冗余部分。令 C_j 表示第 j 个评价指标所包含的信息量，则 C_j 可以表示为

$$C_j = \sigma_j \cdot \sum_{t=1}^{n}(1 - r_{tj}) \quad j = 1, 2, \cdots, m$$

其中，σ_j 表示标准差；r_{tj} 表示指标 t 与 j 之间的相关系数。C_j 越大，第 j 个指标所包含的信息量就越大，该指标的相对重要性也越大，则第 j 个指标的客观权重 W_j 应为

$$W_j = \frac{c_j}{\sum_{t=1}^{n} c_j} \quad j = 1, 2, \cdots, m$$

具体步骤为分为以下三步：

① 数据标准化处理。通过计算对评价指标进行无纲量化处理，消除不同变量间的影响。此处第 j 个评价指标第 i 个评语 x_{ij} 越高越好，可表示为

$$y_{ij} = (x_{ij} - \min x_{ij})/(\max x_{ij} - \min x_{ij})$$

此处 y_{ij} 为标准化处理值。

② 相关系数确定。通常按积方差方法计算，其公式为

$$r_{ij} = \frac{\sum (x_{ij} - \overline{x_{ij}})(y_{ij} - \overline{y_{ij}})}{\sqrt{\sum (x_{ij} - \overline{x_{ij}})^2 (y_{ij} - \overline{y_{ij}})^2}}$$

③ 通过公式 $c_j = \sigma_j \cdot \sum_{t=1}^{n} (1 - r_{tj})$ 及 $W_j = \frac{c_j}{\sum_{t=1}^{n} c_j}$ 得出 W_j。

将 CRITIC 法与 AHP 法的权重结果进行综合加权，以客观权重计算结果辅助主观权重，增强主观权重的准确性，结合主客观权重，综合评价结果等级。综合权重计算式如下：

$$W_{综合} = \frac{W_{\mathrm{CRITIC}.ij} \cdot W_{\mathrm{AHP}.ij}}{\sum (W_{\mathrm{CRITIC}.ij} \cdot W_{\mathrm{AHP}.ij})}$$

目标层的合成权重由各级指标权重由上而下逐层合成，最终得到最底层指标的合成权重，权重矩阵 $\boldsymbol{A}$、$\boldsymbol{B}$、$\boldsymbol{C}$、$\boldsymbol{D}$、$\boldsymbol{E}$、$\boldsymbol{F}$ 通过综合权重计算生成各级最终权重矩阵 $\boldsymbol{Q} = [\boldsymbol{a}_1 \quad \boldsymbol{a}_2 \quad \cdots \quad \boldsymbol{a}_n]$。

（4）构造隶属度函数及矩阵

隶属度函数是模糊数学的核心，是综合评价过程的关键一环。隶属度 r_{ij} 是指多个评价主体对某一评价对象在 U_i 方面作出 V_j 评价的可能性大小，也就是进行单指标模糊评价，建立模糊关系矩阵 $\boldsymbol{R}$，此处称为隶属度矩阵 $\boldsymbol{R}$。隶属度向量 $\boldsymbol{R}_i = (r_{i1}, r_{i2}, \cdots, r_{im})$，$i = 1, 2, \cdots, n$，且 $m_j = 1!\ r_{ij} = 1$。隶属度矩阵：

$$\boldsymbol{R} = [\boldsymbol{R}_1 \quad \boldsymbol{R}_2 \quad \cdots \quad \boldsymbol{R}_n] \quad T = r_{ij}$$

常规模糊综合评价对象所包含的指标分为定性和定量两类指标，在评价过程中部分指标只需确定影响性质，无须明确影响程度时，可以通过判断其为定性或定量、偏大型或偏小型指标，选择二次抛物线模糊分布或一次线性函数构造隶属度函数。评价指标体系包含的所有评价因子本质上皆为定量指标，战场空域效能评估的本质也是通过评估明确划设战场空域所涉及的各领域对效能影响的具体大小，从而便于作战指挥人员根据评估结果调整作战方案。

从作战单位划设作战空域的实践看来，受作战目的和武器性能的限制，空域划设方案的差异没有较大的差距，但必须从微小的差异中找到释放最大作战效能的最优解。由于主要评估依据仍然是作战各环节专业人员或专家学者的权威意见，而评估的主要目的是利用评估过程将这些主观意见转化成为客观评估。因此，可遵循专家打分法的特点，不利用数学方法构造隶属度函数，而利用一定数量的不同专家对某一指标的不同意见直接生成隶属度函数，这在一定程度上简化了构造过程，本质上最大程度保留了专家打分法的原始评价指向，从而放大不同空域划设的差异，其具体过程如下。

1）通过邀请一定数量专家（假设有 25 位）各自对每一方案每一评价因素优劣评定，结果如表 6.4 与表 6.5 所示。

表 6.4　方案 A 的评价结果（例）

方案 A	大	一般	较小	无
支撑系数	0	2/25	16/25	7/25
安全性	0	9/25	14/25	2/25
顽强性	1/25	13/25	11/25	0
兼容性	1/25	6/25	15/25	3/25

表 6.5　方案 B 的评价结果（例）

方案 B	大	一般	较小	无
支撑系数	14/25	8/25	2/25	1
安全性	11/25	11/25	3/25	0
顽强性	16/25	7/25	2/25	0
兼容性	3/25	14/25	7/25	1/25

2）表中数字为对各因素赞成某一评价等级的专家人数与总专家人数之比。将各方案评价结果化为小数，并以矩阵形式表达得：

$$\text{对方案 A：}\boldsymbol{R}_{\mathrm{A}}=\begin{bmatrix}0.00 & 0.12 & 0.68 & 0.20\\0.00 & 0.28 & 0.48 & 0.24\\0.08 & 0.56 & 0.36 & 0.00\\0.04 & 0.20 & 0.64 & 0.12\end{bmatrix}$$

$$\text{对方案 B：}\boldsymbol{R}_{\mathrm{B}}=\begin{bmatrix}0.60 & 0.28 & 0.12 & 0.00\\0.44 & 0.40 & 0.16 & 0.00\\0.72 & 0.20 & 0.08 & 0.00\\0.08 & 0.60 & 0.24 & 0.08\end{bmatrix}$$

矩阵中每一列都对应着该方案中某一评价指标的隶属度。利用专家的投票结果通过整理可得出某一评价指标的单因素模糊矩阵，以此类推可以得到每个评判因素的评价集，将这 n 个评价集组合在一起，可得如下单因素评价矩阵：

$$\boldsymbol{R} = \begin{bmatrix} r_{11} & r_{12} & \cdots & r_{1m} \\ r_{21} & r_{22} & \cdots & r_{2m} \\ \vdots & \vdots & & \vdots \\ r_{n1} & r_{n2} & \cdots & r_{nm} \end{bmatrix}$$

总的来看，利用这样的隶属度构造方法可以实现专家一次评价、处理得出多类不同评价矩阵，在过程上简便了流程，降低了评价的冗杂度，也完成了单因素模糊评价。

6.4.3.3　战场空域效能模糊综合评判

模糊综合评判是战场空域效能评价计算过程的最后一步，主要是通过计算方法将评价指标的权重与单因素模糊矩阵相结合，得到可用来量化分析的最终数据结果，该计算过程如下。

将单因素模糊评价结果按权重分配结合在一起，得到评价对象的准确评语，下面是一级评价模型中的模糊综合评价。

$$\boldsymbol{B} = \boldsymbol{Q} \cdot \boldsymbol{R} = [\boldsymbol{a}_1 \quad \boldsymbol{a}_2 \quad \cdots \quad \boldsymbol{a}_n] \cdot \begin{bmatrix} r_{11} & r_{12} & \cdots & r_{1m} \\ r_{21} & r_{22} & \cdots & r_{2m} \\ \vdots & \vdots & & \vdots \\ r_{n1} & r_{n2} & \cdots & r_{nm} \end{bmatrix}$$

$$= [\boldsymbol{b}_1 \quad \boldsymbol{b}_2 \quad \cdots \quad \boldsymbol{b}_m]$$

根据(·)运算的不同定义，可得到以下不同模糊评判模型。

1) $M(\wedge, \vee)$ ——主因素决定型：

$$\boldsymbol{b}_j = \max[(\boldsymbol{a}_1 \wedge r_{ij}),\ 1 \leqslant i \leqslant n],\ j = 1,\ 2,\ \cdots,\ m$$

评价结果由其中最主要的评价因素决定，其他因素并不影响，这种模型适用于单项因素最优则评价结果最优的情况。

2) $M(\cdot, \vee)$ ——主因素突出型：

$$\boldsymbol{b}_j = \max[(\boldsymbol{a}_1 \cdot r_{ij}),\ 1 \leqslant i \leqslant n],\ j = 1,\ 2,\ \cdots,\ m$$

该模型精细于 $M(\wedge, \vee)$，即重视主要因素，也兼顾次要因素。该模型适用于需要“加细”的时候。

3) $M(\cdot, +)$ ——加权评价型：

$$b_j = \sum_{i=1}^{n} (a_1 \cdot r_{ij}), j = 1, 2, \cdots, m$$

该模型依各因素重要程度对所有因素均衡兼顾,在求总和最大的时候比较适用。

4) $M(\wedge, \oplus)$ ——取小上界型:

$$b_j = \min\left(1, \sum_{i=1}^{n}\left(a_1 \wedge \frac{r_{ij}}{r_0}\right)\right), j = 1, 2, \cdots, m$$

在使用此模型时,需要注意的是,不能取得偏大,也不能取得太小。

5) $M(\wedge, +)$ ——均衡平均型:

$$b_j = \sum_{i=1}^{n}\left(a_1 \wedge \frac{r_{ij}}{r_0}\right), j = 1, 2, \cdots, m$$

$$r_0 = \sum_{i=1}^{m} r_{ij}$$

该模型适用于 $\boldsymbol{R}$ 中元素 r_{ij} 偏大或偏小的情形。

列举五种综合模糊评判计算方法是为了更好地贴合空中作战的实际需求,现代空中作战目的各不相同,需要突出和兼顾的方面也随作战方案的改变而改变。五种计算方法为评估不同类型空中作战空域划设提供了选择,也让战场空域效能评估在最后一个环节更加接近真实效能值。

以前面举例表格为计算对象,突出核心任务支撑能力,则采用主因素决定型计算出其最终结果。计算方案 A 综合评价结果得

$$\boldsymbol{B}_{\text{A}} = \boldsymbol{Q} \cdot \boldsymbol{R}_{\text{A}} = (0.277, 0.466, 0.161, 0.096)\begin{bmatrix} 0.00 & 0.12 & 0.68 & 0.20 \\ 0.00 & 0.28 & 0.48 & 0.24 \\ 0.08 & 0.56 & 0.36 & 0.00 \\ 0.04 & 0.20 & 0.64 & 0.12 \end{bmatrix}$$

$$= (0.080, 0.280, 0.466, 0.240)$$

同理,可得方案 B、C 的综合评价结果为:

$$\boldsymbol{B}_{\text{B}} = \boldsymbol{Q} \cdot \boldsymbol{R}_{\text{B}} = (0.440, 0.400, 0.160, 0.080)$$

6.4.4 巡逻空域效能评估模型

6.4.4.1 基本思路

结合图 6.23,假设敌机出现在预警探测远界 A_1 点,经过 T_1 时间后能够飞

行到基于 A_1 点半径为 R 的圆上的任意点，假设当前飞到了 E 点。巡逻飞机从 B_1 点出发，通过一段时间的飞行，在 T_2 时间使用机载武器攻击到 E 点位置的目标。

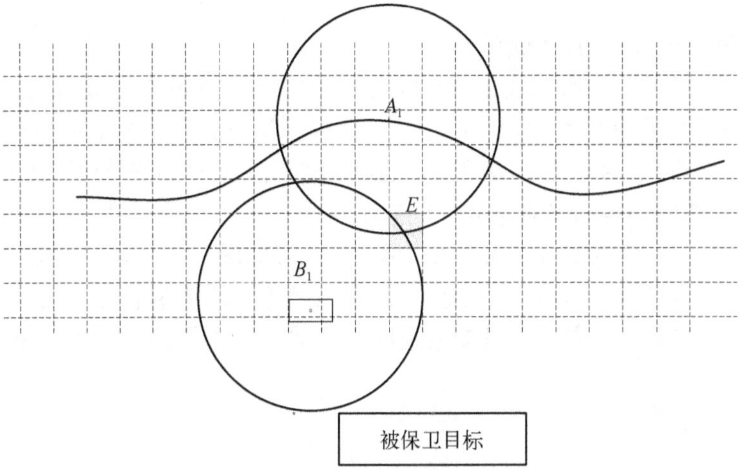

图 6.23　像素块

如果 $T_1 < T_2$ 说明敌机更早到达 E 点位置，也就是说巡逻飞机不能对 E 点位置的目标实现有效拦截。相反，如果 $T_1 > T_2$，也就是巡逻飞机能够在敌机到达 E 点之前对其进行攻击。因此，可以利用这点将战场空间划分为若干小格（空间像素块），根据战场态势，分别计算敌机到达这些像素块的时间，以及我机攻击到这些像素块的时间。将这两个时间进行对比，即可了解巡逻飞机能否有效攻击 E 点位置的飞机。结合 E 点与被保护目标的距离，可以计算出当 A_1 位置出现敌机时，B_1 位置的训练飞机能否有效进行拦截。

6.4.4.2　像素块赋值

1. 单个来袭方向上的像素块时间差赋值

（1）敌机到达时间赋值

假设敌机只有一个来袭方向，当敌机出现在预警探测远界 A_1 点，并经过 $t_{判}$ 时间确认其意图并选定巡逻空域内飞机出击拦截。假设敌机直线飞行速度为 $V_{敌}$，则对于距离 A_1 点 L_1 的 E 点，在这个像素块上，敌机到达时间赋值为 $T_{D1\_E} = \dfrac{L_1}{V_{敌}}$。

（2）我机攻击时间赋值

假设我机巡逻空域位置 B 与 E 点距离为 L_2，空空导弹射程为 $L_{空}$，我机速度为

$V_{我}$，空空导弹速度为 $V_{空}$，则在该像素块上我机攻击时间赋值为 $T_{W1\_E}=\frac{L_2-L_{空}}{V_{我}}+\frac{L_{空}}{V_{空}}$。

（3）像素块的时间差赋值

计算出敌机到达和我机攻击时间以后，将我机攻击时间减去敌机到达时间即可得到该位置的像素块赋值，$T_E = T_{W1\_E} - T_{D1\_E}$，当 T_E 小于等于 0 时，我机能有效拦截，此时像素块赋值 Q_E 为 0；当 T_E 大于 0 时，我机不能有效拦截，此时像素块赋值 Q_E 为 1。

2. 多个来袭方向上的像素块时间差赋值

通常情况下，敌机的可能来袭方向不止一个，如图 6.24 所示，假设 A_1、A_2、A_3 点分别以 0.6、0.2、0.2 的概率来袭敌机，若以相等的概率看待各个方向来袭的敌机，则有可能在低概率方向上过多浪费防卫资源。那么则应该综合计算各像素块上的时间差赋值。

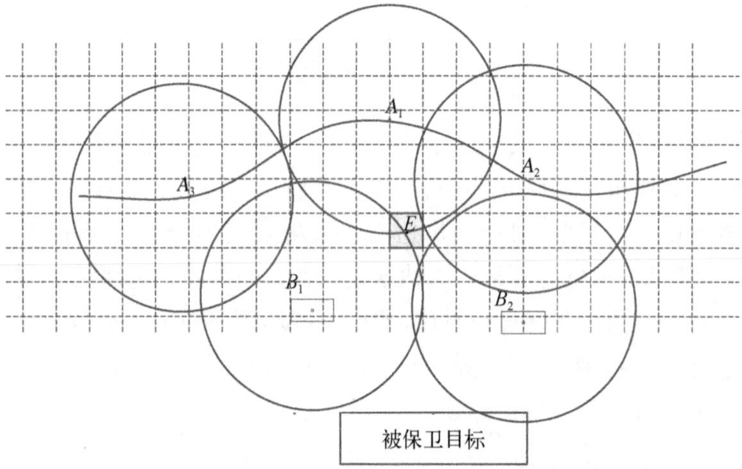

图 6.24　多来袭方向敌机到达时间赋值

与单个来袭方向上的像素块赋值相似，对于 1 个来袭方向上的敌机，分别计算所有的训练空域飞机是否能够成功拦截，任何一个空域中的飞机能够成功拦截，赋值为 0，反之赋值为其来袭概率值。计算出所有来袭方向上的赋值后，对所有相同像素块的赋值相加即可。计算公式如下：

$$\begin{cases} Q_E = 0, \ T_{W1\_E} \leqslant T_{D1\_E} \\ Q_E = \sum_{n=1}^{3} P_{n\_出现}, \ T_{W1\_E} > T_{D1\_E} \end{cases}$$

其中，$P_{n\_出现}$ 为第 n 个方向上敌机出现的概率。

3. 敌机威胁值计算

根据重点目标属性、敌机弹药性能的不同,可以计算出敌机有效攻击的最远距离为 $L_{弹}$,在这个范围之内,我重点目标就有可能受到敌机的威胁。而在距离超过 $L_{弹}$ 的位置,虽然敌机无法直接威胁我重要目标,但是依然有可能突破防御攻击形成攻击。因此设计如下算法计算敌机在某一点对我守护目标的威胁范围。

$$\begin{cases} P_{有效} = 1, \; L_{E\_X} \leqslant L_{弹} \\ P_{有效} = \max\left(\left(\dfrac{L_{弹}}{L_{E_X}}\right)^2\right), \; L_{E\_X} > L_{弹} \end{cases}$$

其中,L_{E_X} 为该点距离第 X 个重要目标的距离,$P_{有效}$ 为该位置可能攻击到我重要目标的可能,该可能不是一个确切的概率值。

4. 巡逻空域评估像素块赋值

将每个像素块上的时间赋值 Q_E,与有效威胁可能 $P_{有效}$ 相乘即可得到该像素块上的像素块赋值。调整巡逻空域的位置可以改变整个像素块的赋值情况,当赋值的总值越小,证明敌机可能对我重点目标的威胁越小。因此可以通过这种方式对巡逻空域的设置进行评估。

5. 巡逻空域效能判定与合适的像素块赋值修正

(1) 巡逻空域效能判定

由于每个像素块的赋值都表现了巡逻空域对于该点的保护能力以及其与重点保护位置之间的关系,因此通过对区域内像素块的值进行求和,就可以知道巡逻空域设置位置的效能如何。计算公式如下:

$$U_{巡逻} = \sum_{x,\, y=1}^{n} Q_E \cdot P_{有效}$$

其中,$U_{巡逻}$ 为巡逻空域像素块赋值在 x, y 两个方向上的求和;n 为区域的范围。

(2) 像素块赋值修正

根据该方式的计算,除了靠近巡逻空域的区域,其他区域都会有一定的像素块赋值,虽然修改巡逻空域位置,使得巡逻空域更靠近预警边界能够覆盖更多的像素块,使得 $U_{巡逻}$ 更小。但是这样会使得巡逻飞机的预警时间变得更短,其自身的安全也更低。因此可以设定忽略门限 $G_{忽略}$,忽略一部分较小的数值,使赋值更接近重点保护区域。

6.4.4.3　负分修正

按照像素块赋值模式,能够计算出同一战场环境下,不同巡逻空域摆放位置时的巡逻空域效能值。效能值越低,说明这些空域掩护效能越好,能够保护更多的关键点。然而,在战场中巡逻空域内飞机自身的安全性、获得支援信息的能力等也是需要考虑的因素之一,一旦这些保障支援无法满足,巡逻空域的作用就无法发挥。因此,需要通过一些限制,对巡逻空域效能值进行修正。

1. 预警信息支援修正

当确定预警探测范围时,巡逻空域距离预警探测边缘越近,一旦敌机逼近,留给空域内歼击机的反应时间会越少。因此,巡逻空域需要与预警探测范围边界有一定的距离。当这个距离大于 $L_{修\_预}$(敌机空空弹的最大攻击距离+飞行员反应时间×敌机飞行速度)时,修正值为 0,这是因为我机与预警探测边界之间的距离大于这一值时,飞行员有足够的时间做出反应。

当巡逻空域与预警探测边界的距离小于 $L_{修_预}$时,预警信息支援修正值为负,且线性减少。直至与预警探测边界重合,若巡逻空域越过预警探测边界时,则预警信息支援修正值可不再减少,因为此时巡逻空域内的飞机完全得不到信息支援。预警信息支援修正值计算公式如下:

$$\begin{cases} R_{修\_预} = 0 & L_{巡\_预边} \geqslant L_{修\_预} = L_{敌\_空空} + T_{反应} \cdot V_{敌} \\ R_{修\_预} = a_{修\_预} \cdot \dfrac{(L_{修\_预} - L_{巡\_预边})}{L_{修\_预}} & 0 \leqslant L_{巡\_预边} \leqslant L_{修\_预} \\ R_{修\_预} = a_{修\_预} \cdot L_{修\_预} & L_{巡\_预边} \leqslant 0 \end{cases}$$

其中,$R_{修_预}$为预警信息支援修正值,该值最大为 0;$L_{巡_预边}$为巡逻空域距离预警边界的最小距离;$L_{修_预}$为巡逻空域内飞机能够完全反应的临界距离;$L_{敌_空空}$为敌机空空导弹攻击距离;$T_{反应}$为我机飞行员反应时间;$V_{敌}$为敌机速度;$a_{修_预}$为预警信息支援修正系数,为一小于 0 的值。

2. 通信支援修正

与预警信息支援不同,通信支援信息对于巡空域内的飞机而言,关乎能否及时获取地面指挥信息。因此在通信覆盖范围以内,可以认为该修正值为 0,而超越该范围就无法获取通信信息,因此该值可为适当的赋值 $b_{修\_预}$。具体计算公式如下:

$$\begin{cases} R_{修\_通} = 0 & L_{巡\_通边} \geqslant 0 \\ R_{修\_通} = b_{修\_预} & L_{巡\_通边} < 0 \end{cases}$$

其中,$R_{修_通}$为通信支援修正值,$L_{巡_通边}$为巡逻空域距离通信边界的最小距离;$b_{修_预}$为通信支援修正系数,为一小于 0 的值,根据通信种类的不同,该值可以有所区别,越是能提供更多信息的通信手段(如数据量),缺失以后对于巡逻空域的损失越大。

6.4.4.4　案例仿真

为了说明该评估模型的有效性,这里设计具体案例进行仿真,案例数据如表 6.6 和表 6.7 所示。

表 6.6　敌机出现位置及概率

敌机可能出现位置	坐　标	出现概率
A_1	[32, 93]	60%
A_2	[60, 86]	20%
A_3	[92, 97]	20%

表 6.7　重点目标位置及巡逻空域位置

		坐　标
重点目标位置	T_1	[28, 33]
	T_2	[24, 74]
巡逻空域位置	B_1	[20, 43]
	B_2	[75, 40]

忽略门限 $G_{忽略}=0.02$, 预警信息支援修正系数 $a_{修\_预}=-5$, 通信支援修正系数 $b_{修\_预}=-3$, 根据以上参数值仿真计算结果如下:

(1) 敌机可能出现位置、巡逻空域位置与重点位置分布

根据仿真数据,敌机、巡逻空域、重点位置标注如图 6.25,数值等于 0.5 的为敌机可能出现位置,数值为 1 的为巡逻空域位置,数值为 1.5 的为重点目标位置。

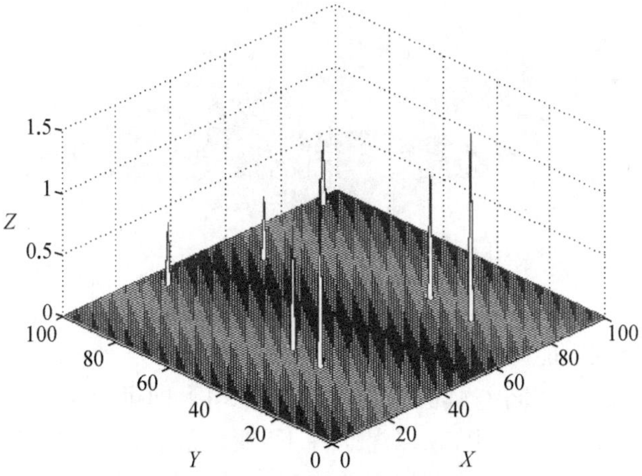

图 6.25　敌机可能出现位置、巡逻空域位置与重点位置

(2) 敌机威胁值仿真

敌机威胁值计算如图 6.26 所示。

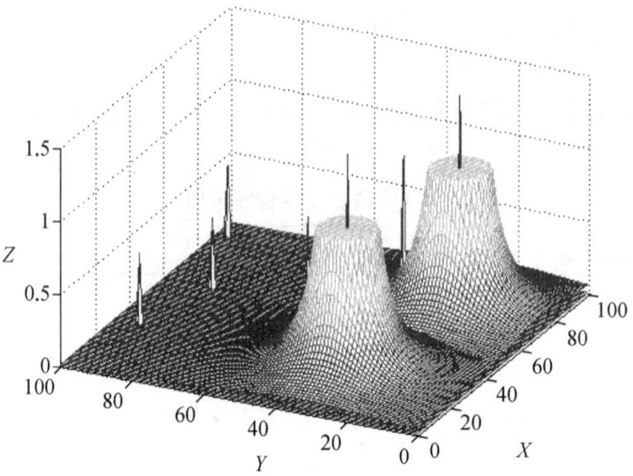

图 6. 26　敌机威胁值计算

(3) 像素块时间差赋值仿真

时间差赋值如图 6. 27 所示,可见时间差赋值呈阶梯状,这是因为不同位置的敌机出现的概率不同,且结合我机位置,各像素块上的赋值也不相同。

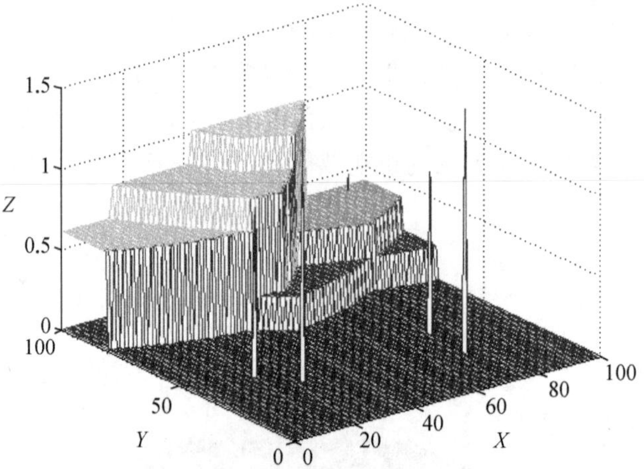

图 6. 27　像素块时间差赋值

(4) 巡逻空域效能判定

将每个像素块的时间差赋值与敌机威胁值相乘即可得到最终的效能判定矩阵,如图 6. 28 所示,可以看出,在以上条件下,整个战场区域的左侧中部靠上的位置相对威胁比较大,此时,计算巡逻空域的效能判定值为 7. 124 6。

(5) 修改位置后的空域效能判定

在同样的作战背景下,通过修改巡逻空域位置(见表 6. 8),可以改变巡逻空域的效能判定值,如图 6. 29、图 6. 30 所示。

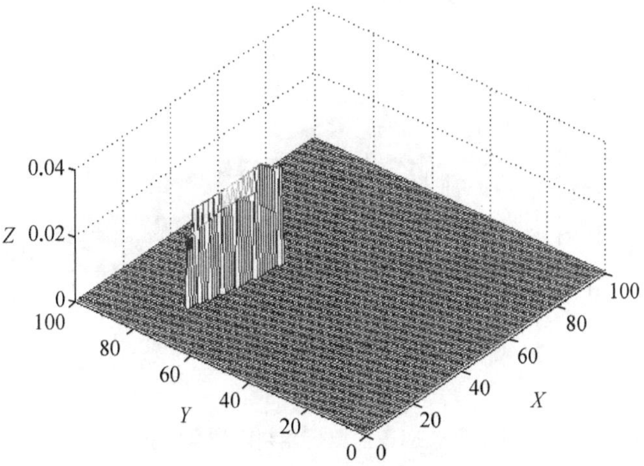

图 6.28　效能判定矩阵

表 6.8　巡逻空域位置修改后的效能判定值

		坐　标	效能判定值
巡逻空域位置组 1	B_1	[40, 33]	3.319 3
	B_2	[55, 70]	
巡逻空域位置组 2	B_1	[20, 35]	10.763 1
	B_2	[65, 40]	

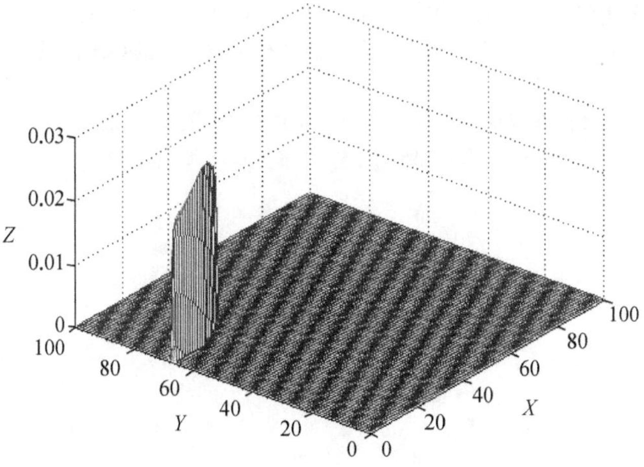

图 6.29　巡逻空域效能判定仿真实验 1

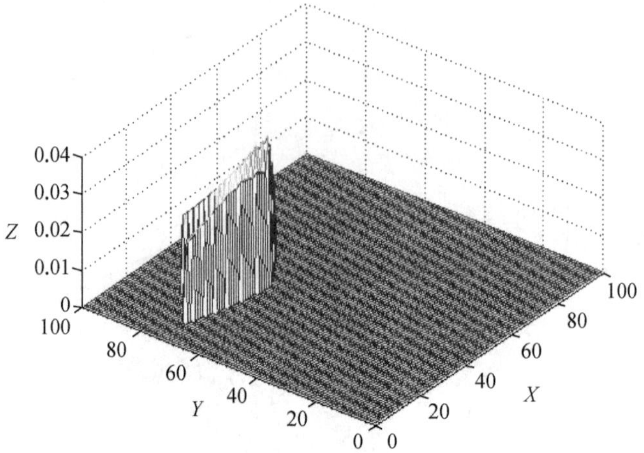

图 6.30　巡逻空域效能判定仿真实验 2

参 考 文 献

[1]　董志明,郭齐胜,黄玺瑛,等.战场环境建模与仿真[M].北京:国防工业出版社,2013.

[2]　尹佳,张学军,王伟,等.空域管理和评估系统的设计[J].空中交通管理,2004,1:14-16.

[3]　Holland J H. Outline for a logicaltheory of adaptive systems[J]. Journal of the Association for Computing Machinery, 1962, 9(3):297-314.

[4]　孙金标,刘峰,姚吉林.航空兵部队飞行安全评估系统研究与实践[J].飞行力学,2004,11:77-80.

[5]　叶超群.多 Agent 复杂系统分布仿真平台中的关键技术研究[D].长沙:国防科技大学,2006.

[6]　梁娟.ADS-B 区域管制系统运行效能评估研究[D].南京:南京航空航天大学,2018.

[7]　曹玉.空域效能评估方法研究[D].北京:中国民航大学,2011.

[8]　何小群.现代统计分析方法[M].北京:中国人民大学出版社,1998.

[9]　杨波,徐肖豪,戴福清,等.空域管制和评估系统中空域辅助系统的设计[J].中国民航学院学报,2004,11:5-8.

[10]　陈平.空管系统设备评估及指标体系[J].指挥信息系统与技术,2011,2:1-3.

[11]　陈衍泰.综合评价方法分类及研究进展[J].管理科学学报,2004,7(2):69-79.

第七章　栅格模型在空域管控中的适用性研究

7.1　研 究 现 状

7.1.1　国外研究情况

在美军参谋长联席会议于 2012 年 10 月发布的《联合作战中的地理空间情报》中，提出在位置定位中采用经纬度坐标和军用网格参考系统(military grid reference system, MGRS)坐标，在区域参考中采用全球区域参考系统(global area reference system, GARS)坐标，上述两种网格编码的发展历史背景不同，编码结构不同，在军事应用中发挥的作用也不相同。

1) MGRS 于 20 世纪 40 年代由美军根据欧洲网格化地图修改得到，已广泛用于地面作战行动和国土安全防御的地理位置定位，主要由陆军和海军陆战队使用。MGRS 提供一个统一的系统参考，并在经纬度坐标与网格坐标之间建立对应关系，简化士兵之间的位置报告和协调。美军相关标准规定，所有的 2D 和 3D 位置软件应同时显示经纬度坐标和 MGRS 坐标。MGRS 首先将全球划分为多个 8°×6°的网格，然后在通用横轴墨卡托投影(universal trans-verse Mercator projection, UTM)基础上划分为多个百千米网格，将百千米网格不断十等分，获得十千米网格、千米网格，直至米级网格，编码结构如图 7.1 所示。通过 MGRS 编码，可在百千米网格内部通过简单加减法进行方位和距离的计算。MGRS 采用覆盖全球的统一位置标识，为美军提供了良好的全球一体化位置服务，并已在纸质地形图、电子地图、GPS 中推广普及。与传统的经纬度地图相比，新地图有 MGRS 方形网格，可通过 MGRS 编码，直接对应在地面上的距离，使得方位和距离估算更简便。美国灾难事故调查与救援委员会的地理位置标识规定，在陆地灾难事故查找救援、陆地/航空协同查找救援等业务中优先采用 MGRS 编码标识位置，建议在空中灾难事故查找救援等业务中将 MGRS 编码作为经纬度坐标的补充手段。

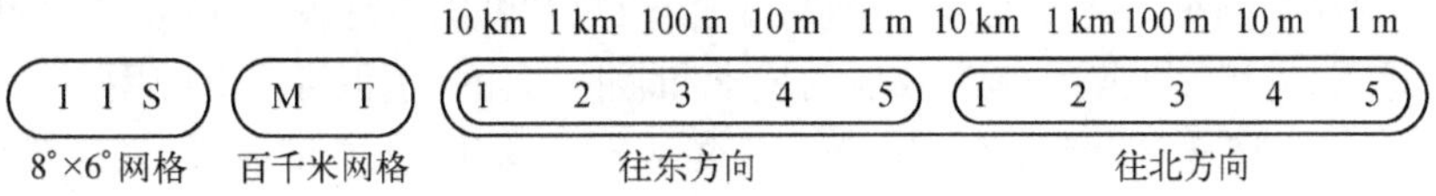

图 7.1　MGRS 编码结构

2）GARS 网格由美国地理空间情报局（National Geospatial-Intelligence Agency，NGA）于 2006 年提出，是美国国防部进行标准化战场区域的参考系统，主要用于满足联合作战中作战系统与指挥机构协同运作的需要。出于联合作战考虑，尤其是空军、空地协同各作战单元之间的位置报告特点要求，采用等经纬度网格剖分方法，GARS 网格被划分为 30′、15′和 5′的 3 个层级。如图 7.2 所示，用 3 位数字（经度方向，001～720）和 2 位字母（纬度方向，AA～QZ，I 和 O 除外）表示 30′网格；一分为四，用 1～4 表示 15′网格；再一分为九，用 1～9 表示 5′网格。GARS 网格与地图投影无关，是一个可用于联合作战的、以区域为单位而不是定位点（MGRS）的全球范围参考系统，为联合作战态势感知、空地协调提供一个通用框架。

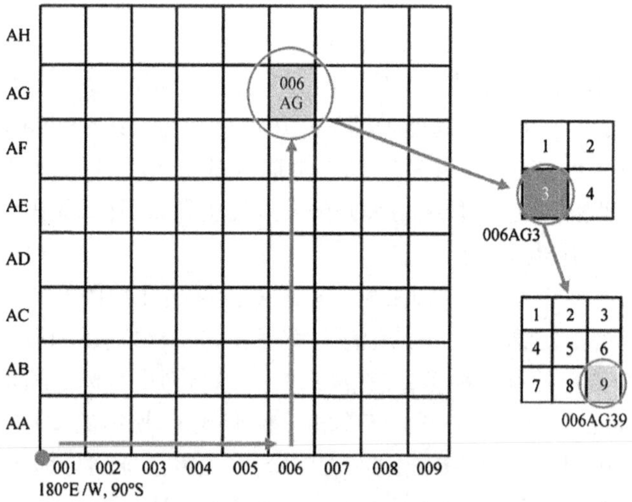

图 7.2　GARS 网格划分示意图

GARS 主要是一个作战层次的管理标准，用于在战场空间协调、作战行动同步和大面积搜索救援中快速定位地理区域，并在任务规划和作战分析中使用，被誉为数字战场空间和通用作战图的关键推动者。GARS 专为战场空间管理设计，不是位置参考系统的替代品，不用于精确的地理定位、制导武器的精确位置描述以及小于 5′区域的描述。GARS 可用于定义一个区域的特性，如水域管理中的限制火力区域、无火力区域等，而这个区域可能没有地形特征要素（如房屋等）。每个 GARS 细胞被赋予关键信息、海拔、时间、所有者、作战状态/目的等，用于管理战场信息。GARS 是一个二维框架，还可以扩展至三维、四维（时间）。GARS 显著地有利于多任务协同，已印制在美国军用地图上，并在阿富汗、伊拉克和韩国等地使用，在美国联邦紧急事务管理署、海岸警卫队和地方政府的搜索和救援工作中也得到广泛应用。

目前，空域栅格模型已经在某些空管领域有所应用，如空域调度、流量管控、气象影响预估、飞行冲突、无人机编队等研究领域。

澳大利亚新南威尔士大学国防学院建立了完善的空域栅格模型和内部拓扑关系,实现了空域栅格基础上的空域扇区自主动态划设与调度研究。该项研究首先依据改进智能体模型(improved Agent-Based Model, iABM)建立了一套完善的空域栅格体系,在此基础上,设定了智能体的移动原则、层级增长原则、交换原则、修复原则以及填隙原则,并采用遗传算法对空域扇区划设进行迭代优化从而生成最优的扇区划设方案。该项研究以仿真实验的形式将空域栅格模型与 K 维树(KD-tree)、二分法(Bisection)、V 图法(Voronoi)三种空域重构模型方法进行了数值分析对比,仿真结果指出,划设正确性、非嵌入扇区错误、形态多样性上都占据着主要优势。该研究成果充分证明了空域栅格模型在空域自主划设与调度上的精确性和便捷性,是实现空域智能化、精细化管控的有力理论基础和技术手段。

立陶宛维尔纽斯格迪米纳斯技术大学在空域栅格基础上采用聚类分析方法,对管控空域内的飞行流量按照其网格分布进行模块统计,对不同类型的性能指标进行加权计算(图 7.3),实现基于空域栅格的空域流量自评估和自组织,提高了空域的使用效率。

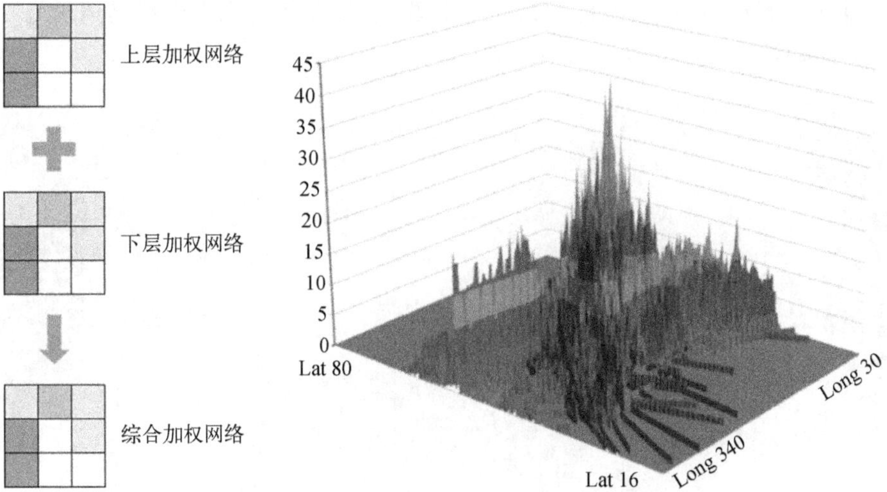

(a) 指标加权计算　　(b) 空域指标态势分布

图 7.3　基于空间栅格的空域指标聚类分析

澳大利亚国防学院研制了空管模拟器,作为空中交通管理和航空器的建模和仿真,该模拟器在空域栅格模型的基础上,对空中交通机动行为(包括飞行轨迹)进行了建模和生成方法的研究,并引入大气数据模型,研究了大气数据对航空器航迹的影响。

麻省理工学院通过空域栅格建模,建立了空域预留系统,为无人机解决了自主飞行避障问题,该系统的控制模块对接近预留空域的障碍物和无人机进行实时检测,通过栅格标识无人机和障碍位置,当发生飞行冲突时依据栅格模型重新规划避障路线,目前该项技术已将通过了实验验证(图 7.4)。

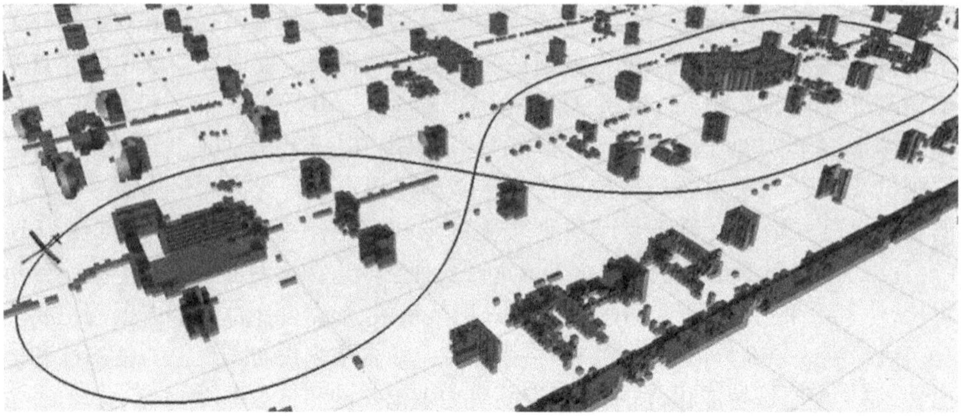

图 7.4　无人机自主飞行避障

美国宾夕法尼亚大学利用高密度网格支持空间关系描述,建立了无人机空间网格关系体系,并在此基础上设计了无人机系统控制,实现了无人机编组飞行动作的精确协调,目前该项技术已通过了实验验证(图 7.5),无人机群已通过自主避障、队形调整、冲突解脱等一系列测试。

图 7.5　无人机编组精确协同飞行

7.1.2　国内研究现状

2009~2013 年,北京大学联合武汉大学、解放军信息工程大学、中国科技大学、国防科技大学等单位,完成了国家 973 项目"全球空天信息剖分组织机理与应用方法研究"的研究工作。该项目提出了地球空间网格参考框架: 2^n 一维整型数组的全球经纬度剖分网格(Geographical coordinate grid Subdivision by One-dimensioninteger and Two to nth power, GeoSOT－2D)。初步解决了空天数据组织过程中面临的三大问题：全球网格、区位编码、表达模型。GeoSOT－2D 通过三次地球扩展(512°、64′、64″)，实现整度、整分、整秒的地球空间四叉树剖分，形成一个上至地球(0 级)、下至厘米级体元(32 级)的多尺度四叉树网格，同时，该体系涵盖 4°、2°、1°、2′、1′、2″、1″、0.5″八个基本网格或面片，能够最大限度继承历史数据，对现有测绘、气象、海洋等各类图幅组织框架具有很好的包容性。GeoSOT 网格在平面网格的基础上发展立体网格。从上至地球外围 5 万千米空间，下至地心，将整个地球空间剖分成数以兆亿个大到全球空间，小到厘米级精度，由 32 级剖分体元组成的空天地海全空间立体剖分网格。GeoSOT 网格与现有国内外测绘、气象、海洋等各种分幅、网格具备严格的一致性关系；而且具备科学的三维立体形式，并且椭球面网格和立体网格具备一致映射关系。但该网格研究具有两极锐化的缺陷；且针对智能化空域管控方向，诸如厘米级精度等设计并非完全契合和适用。

国内对空域栅格的应用研究有无人机数据管理、航路规划、冲突检测、航班布线等。

无人机数据管理：GeoSOT 应用于无人机数据组织能够为各类无人机数据赋予一致的“空间信息剖分网格编码”，建立以剖分网格为组织基准的无人机数据组织模型，从而将多源数据统一关联起来；同时，当对空间数据进行各类操作时，只需操作相应的剖分网格，通过全球唯一的剖分网格编码快速获得相应的各类空间数据，由此实现对空间数据的操作与服务。

航路规划：南京航空航天大学针对禁区、限制区和危险区引起的碎片空域问题，以总运营成本为目标函数，在方格网格蜂窝空间中生成新的航路规划，与现有航路网络结构相比节点数降低了 41.67%，航段和航线的总长度分别下降了 32.03%和 5.82%，总运营成本下降 6.22%。该算法显示了模型和算法的潜在优势，体现地理栅格在航路规划方面的应用价值和潜力。

航班布线：中国民航大学在空域栅格基础上建立基于恶劣天气下数值天气预报特征的空域环境转移模型，在考虑空中交通规则和飞机性能的基础上采用改进蚁群算法进行路径规划，在航班重新布线方面取得了提高空域利用率的效果。

7.2 适用性分析

空域管控领域主要集中在高空航路网络构建、轨迹运行监视、飞行冲突检测与消解、空域协同划设等方面。以下从这四个方面分析空域栅格模型和概念模型的运行方法和适用性[1,2]。

7.2.1 各空域模型在航路网络构建中的应用分析

空域模型在航路网络构建过程中起到关键因素在于如何简单明了地描绘整体

航路网络,包括各个网络节点、节点之间的连接航线以及航线的通行信息,甚至可以简化航路网络构建方法的运算复杂度,辅助得到更优的航路网络。在这个问题上,各空域模型都有自己独特的描述方法。

球面三角形格网具有层次性、近似均匀性和全球统一性等特征,是最基本的球面格网。另外,球面三角形格网的剖分单元更符合球面特性,尤其是在南北两极的处理上;对于地学分析而言,球面三角形格网单元更易于对地形进行单点建模。所以,目前利用球面三角形格网进行全球空间数据的索引、建模等最为普遍。但三角格网最大的缺点是几何结构较为复杂,导致格网方向的不确定性及不对称性,而且其邻近关系随着位置的不同会产生多种变化,使得邻近搜索与分析非常复杂和困难。

在航路网络构建中,各航路节点可以通过三角格网的编码标识,以 Dutton 提出的三角格网编码规则为例,每一个三角栅格都会被平均分为中心、上方、左方、右方四个相同的下层三角栅格,并按照“0”到“3”的数字编号,为保证栅格的连通性,Dutton 规定了相邻栅格的编码号也必须相邻,如图 7.6 所示。航路节点的编码表达方式,表明了航路网络节点可通过优化选择节点坐标来规划,从而展示了在三角形栅格模型下,航路网络是可规划、可设计的。

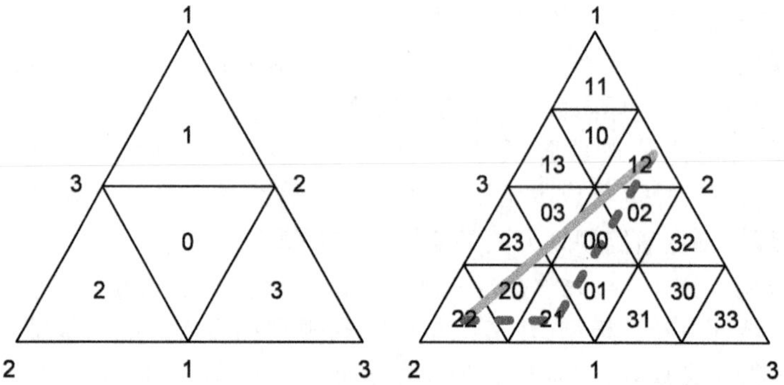

图 7.6　三角栅格编码

在航路网络构建中,除了航路节点,航路也是关键的因素之一,与传统概念模型中的航路表征模式不同,在三角形栅格模型中,航路不再是两个节点之间的连线,其重要的是栅格之间的传递关系,通过栅格之间的流通属性,来表征航空器行经的路线,也就是航路。

菱形结构类似正方形格网,较六边形或三角形的几何结构更简单,具有一致的方向性、径向对称和平移相和性,并且不依赖于从多面体到球体或椭球体的映射方法,许多平面四叉树的算法可被直接利用,易于实现空间操作特别是邻近搜索。另外,由于菱形剖分是嵌套的,可用于层级间数据集中与分散的预测模型(Kalman 滤波模型）。因此，部分学者认为菱形系统是最好的多重剖分铺盖系统。

与三角形栅格模型类似，菱形栅格模型同样具备编码标识能力，以我国973项目“全球空天信息剖分组织机理与应用方法研究”为例，其Geo SOT－3D对立体网格采用了八进制编码，按照Z序方法将剖分形成的体元依次从0编码至7，编码的次序如图7.7所示。Z序编码的方向与体元的位置紧密相关。如在东北半球，编码是按照经度从小到大、纬度从低到高、高度从低到高的方式。与三角形栅格不同的是，在高度层的剖分上，显然更符合菱形栅格的构建模式，使其无论从哪个视角上看都是菱形，此外菱形栅格的剖分方式，能够更加方便快捷地实现与经纬高的坐标转换。

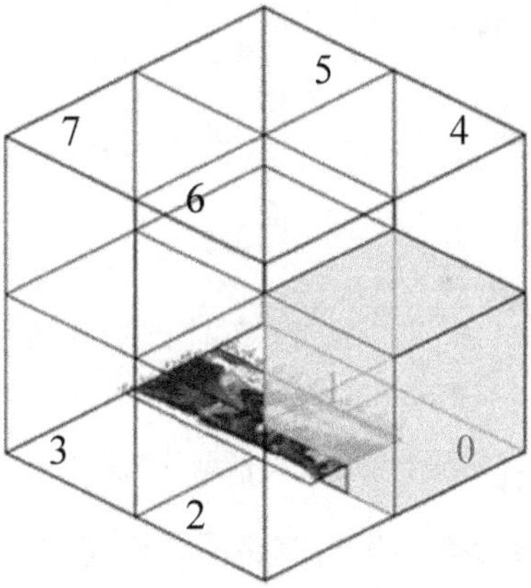

图7.7　Geo SOT－3D编码方法

在航路的表征上，菱形栅格同样可以通过栅格之间的传递关系来表征航路，这一点与三角形栅格模型类似，不同的是，菱形栅格模型下的航路可以通过起始点的栅格编码直观地表现出航路的方向。目前已有菱形栅格模型在航路网络构建的研究成果，如图7.8所示。

与菱形和三角格网剖分不同的是，六边形剖分格网具有统一的邻近关系，每个六边形都只存在6个边邻近（具有公共边）六边形，而且任意两个相邻六边形中心点之间的距离都相等。六边形格网的空间覆盖效率和角度分辨率最高，单元具有邻接一致性和最大单元兼容性，其在动态建模方面具有一定的优势。但是，六边形剖分不存在与三角形和菱形剖分相似的嵌套层，即上一级剖分中的六边形没有完全包含下一层次的六边形，因此，导致其在多分辨率的应用上受到限制。

六边形模型在层级包容上的结构缺陷使其在多层级剖分上出现了多种方法和模式，如图7.9和图7.10所示，但无论哪种剖分方法和编码模式都可以对空间位置进行有规则性的编排和标识，因此采用六边形模型进行航路网络构建在理论上

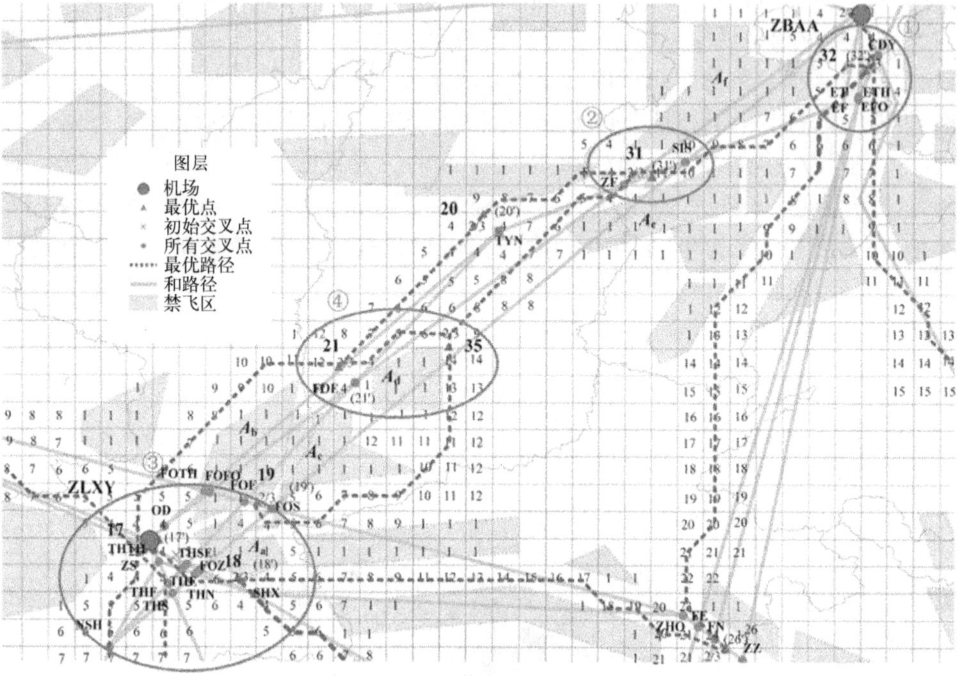

图 7.8　基于菱形栅格模型的航路网络构建

是可行的，但目前通过六边形模型进行航路网络构建的方法几乎没有，主要原因有以下两点：一是编码结构复杂，导致航路规划算法难以快速调用和查询；二是上层栅格无法包容下级栅格，而不同宽度的航路需要在不同层级上进行，导致航路冲突难以判别。

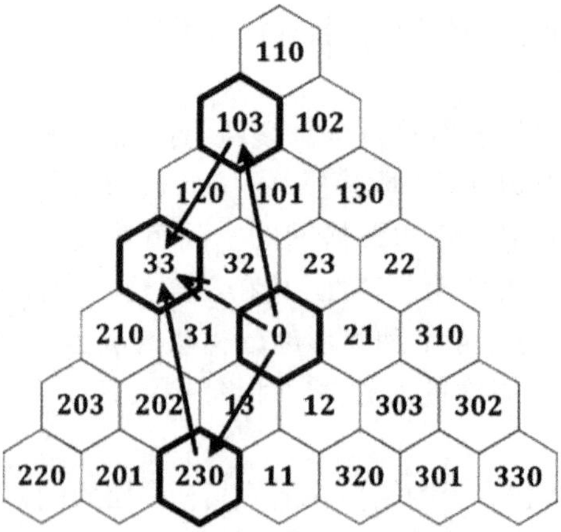

图 7.9　菱形栅格+六边形栅格的剖分模式

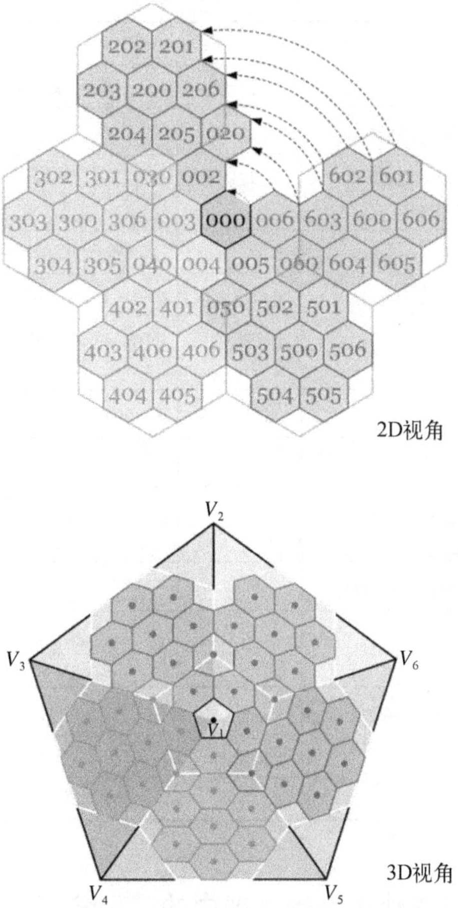

图 7.10　五边形栅格+六边形栅格的剖分模式

概念模型描述了空域、关键点、进离场航线和航路的表示方法，其中关键点可以通过标识、相对位置或几何位置点的方式来表示，如表 7.1 所示。概念模型根据空域应用类型和结构，构建了包括关键点、导航台、位置点等 10 类不同的空域概念，实现了对空域进行概念标识和计算的能力，但随着空域使用模式的丰富和多样化，概念模型需要不断扩充自身的空域类型，这使得概念模型难以适应未来大规模、多样化、超负荷的空域使用需求，伴随着空域使用模式的改革，概念模型会逐渐显露出其短板而促使其大规模改版。此外，概念模型在航路网络模型上仅对航路段两端端点的经纬度具备数值修改和计算能力，显然不符合空域精细化规划和灵活使用的要求，在航路网络构建中，概念模型虽然具备构建航路的基础模型特征，但在优化和动态调整上有明显缺陷。

表 7.1　空域模型

编号	飞行要素名称	代　码	飞行要素数据项		
			名　称	代　码	数据类型
1	关键点	SignificantPoint			
2	固定点或导航台	DesignatedPoint OrNavaid	标示符	designator	Significant Point Designator Type
3	相对点	RelativePoint	方位	bearing	Bearing Type
			距离	distance	Distance Type
			固定点或导航台	DesignatedPointOr-Navaid	Designated Point OrNavaid Type
4	位置点	PositionPoint	位置	position	Geographical Position Type
5	经度	Longitude			Measure Type
6	关键点标识	SignificantPointDesign-ator			Character String Type
7	空域标识	AirspaceDesignator			Character String Type
8	进离场航线标识	SidStarDesignator			Character String Type
9	航路标识	RouteDesignator			Character String Type
10	几何位置	GeographicalPosition	位置坐标	pos	Double Type
			参照系	srsName	String Type

7.2.2　各空域模型在轨迹运行监视中的应用分析

空域模型在轨迹运行监视过程中起到关键因素在于如何快速定位飞行所在位置，快速传达其是否偏离航线并对其进行告警。在这个问题上各空域模型都有独特的描述方法。

目前三角形栅格模型进行运行轨迹监视尚未实际应用，可以尝试从空间位置表达、轨迹跟踪和预测两个方面分析其在轨迹运行监视中的应用预期。正如航路网络构建中分析的一样，三角形栅格模型可以对空域任一位置进行编码标识，从飞行器的空间位置表达和空域监视角度，三角形栅格模型完全可以实现监视功能，但是从空域的利用率和准确度来讲，三角形的形状与 P. G. Reich 提出的碰撞风险模型并不完全相符，如果用一个三角形作为飞行器的位置标识，难免会有一定的空间浪费。Reich 模型将飞机假设成平均长度为 λ_x、λ_y、λ_z 的长方体，两个长方体碰撞风险在数学上相当于某一质点与一个长方体间的碰撞风险，其在一个正三角中的占用面积为60%以下，如图7.11所示，航空器真正需要标识的空间范围是中间的深色区域，而采用三角栅格对航空器进行标识时，在同样精度效果下，三角栅格的三个顶角部分属于无用空域。

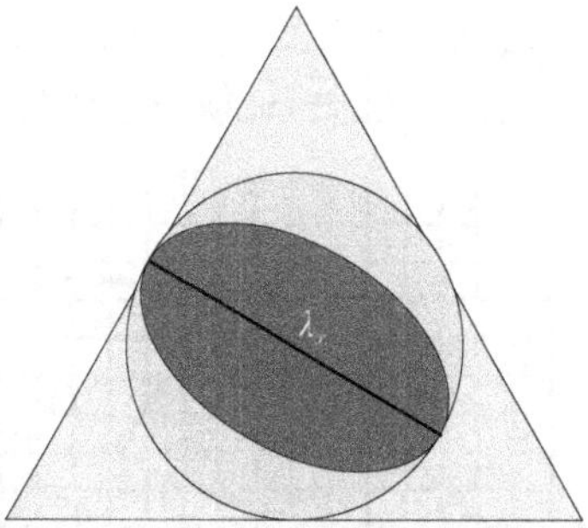

图7.11　三角形栅格内航空器标识

在轨迹跟踪和预测方面，三角形栅格模型可以通过其栅格编码建立起三个方向的速度矢量，通过监视航空器穿过的栅格编码和时间，可以快速计算得到航空器的飞行速度、航向和大小，相较于传统的经纬高计算方法，计算速度得到了大幅提高，但是由于其形状的限制，以编码为计算载体的模式仅能表现三个方向，导致其对速度、航向的表征过于笼统，难以达到航迹监视的精度需求。特别是在航迹预测中，由于航空器过载能力的约束，航空器在一定距离内能够实现航线转向的角度是有限的，而要在三角形栅格模型的监视层级内，航线转向的角度相对三角形三边的角度跨度太小，预测精度受到很大影响。虽然当前公开发表的论文中尚见使用三角形栅格模型进行航迹速度表征和跟踪预测的，但是在此可以假设，通过时间和三角形栅格模型下的三个矢量方向，进行运动坐标系建模，以获得更精确的速度表征形式，但同样的方法也可以用于菱形和六边形栅格模型，在矢量方向的可选择性上，三角形栅格模型同样不适用。

菱形栅格模型目前已有在轨迹运行监视中的应用成果，其在空间位置表达上，比三角形栅格模型更能契合 Reich 模型，并且由于其编码标识的规律性，使其能够快速检测异常轨迹。中国工程物理研究院提出了一种基于菱形栅格模型的异常轨迹检测算法，在搜索轨迹点的邻近点个数时，为了避免全局空间的搜索，使用空间划分的方法将数据的搜索区域划分为若干不重叠的超矩形单元，将异常点的检测限制在局部空间内（图7.12）。与传统的空间划分不同的是，为了提高检索效率和

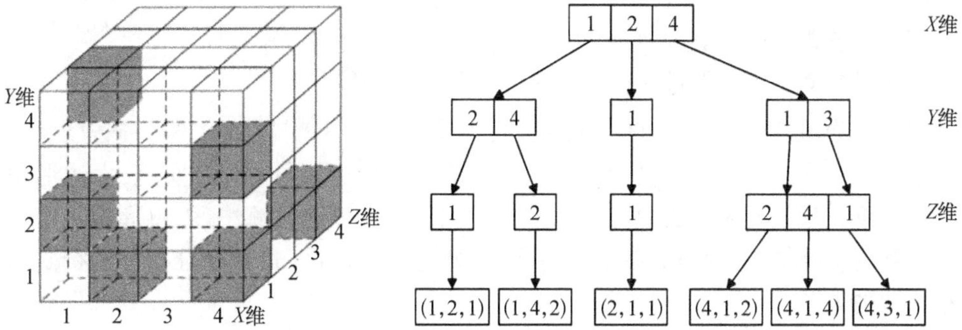

(a) 三维划分立方体　(b) 构建的GI-Tree

图7.12　基于菱形栅格的异常轨迹检测

保持网格的位置关系，通过设计一种网格索引结构，只存储非空网格，同时保持网格间的邻近关系，使得最近邻搜索更加高效地完成。

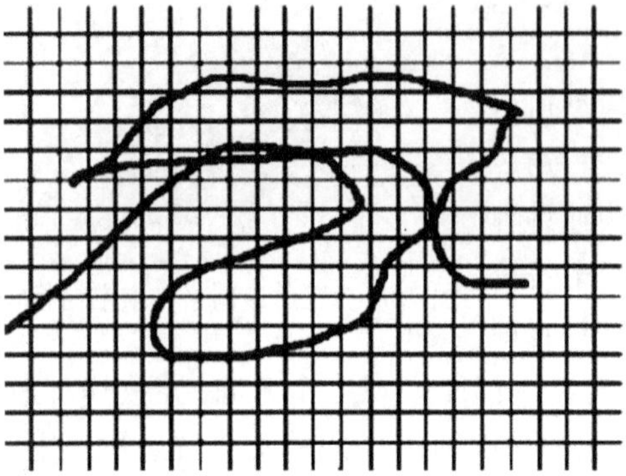

图 7.13　目标轨迹的网格化

重庆邮电大学采用菱形栅格进行轨迹跟踪和徘徊检测的方法，首先是轨迹提取建立在准确的跟踪基础上，采用了 Camshaft 算法对目标进行了有效准确的跟踪，将提取的目标轨迹图像网格化，即用 $b \times b$ 大小的网格分割目标轨迹，如图 7.13 所示。网格的大小会影响系统有效方格统计量的结果，b 值的确定需要根据运动目标在具体监控视频中的大小进行合理设置，网格以图像坐标的形式表示，每一个方格用坐标 (u, v) 标记，将轨迹上的点 (x, y) 映射到方格的转换公式为

$$\begin{cases} u = [x/b] \\ v = [y/b] \end{cases}$$

运动轨迹曲线被网格分割成大量的小曲线段，通过对这些小曲线段在整幅图像中的数量和分布判定目标徘徊行为。

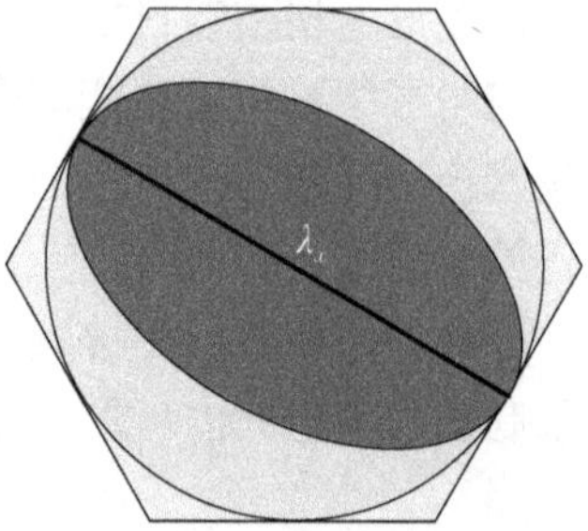

图 7.14　六边形栅格内航空器标识

同三角形栅格模型一样，六边形栅格模型在轨迹运行监视中的应用同样缺乏，但六边形栅格模型在空间位置表达上，比三角形栅格模型更能契合 Reich 模型。Reich 模型在一个正六边形栅格中的占用面积为最高可达到 90%，如图 7.14 所示，采用正六边形栅格来标识一个飞行位置，空域使用效率比菱形和三角形栅格有较大提升。

在轨迹跟踪和预测方面，六边形栅格同样具备通过编码对空间内飞行器进行标识的能力，并且六边形栅格可以为轨迹标识六个方向，但在飞行器速度的表达上，虽然为飞行的速度矢量提供了六个可选择的方向，但是实际上，考虑到速度的取值可以为负值，六边形栅格在速度矢量上的表达能力与三角形是一致的。在航迹预测中，六边形相较于三角形和菱形栅格，相邻边的夹角较小，可以对航空器的下一时刻途径栅格进行更加精细化的表达。

概念模型在航空器空间位置表达上主要依靠 WGS－84 坐标系，以经纬高的坐标形式表达，相较于栅格模型，概念模型在位置表达上更加精确，但是精确的同时也带来了一些弊端。首先是经纬高的数值表示是采用浮点型,相较于栅格编码的整数型表示方式,采用坐标的计算复杂度更高,计算量显著增大。计算量增大一方面体现在运算形式上,另一方面体现在运算算法上,在概念模型中,进行偏航计算需要时刻对比航空器经纬高坐标与规划航线的垂直距离,相较于栅格模型中仅需对比航空器所在位置编码和规划航线编码集合,其计算量并不在一个数量级上。

7.2.3　各空域模型在飞行冲突检测中的应用分析

目前空中交通管理领域,不论是在空中交通管制过程中、还是在空中交通流量管理过程中都面临着跨尺度问题。从航空器飞行未来轨迹预测问题上看,随着预测时间变长,预测结果的可信度大大降低,这种预测的发散性来源于空中交通管理的多种不确定因素,如空中交通管制员对飞行的干预、天气因素影响、高空风速变化等。这种随着时间尺度变大,如果不进行空中交通管理干预,则全空域空中交通运行会持续发散到混乱状态之中,随之带来的是空中交通安全风险系数持续上升为高危状态。同时空中交通运行具有连续性、整体性及快速演变特点,对局部飞行冲突的调整与控制,由于级联效应的存在,会快速波及关联的航空器飞行,从而造成个别飞行调整,沿着空中交通流量内在的结构扩散至全空域飞行,局部空域内的飞行控制与全空域的飞行管理存在空间尺度级联效应。

由于空中交通管理存在这两个不可回避的尺度问题,给开展空中交通管制和空中交通流量管理带来一系列的技术难题。人们飞行冲突探测与解脱问题持续进行了几十年的理论方法攻关,至今仍没有获得显著进展,在空中交通管理应用之中,仍采用基于人在回路的冲突检测与调配,自动化技术仍是作为一种辅助手段进行应用,从而使空中交通管理自动化程度整体发展缓慢,越来越难以适应空中交通高密度飞行管理的需要。早期开展飞行冲突探测与解脱问题研究,主要通过 Reich 模型,两个长方体碰撞风险在数学上相当于某一质点与一个长方体间的碰撞风险,计算碰撞风险和空域间隔关系。国际民航组织 2009 年在《确定间隔标准的空域规划方法手册》(DOC 9689 文件)基础上,又发布了 Circ 319 文件,对冲突探测及碰撞风险模型进行补充讨论。又有学者指出空中交通运行轨迹具有非线性和随机性特征,其内在运动参数难以定义,现实中建模、仿真和分析空中交通管理中的飞行冲突探测,尤其是多机之间的冲突是十分困难的,但准确地估计飞机之间的飞行冲突至关重要,它是制定精准解脱策略的基础,然而冲突探测本质上就是一种概率预估行为,由此引入一种隐马尔可夫模型,建立有限马尔可夫链与输出概率分布的有限集合进行问题分析。飞行冲突预测可表述为随机混合系统中可达性分析问题,由此提出采用切换扩散模型预测飞机基于特定飞行计划的未来位置,并通过可达性计算的数值算法估计飞机进入不安全区概率。但是从本质上讲,飞行冲突探测是一个相当复杂的技术难题，涉及空中目标飞行位置准确探测与连续跟踪、飞行目标位置辨识与下一步运动预测，预测具有相当大的随机性和概率性，判断空中飞行目标两两之间运动趋势的冲突具有相当高的计算复杂度，预测结果存在虚警率、可信度、可靠性等系列难题，需要创新问题解决思路。

对于特定空域内 n 架飞机，其中任何两架飞机都有可能在自由飞行时发生空中相遇，即存在空中潜在的碰撞风险，如果空域内每两架飞机之间确实存在潜在飞行冲突，则不论采用什么算法，至少都需要 $\Omega(n^2)$ 时间，因为哪怕只是直接地逐一报告出所有可能的潜在冲突点，也需要这样长的时间。然而在实际的飞行环境之中，大多数的飞机之间要么根本不会发生飞行冲突，如两架飞机的飞行轨迹是远离飞行或相距较远的平行飞行，在这两种情况下肯定不会发生飞行冲突。因此求解潜在飞行冲突点的次数要远远达不到平方量级的时间复杂度。要是由某个算法能够识别出这种情况，则算法性能会更高，也就是说所希望得到的算法，其运行时间不仅取决于输入的飞机数目，还取决于潜在的飞行冲突点数目，这样的算法被称为“输出敏感的”算法(output-sensitive algorithm)，也就是说这种算法的运行时间对实际输出大小很敏感，也可以称这样的算法是“交点敏感”(intersection-sensitive)，因为输出的大小就是由潜在飞行冲突点的数目决定的。实际上空域是一个连续整体，在探测计算中不能只考虑其中一架飞机与另一架飞机之间的情况，应该考虑全部的情况，这就使问题变得相当复杂了，对于有许多飞机穿梭飞行的空域环境中，传统的两两比较进行冲突分析几乎不可能解决问题。于是就有了基于计算几何方法探测飞行冲突的思想。有文献采用了泰森多边形(Voronoi 多边形)方法，分析了多架飞机冲突探测的复杂性，确定一架飞机的邻近数以及与它们发生冲突的可能性，而不必再去讨论相距较远的其他飞机，这样可提高计算的速度，但由于飞机速度不同，这种基于飞机空间几何分布的冲突探测方法受限于实际应用。此外，可以通过三角剖分方法(Delaunay 方法)，构建局部飞行冲突探测，从而避免大范围冲突探测计算，实现降低多机之间飞行冲突探测的计算复杂性。童晓冲提出基于终端区结构的冲突探测方法，利用 Delaunay 三角及 Voronoi 图特性对整个空域按照各架飞机间的位置关系进行分区，只需比较每个区域中相互间有关联的飞机，判断彼此间是否存在潜在冲突可能性，从而提高冲突探测效率。采用计算几何方法，通过对空中飞机的平面投影图进行子区域的划分，构建 Voronoi 图或以飞机投影位置生成 Delaunay 三角网图，进行相邻飞机之间的判决，虽可大大减少计算时间，但由于 Voronoi 图或 Delaunay 三角网快速生成算法的时间复杂度至少是 $\Omega(n\log n)$，这样仍然需要较长计算时间。从某种意义上讲，当空中交通密度不断上升，大流量交通管制问题就成为一种技术挑战，交叉曲折的空中路网结构、不可预知的系统干扰、不同机型及同机型在不同高度、不同飞行阶段所表现出的性能差异等，都将使问题研究变得复杂。此外准确及时、可靠可信探测出空中交通存在的潜在飞行冲突，只是开展调整复杂空中交通运行的第一步。对于空中交通涉及的级联效应，当调配一点处的飞行冲突，极有可能引发出一连串的空中飞行调整。对这些复杂的问题，目前还难以处理。可以将空域空间预先分割成递归层次的网格空间，根据解决空中交通管理的两个尺度规模，将飞行限定于特定的网格单元进行处理，实现对尺度问题的解耦与飞行的局部调整控制，防止通过原先空中交通内在结构进行级联传导。

7.2.4　空域模型在空域协同划设中的应用分析

空域协同划设是作战筹划过程中有效保障涉空武器用空安全，描述用空活动范围的重要技术手段，其不仅需要考虑作战武器单元的性能参数，还要考虑战场态势和目标信息，如何快速规划协同作战空域与选用的空域模型有很大依赖关系。

以预警指挥空域为例，其划设的主要依据有三点：一是雷达探测区域边界点位置信息；二是预警机的地面指挥中心的位置信息和低空通信范围；三是载机航线几何参数（包括平飞距离和转弯半径）。此外还要遵循相关限制条件，包括可能威胁预警机安全和严重影响任务电子系统性能发挥的因素，如敌方地防火力范围、敌反辐射武器攻击包线、恶劣气象海情区域。限制因素出现的区域在由关键输入确定的空域可划设范围中去除，确保载机平台安全。

在概念模型中，预警指挥空域的划设需要根据作战任务，在确保完成对探测区域全区覆盖的前提下，尽可能使预警机在计算机生成的可划设区域内，靠近我方、远离战场线方向活动。利用高效优化的算法，确保实现上述算法最大可能有解。在主体算法无解的情况下通过次优策略使空域有限度前置，以完成探测任务并确保载机安全。为有效求解预警指挥空域范围，往往将预警指挥空域定义为一个四边形，通过优化求解四边形的顶点位置来得到空域划设位置（图7.15）。这样的方法一方面增加了不必要的约束，将预警指挥空域定型为固定的四边形；另一方面，浮点计算搭配寻优算法的计算速度难以满足大规模作战空域的在线协同划设需求。

采用栅格模型进行空域划设的原理与概念模型有着本质区别，基于栅格模型的空域划设问题建模从一个连续优化问题转化为离散优化问题。在栅格模型中，通过栅格编码与雷达探测区域、低空通信范围、载机航线以及敌方防空区域的关联关系，可以快速筛选出预警机的可划设区域，相较于概念模型的几何计算方法，栅格模型大大优化了计算速度和模式。在空域划设分配的方法上，栅格模型可通过相邻栅格的拓扑关系，进行拓展寻优，如图7.16所示，相较于概念模型，预警空域不再局限于四边形，检索模式不再是随机寻优，有利于划设出更加合理的预警空域。

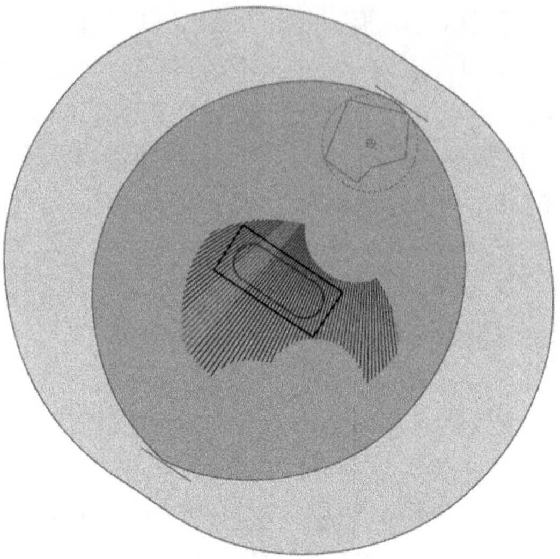

图 7.15　基于概念模型的预警空域划设

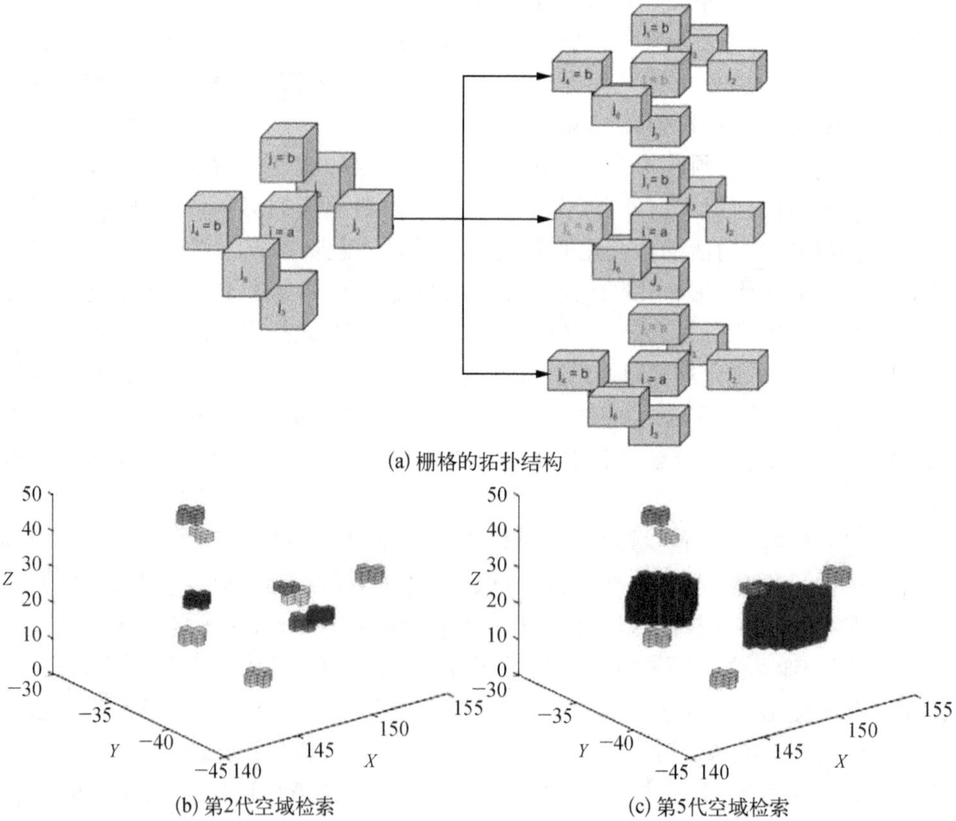

(a) 栅格的拓扑结构

(b) 第2代空域检索

(c) 第5代空域检索

图 7.16　基于栅格模型的空域划设

7.3　栅格模型构建方法

通过以上分析可见，从多个角度考虑，四边形栅格更加适用于空域管控应用。如何对全球空域进行合理划分和编码，形成标准统一的空域栅格模型，仍需要结合空管应用和服务对象进行分析对比选用。

空中交通管理是紧密依赖空间位置关系的一种从战略、预战术到战术分级控制的复杂领域问题，从地理空间剖分视角看，如果能够将一个国家或地区的空中交通运行空间剖分为网格，建立基于地球空间的空中交通网格系统，用于研究分析空中交通航路系统优化、终端区运行、空中交通流量管理、空域容量及空域性能测度问题等，则可能建立起不同于传统基于空间投影二维平面的空中交通管理系统，这是数字地球技术在空中交通管理领域的一种全新拓展应用，可称之为"数字空域技术"[3,4]。该技术首先将连续空域离散化为空间网格，实现将空中交通运行的航行结构、空域规划、空中交通流量、通信导航监视设施设备电磁信号空间覆盖、航空气象数据、设施设备运行状态等数据基于网格进行集成组织，从而有望解决数据之间关联困局，建立信息共享与服务方面的新模式；第二，基于网格的数据集成组织管理后，可实现对空中交通管理多源异构数据信息的多分辨率可视化展现；第三，当空中交通运行的各类数据实现了有序集成，则可以围绕一系列定义指标，开展基于网格的空域状态度量、性能测算、使用评测的数字测度分析。此时空中交通网格系统的每个网格兼具空间和属性的双重内涵，网格单元的空间位置、空间形状、空间颗粒度体现其空间内涵，而属性内涵则指该网格单元范围的各种空中交通属性（空中交通流量、空中交通管制间隔适用标准、空中交通安全风险系数、空中交通管制员工作负荷量等）。此外由于属性值是随时间变化的，可以给网格属性值赋予时间戳，从而实现网格属性值的历史记录与变化表达。

对此设计一个三元组数据结构 $G(C, T, A)$ 进行组织空中交通运行的各类数据，其中 C 为网格空间编码，T 为时间戳，A 为属性集合。显然该三元组是以 C 为唯一标识符的大数据组织样式，T、A 为二维表开集，具有网格空间、时间坐标和网格属性的自描述特性，不仅理论上可无限记录该网格单元任意属性的动态变化，而且内在地实现了网格各类属性数据的有机关联。这一基本特征，为实现网格属性数据的集成融合、关联分析和可视化表达提供了基本条件，具备实现空中交通运行大数据信息的共享服务的天然优势。考虑到便于测度分析空中交通运行的各类参数指标，我们研究认为构建覆盖地球表面、紧致均匀、不存在重叠与遗漏、具有相似面积大小与几何形状的离散网格是重点。

7.3.1 平面网格划分方法

通过等距圆柱投影方法投影后,已将地球表面空间转化为一个经纬线垂直的长方形二维平面,其长宽比为 2 : 1,如图 7.17 所示。从目前的四边形网格系统剖分方法研究来看,主要按照计算机语言的进制进行逐层划分,由此,可将 QMS 分为以下几类:

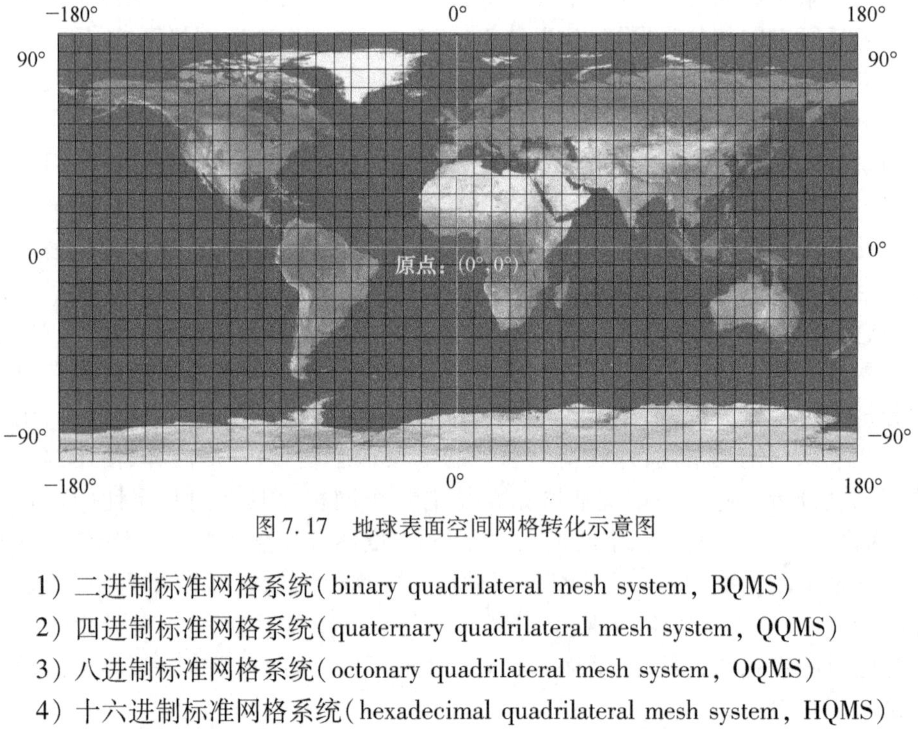

图 7.17　地球表面空间网格转化示意图

1) 二进制标准网格系统(binary quadrilateral mesh system, BQMS)

2) 四进制标准网格系统(quaternary quadrilateral mesh system, QQMS)

3) 八进制标准网格系统(octonary quadrilateral mesh system, OQMS)

4) 十六进制标准网格系统(hexadecimal quadrilateral mesh system, HQMS)

以下将对各类网格系统的划分方法进行介绍和分析。

7.3.1.1 二进制标准网格系统 BQMS

BQMS 首先将地球表面空间从球面拉伸为平面。以经纬度(0°, 0°)为中心点,按东西向赤道、南北向本初子午线两个方向为基准,进行四等分网格剖分,如图 7.18 所示,第一级网格按赤道和本初子午线两条线将地球表面分为经纬层面上的四等分,通过对地理空间的不断四分,将地理空间转化为一个四叉树递归结构的网格系统。

1. BQMS 编码法则

BQMS 通过“0、1、2、3”对划分的四个相等网格进行标识,并对每个网格的下级网格同样进行同规则编码,如图 7.19 所示。BQMS 采用的是 2×2 标准网格等分,

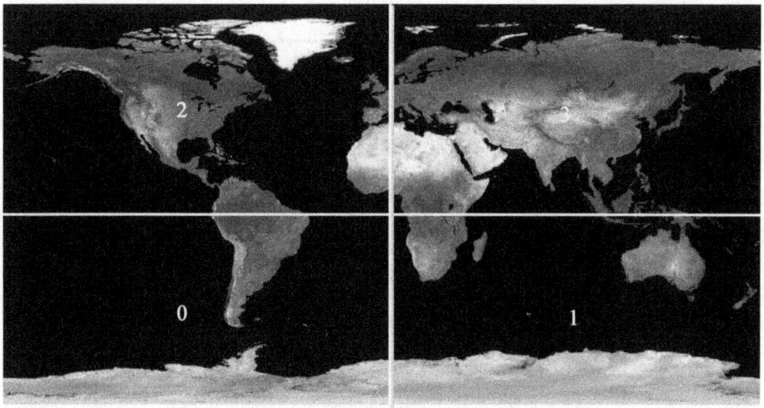

图 7.18　地理空间二进制划分

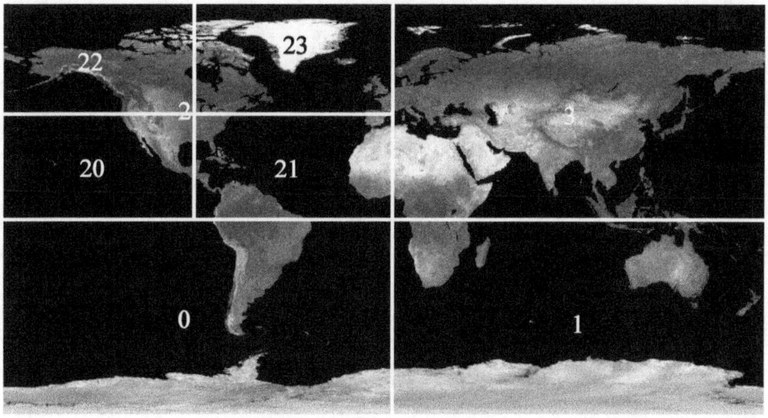

图 7.19　BQMS 编码

虽然其网格编码采用了“0、1、2、3”的四进制编码，但是其本质和内部数值运算采用的仍是二进制运算法则，因此该网格系统是基于二进制编码理论上建立的，被称为二进制网格系统。

BQMS 编码将地理表面空间进行不断四等分，从而形成一个层级分明、无缝无隙的网络系统。根据空管业务需求和应用场景，要求网格精度最高到达 1 m 即可，由此采用 BQMS 划分方法所构建的网格系统层级和精度见表 7.2。

表 7.2　BQMS 网格系统层级和精度表

层级	低纬精度/km		高纬精度/km		应　用
	直　线	弧　线	直　线	弧　线	
1	9 010.51	10 008.16	9 010.51	10 008.16	总体运行评估
2	5 305.642	5 472.299	4 452.768	4 548.759	

（续表）

层级	低纬精度/km		高纬精度/km		应　用
	直 线	弧 线	直 线	弧 线	
3	2 760. 697	2 782. 762	2 088. 817	2 098. 287	总体运行评估
4	1 394. 083	1 396. 879	995. 652 2	996. 668	
5	698. 765 9	699. 116 6	483. 991 9	484. 108 3	
6	349. 598 8	349. 642 7	238. 343 4	238. 357 3	
7	174. 826 4	174. 831 9	118. 235 1	118. 236 8	
8	87. 416 56	87. 417 25	58. 880 5	58. 880 71	
9	43. 708 7	43. 708 79	29. 380 64	29. 380 66	—
10	21. 854 4	21. 854 41	14. 675 37	14. 675 37	—
11	10. 927 21	10. 927 21	7. 333 942	7. 333 943	架次统计
12	5. 463 605	5. 463 605	3. 666 035	3. 666 035	空域划设
13	2. 731 803	2. 731 803	1. 832 783	1. 832 783	—
14	1. 365 901	1. 365 901	0. 916 333	0. 916 333	导弹等武器安全栅格
15	0. 682 951	0. 682 951	0. 458 152	0. 458 152	
16	0. 341 475	0. 341 475	0. 229 072	0. 229 072	飞机安全栅格
17	0. 170 738	0. 170 738	0. 114 535	0. 114 535	
18	0. 085 369	0. 085 369	0. 057 267	0. 057 267	
19	0. 042 684	0. 042 684	0. 028 634	0. 028 634	
20	0. 021 342	0. 021 342	0. 014 317	0. 014 317	无人机栅格
21	0. 010 671	0. 010 671	0. 007 158	0. 007 158	—
22	0. 005 336	0. 005 336	0. 003 579	0. 003 579	—
23	0. 002 668	0. 002 668	0. 001 79	0. 001 79	—
24	0. 001 334	0. 001 334	0. 000 895	0. 000 895	定位

2. BQMS 划分的网格模型特性分析

BQMS 划分的网格模型的特性见表 7. 3。

表 7. 3　BQMS 网格系统特性表

层　级	网格数量	最大误差	面积偏差 Δ $\left(\Delta=\dfrac{S_{\max}-S_{\text{mean}}}{S_{\text{mean}}}\right)$
1	4	10 008. 16	0
2	16	5 472. 299	0. 668 179

（续表）

层　级	网格数量	最大误差	面积偏差 Δ $\left(\Delta = \frac{S_{max} - S_{mean}}{S_{mean}}\right)$
3	64	2 782. 762	0. 820 679
4	256	1 396. 879	0. 906 347
5	1 024	699. 116 6	0. 952 079
6	4 096	349. 642 7	0. 975 753
7	16 384	174. 831 9	0. 987 803
8	65 536	87. 417 25	0. 993 883
9	262 144	43. 708 79	0. 996 937
10	1 048 576	21. 854 41	0. 998 467
11	4 194 304	10. 927 21	0. 999 233
12	16 777 216	5. 463 605	0. 999 617
13	67 108 864	2. 731 803	0. 999 808
14	2. 68E+08	1. 365 901	0. 999 904
15	1. 07E+09	0. 682 951	0. 999 952
16	4. 29E+09	0. 341 475	0. 999 976
17	1. 72E+10	0. 170 738	0. 999 988
18	6. 87E+10	0. 085 369	0. 999 994
19	2. 75E+11	0. 042 684	0. 999 997
20	1. 1E+12	0. 021 342	0. 999 999
21	4. 4E+12	0. 010 671	0. 999 999
22	1. 76E+13	0. 005 336	1
23	7. 04E+13	0. 002 668	1
24	2. 81E+14	0. 001 334	1
25	1. 13E+15	0. 000 667	1

3. BQMS 划分算法

1）以赤道和本初子午线的交点，即零经零纬点为平面网格网络坐标的中心点，以赤道方向为 x 轴，轴向向东，以本初子午线方向为 y 轴，轴向向北，构建平面网格网络坐标系。

2）Level = 1，以 $x = 0$ 轴和 $y = 0$ 轴将投影图划分为 4 部分，按照编码规则对第 1 层网格进行编码。

3）Level = 2，对于第 1 层网格网络中的所有网格进行进一步剖分，x 方向剖分线的数值为第 1 层网格上下边界维度均值，y 方向剖分线的数值为第 1 层网格左右边界经度均值。

4）依次类推，进行 Level = k 的网络网格划分，x 方向剖分线的数值为第 $k-1$ 层网格上下边界维度均值，y 方向剖分线的数值为第 $k-1$ 层网格左右边界经度均值。

5）到达第 25 层的网格划分完毕后，将所有网格分布结果反投影回三维地球表面,形成 BQMS 标准网格系统框架。

7.3.1.2　四进制标准网格系统 QQMS

QQMS 与 BQMS 相似,同样以经纬度(0°,0°)为中心点,按东西向赤道、南北向本初子午线两个方向为基准,进行十六等分网格剖分,形成 4×4 的网格网络结构,如图 7.20 所示,第一级网格按赤道和本初子午线两条线将地球表面分为经纬层面上的四等分,通过对地理空间的不断十六等分,将地理空间转化为一个十六叉树递归结构的网格系统。

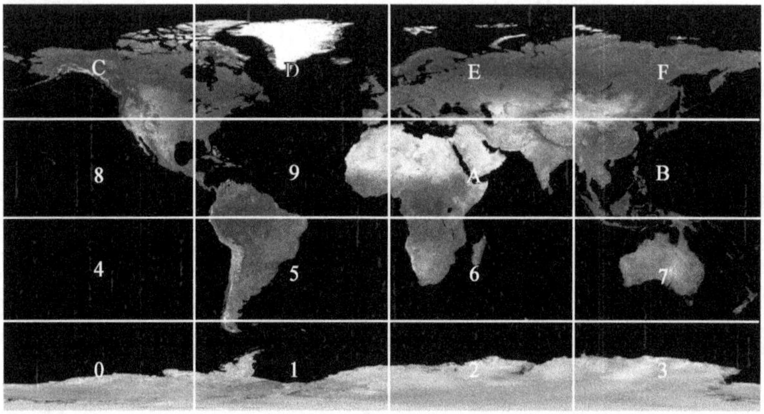

图 7.20　地理空间二进制划分

1. BQMS 编码法则

BQMS 通过“0”~“F”对划分的四个相等网格进行标识,并对每个网格的下级网格同样进行同规则编码,如图 7.21 所示。编码按照“Z”字排序规则依次排列。

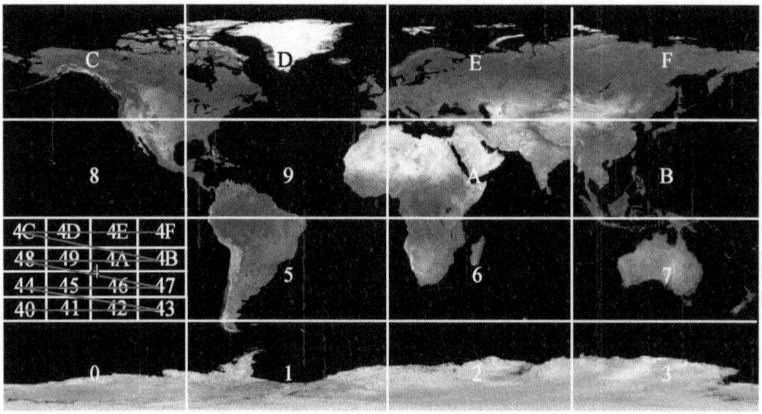

图 7.21　BQMS 编码

QQMS编码将地理表面空间进行不断十六等分，从而形成一个层级分明、无缝无隙的网络系统。同样假设网格的最高精度为1 m，由此采用QQMS划分方法所构建的网格系统层级和精度如表7.4所示。栅格精度的计算如图7.22所示。

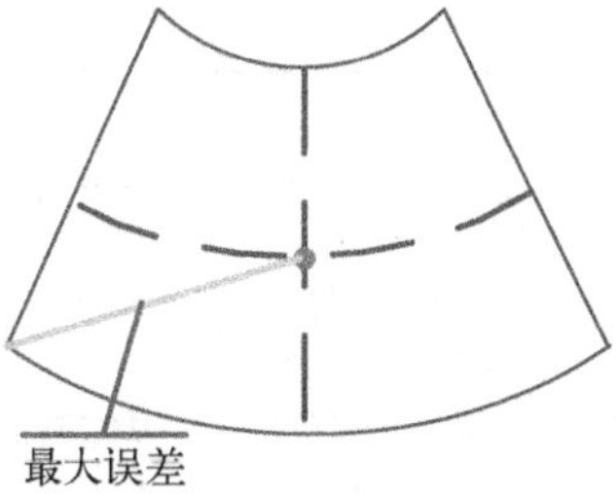

图7.22　栅格精度示意图

表7.4　QQMS网格统层级和精度表

层级	低纬精度/km		高纬精度/km		应　用
	直　线	弧　线	直　线	弧线	
1	5 305.642	5 472.299	5 305.642	5 472.299	总体运行评估
2	1 394.083	1 396.879	995.652 2	996.668	
3	349.598 8	349.642 7	238.343 4	238.357 3	
4	87.416 56	87.417 25	58.880 5	58.880 71	架次统计
5	21.854 4	21.854 41	14.675 37	14.675 37	
6	5.463 605	5.463 605	3.666 035	3.666 035	空域划设
7	1.365 901	1.365 901	0.916 333	0.916 333	导弹等武器安全栅格
8	0.341 475	0.341 475	0.229 072	0.229 072	飞机安全栅格
9	0.085 369	0.085 369	0.057 267	0.057 267	—
10	0.021 342	0.021 342	0.014 317	0.014 317	无人机栅格
11	0.005 336	0.005 336	0.003 579	0.003 579	—
12	0.001 334	0.001 334	0.000 895	0.000 895	航空器定位

2. QQMS划分的网格模型特性分析

QQMS划分的网格模型的特性如表7.5所示。

表7.5　QQMS网格系统特性表

层　级	网格数量	最大误差	面积偏差Δ $\left(\Delta = \frac{S_{max} - S_{mean}}{S_{mean}}\right)$
1	16	5 472.299	0.585 786 437 626 905
2	256	1 396.879	0.906 347 169 019 146
3	4 096	349.642 7	0.975 752 649 932 379
4	65 536	87.417 25	0.993 882 824 914 141

（续表）

层　级	网格数量	最大误差	面积偏差 Δ $\left(\Delta = \frac{S_{max} - S_{mean}}{S_{mean}}\right)$
5	1 048 576	21.854 41	0.998 467 194 558 554
6	16 777 216	5.463 605	0.999 616 578 318 730
7	268 435 456	1.365 901	0.999 904 130 796 787
8	4 294 967 296.000 00	0.341 475	0.999 976 031 833 500
9	68 719 476 736.000 0	0.085 369	0.999 994 007 890 622
10	1 099 511 627 776.00	0.021 342	0.999 998 502 043 402
11	17 592 186 044 416.0	0.005 336	0.999 999 625 288 303
12	281 474 976 710 656	0.001 334	0.999 999 907 507 859

3. QQMS 划分算法

1）以赤道和本初子午线的交点，即零经零纬点为平面网格网络坐标的中心点，以赤道方向为 x 轴，轴向向东，以本初子午线方向为 y 轴，轴向向北，构建平面网格网络坐标系。

2）Level = 1，以 $x = (-45,\ 0,\ 45)$ 轴和 $y = 0$ 轴将投影图划分为 16 部分，按照编码规则对第 1 层网格进行编码。

3）Level = 2，对于第 1 层网格网络中的所有网格进行进一步剖分，x 方向剖分线的数值为第 1 层网格上下边界维度和的 1/4、1/2、3/4，y 方向剖分线的数值为第 1 层网格左右边界经度和的 1/4、1/2、3/4。

4）依次类推，进行 Level = k 的网络网格划分，x 方向剖分线的数值为第 $k-1$ 层网格上下边界维度和的 1/4、1/2、3/4，y 方向剖分线的数值为第 $k-1$ 层网格左右边界经度和的 1/4、1/2、3/4。

5）到达第 12 层的网格划分完毕后，将所有网格分布结果反投影回三维地球表面，形成 QQMS 标准网格系统框架。

7.3.1.3　八进制标准网格系统 OQMS

OQMS 与 QQMS 和 BQMS 相似，同样以经纬度（0°，0°）为中心点，按东西向赤道、南北向本初子午线两个方向为基准，进行六十四等分网格剖分，形成 8×8 的网格网络结构，如图 7.23 所示，第一级网格按赤道和零经两条线将地球表面分为经纬层面上的四等分，通过对地理空间的不断十六等分，将地理空间转化为一个十六叉树递归结构的网格系统。

1. OQMS 编码法则

OQMS 通过“00”～“77”对划分的四个相等网格进行标识，并对每个网格

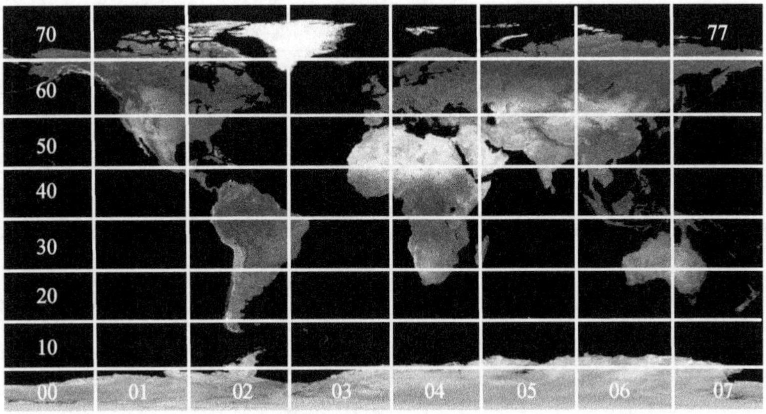

图 7.23　地理空间二进制划分

的下级网格同样进行同规则编码，如图 7.24 所示。编码按照“Z”字排序规则依次排列。

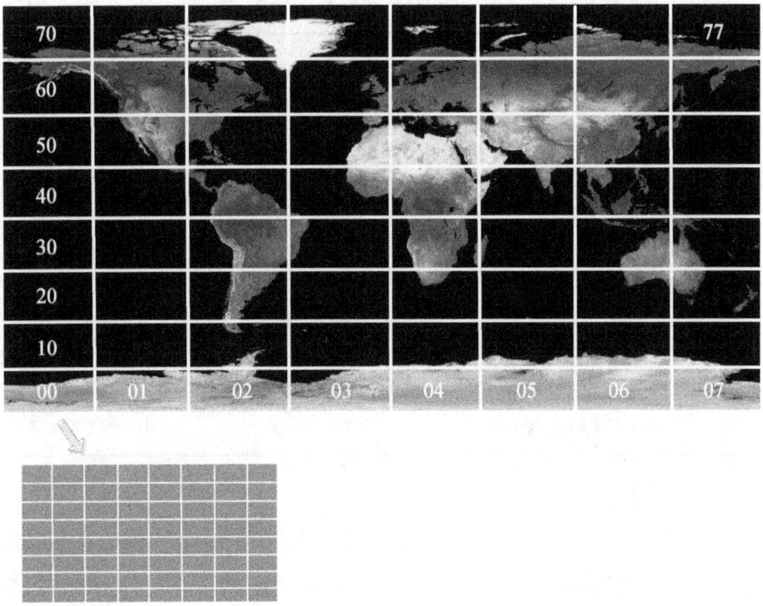

图 7.24　OQMS 编码

OQMS 编码将地理表面空间不断进行十六等分从而形成一个层级分明、无缝无隙的网络系统。同样假设网格的最高精度为 1 m，由此采用 OQMS 划分方法所构建的网格系统层级和精度如表 7.6 所示。

表 7.6　QQMS 网格系统层级和精度表

层级	低纬精度/km		高纬精度/km		应　用
	直　线	弧　线	直　线	弧　线	
1	2 760. 697	2 782. 762	2 802. 233	2 825. 325	总体运行评估
2	349. 598 8	349. 642 7	78. 376 38	78. 376 87	架次统计
3	43. 708 7	43. 708 79	9. 773 961	9. 773 962	空域划设
4	5. 463 605	5. 463 605	1. 221 7	1. 221 7	导弹等武器安全栅格
5	0. 682 951	0. 682 951	0. 152 712	0. 152 712	飞机安全栅格
6	0. 085 369	0. 085 369	0. 019 089	0. 019 089	无人机栅格
7	0. 010 671	0. 010 671	0. 002 386	0. 002 386	—
8	0. 001 334	0. 001 334	0. 000 298	0. 000 298	航空器定位

2. QQMS 划分的网格模型特性分析

BQMS 划分的网格模型的特性如表 7. 7 所示。

表 7. 7　QQMS 网格系统特性表

层　级	网格数量	最大误差	面积偏差 Δ $\left(\Delta=\frac{S_{max}-S_{mean}}{S_{mean}}\right)$
1	64	2 782. 762	0. 331 821 362 080 701
2	4 096	349. 642 7	0. 975 752 649 932 379
3	262 144	43. 708 79	0. 996 936 735 011 162
4	16 777 216	5. 463 605	0. 999 616 578 318 730
5	1 073 741 824	0. 682 951	0. 999 952 064 250 716
6	68 719 476 736	0. 085 369	0. 999 994 007 890 622
7	4 398 046 511 104	0. 010 671	0. 999 999 250 873 196
8	281 474 976 710 656	0. 001 334	0. 999 999 907 507 859

3. OQMS 划分算法

1）以赤道和本初子午线的交点，即零经零纬点为平面网格网络坐标的中心点，以赤道方向为 x 轴，轴向向东，以本初子午线方向为 y 轴，轴向向北，构建平面网格网络坐标系。

2）Level = 1，以 x = (−67. 5, −45, −22. 5, 0, 22. 5, 45, 67. 5) 和 y = (−135, −90, −45, 0, 45, 90, 135) 轴将投影图划分为 256 部分，按照编码规则对第 1 层网格进行编码。

3）Level = 2，对于第 1 层网格网络中的所有网格进行进一步剖分，x 方向剖分线的数值为第 1 层网格上下边界维度和的 1/8、1/4、3/8、1/2、5/8、3/4、7/8，y 方向剖分线的数值为第 1 层网格左右边界经度和的 1/8、1/4、3/8、1/2、5/8、3/4、7/8。

4）依次类推，进行 Level = k 的网络网格划分，x 方向剖分线的数值为第 $k-1$ 层网格上下边界维度和的 1/8、1/4、3/8、1/2、5/8、3/4、7/8，y 方向剖分线的数值为第 $k-1$ 层网格左右边界经度和的 1/8、1/4、3/8、1/2、5/8、3/4、7/8。

5）到达第 8 层的网格划分完毕后，将所有网格分布结果反投影回三维地球表面，形成 OQMS 标准网格系统框架。

7.3.1.4　十六进制标准网格系统 HQMS

HQMS 与 QQMS 和 BQMS 相似，同样以经纬度(0°, 0°)为中心点，按东西向赤道、南北向本初子午线两个方向为基准，进行 256 等分网格剖分，形成 16×16 的网格网络结构，如图 7.25 所示，第一级网格按赤道和零经两条线将地球表面分为经纬层面上的四等分，通过对地理空间的不断十六等分，将地理空间转化为一个十六叉树递归结构的网格系统。

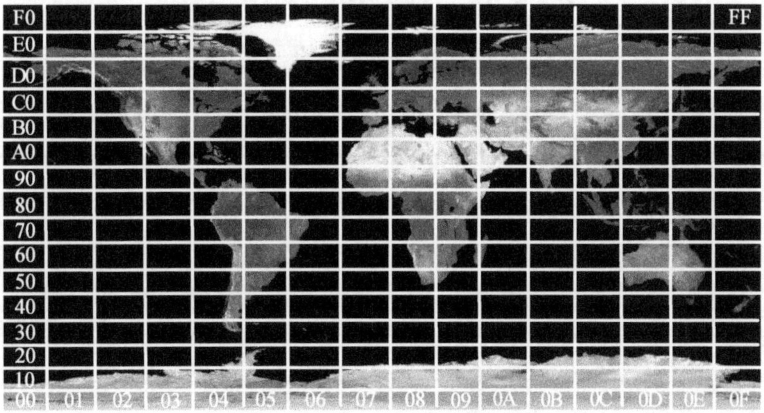

图 7.25　地理空间二进制划分

1. OQMS 编码法则

HQMS 通过“00”~“FF”对划分的 256 个相等网格进行标识，并对每个网格的下级网格同样进行同规则编码，如图 7.26 所示。编码按照“Z”字排序规则依次排列。

HQMS 编码将地理表面空间进行不断十六等分，形成一个层级分明、无缝无隙的网络系统。同样假设网格的最高精度为 1 m，由此采用 OQMS 划分方法所构建的网格系统层级和精度如表 7.8 所示。

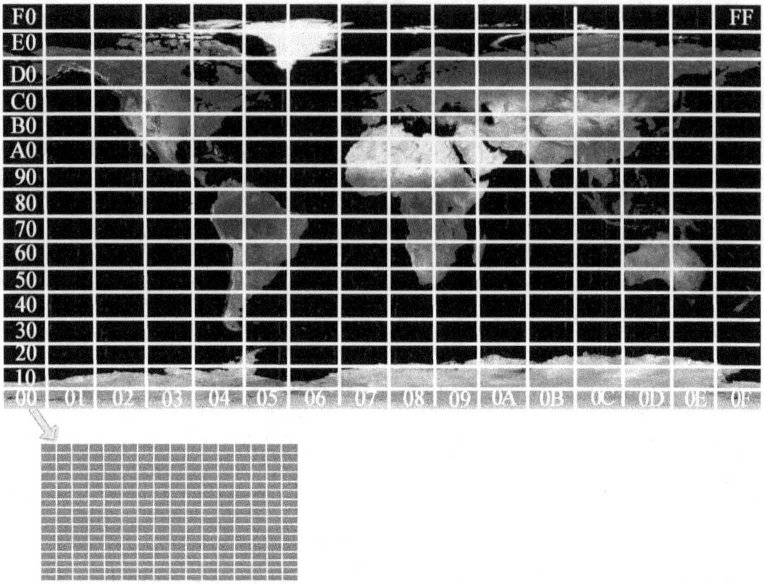

图 7.26　HQMS 编码

表 7.8　QQMS 网格系统层级和精度表

层级	低纬精度/km		高纬精度/km		应　用
	直　线	弧　线	直　线	弧　线	
1	1 394.083	1 396.879	1 294.797	1 297.035	总体运行评估
2	87.416 56	87.417 25	19.550 12	19.550 13	架次统计
3	5.463 605	5.463 605	1.221 7	1.221 7	导弹等武器安全栅格
4	0.341 475	0.341 475	0.076 356	0.076 356	飞机安全栅格
5	0.021 342	0.021 342	0.004 772	0.004 772	无人机栅格
6	0.001 334	0.001 334	0.000 298	0.000 298	飞行器定位

2. QQMS 划分的网格模型特性分析

BQMS 划分的网格模型的特性如表 7.9 所示。

表 7.9　QQMS 网格系统特性表

层　级	网格数量	最大误差	面积偏差 Δ $\left(\Delta = \dfrac{S_{max} - S_{mean}}{S_{mean}}\right)$
1	256	1 396.879	0.179 321 209 171 340
2	65 536	87.417 25	0.993 882 824 914 141
3	16 777 216	5.463 605	0.999 616 578 318 730

（续表）

层　级	网格数量	最大误差	面积偏差 Δ $\left(\Delta = \frac{S_{max} - S_{mean}}{S_{mean}}\right)$
4	4 294 967 296	0.341 475	0.999 976 031 833 500
5	1 099 511 627 776	0.021 342	0.999 998 502 043 402
6	281 474 976 710 656	0.001 334	0.999 999 907 507 859

3. OQMS 划分算法

1）以赤道和本初子午线的交点，即零经零纬点为平面网格网络坐标的中心点，以赤道方向为 x 轴，轴向向东，以本初子午线方向为 y 轴，轴向向北，构建平面网格网络坐标系。

2）Level=1，以 x=(−78.75，−67.5，−56.25，−45，−33.75，−22.5，−11.25，0，11.25，22.5，33.75，45，56.25，67.5，78.75）和 y=(−157.5，−135，−112.5，−90，−67.5，−45，−22.5，0，22.5，45，67.5，90，112.5，135，157.5）轴将投影图划分为 256 部分，按照编码规则对第 1 层网格进行编码。

3）Level=2，对于第 1 层网格网络中的所有网格进行进一步剖分，x 方向剖分线的数值为第 1 层网格上下边界维度和的 1/16、1/8、3/16、1/4、5/16、3/8、7/16、1/2、9/16、5/8、11/16、3/4、13/16、7/8、15/16，y 方向剖分线的数值为第 1 层网格左右边界经度和的 1/16、1/8、3/16、1/4、5/16、3/8、7/16、1/2、9/16、5/8、11/16、3/4、13/16、7/8、15/16。

4）依次类推，进行 Level=k 的网络网格划分，x 方向剖分线的数值为第 $k-1$ 层网格上下边界维度和的 1/16、1/8、3/16、1/4、5/16、3/8、7/16、1/2、9/16、5/8、11/16、3/4、13/16、7/8、15/16，y 方向剖分线的数值为第 $k-1$ 层网格左右边界经度和的 1/16、1/8、3/16、1/4、5/16、3/8、7/16、1/2、9/16、5/8、11/16、3/4、13/16、7/8、15/16。

5）到达第 6 层的网格划分完毕后，将所有网格分布结果反投影回三维地球表面，形成 HQMS 标准网格系统框架。

7.3.1.5　平面空间网格划分方法对比分析

为面向空域管理和管控应用，通过空域管控中的实际应用场景和服务对象，分析 BQMS、QQMS、OQMS、HQMS 在空管领域的适用性。

从以下两个方面对四种不同网格系统进行分析：

1）编码长度；

2）网格层级可用数和可用比率；

BQMS 网格编码采用的是四进制编码，随着层数的增加，每层网格增加一位编码位,BQMS 中共有 24 层,因此其编码长度为 24 位。在网格模型下的数值计算过程中,往往要将网格编码进行二维转化来进行,因此 BQMS 内的数值计算运用的是 24×2 的矩阵进行。在网格模型下的二维网格距离运算上,BQMS 的运算速度如表 7.1 所示。

QQMS 网格编码采用的是十六进制编码,随着层数的增加,每层网格增加一位编码位,QQMS 中共有 12 层,因此其编码长度为 12 位。在网格模型下的数值计算过程中,往往要将网格编码进行二维转化来进行,因此 QQMS 内的数值计算运用的是 12×2 的矩阵进行。在网格模型下的二维网格距离运算上,QQMS 的运算速度如表 7.1 所示。

OQMS 网格编码采用的是八进制编码,随着层数的增加,每层网格增加 2 位编码位,OQMS 中共有 8 层,因此其编码长度为 16 位。在网格模型下的数值计算过程中,网格编码仅需要通过简单抽离便可形成二维坐标编码,因此 OQMS 内的数值计算运用的是 8×2 的矩阵。

HQMS 网格编码采用的是十六进制编码,随着层数的增加,每层网格增加 2 位编码位,HQMS 中共有 6 层,因此其编码长度为 12 位。在网格模型下的数值计算过程中,网格编码仅需要通过简单抽离便可形成二维坐标编码,因此 HQMS 内的数值计算运用的是 6×2 的矩阵。

通过以上数据分析对比可以看出,四进制标准网格系统 QQMS 在编码长度、运算速度、网格层级使用率上均占有优势,相较于八进制和十六进制标准网格(OQMS、HQMS),其网格层级的划分还具有一定的余度,对未来出现的新型空域管控应用能够及时适应。

此外,从所有方形平面网格划分方法来看,由于采用的是正轴圆柱等距投影,网格角度和面积在高纬地区变形非常严重,因此在四种网格系统中,越是靠近南北两极的网格锐化越严重,其网格面积偏差率越大,靠近极地的网格近似成为一条线,已经无法发挥空域网格的作用,因此,对于地球两极空域的网格需要根据实际情况进行重新划分。

7.3.2　高度层网格剖分方法

空域所使用的高度范围为 0~120 km,在假设地球模型为一个标准对称球形条件下,高度 0 是指距离地心 $R_e = 6\,371.393$ km 的地球表面位置,120 km 是指距离地心 $R_e = 6\,371.393 + 120$ km 的地球表面位置,120 km 高度外为太空领域属于航天范畴,一般不做考虑。

高度层网格剖分方法的基准遵循目前空域管制的高度层概念,以 300 m 为基准,向上和向下对高度层以 4 等分划分,所形成的高度层网格层级结构如表 7.10 所示。

表 7.10　高度层网格层级结构

层　级	高度层高/km	应　用
1	76.8	统筹管控
2	19.2	传统飞行上限
3	4.8	陆军管制上限
4	1.2	管制协调措施
5	0.3	管制分层
6	0.075	低空管制分层
7	0.018 7	飞行安全告警
8	0.004 7	击中判定
9	0.001 2	定位

7.3.3　空域网格三维划分

根据以上的平面网格化分方法和高度层网格划分方法的选择，对地球表面空间纬度范围北纬 60°至南纬 60°，经度范围全部经度，高度范围 0~120 km 进行三维网格剖分。

其中，通过正轴圆柱等距投影将以上的地球表面空间投影到二维平面空间，形成一个经纬分布均匀的平面，如图 7.27 所示，再加上高度的维度，可以形成一个长方体，通过对该长方体进行分层级剖分，将原壳状的空域结构转换成规则的层级有序的长方体。

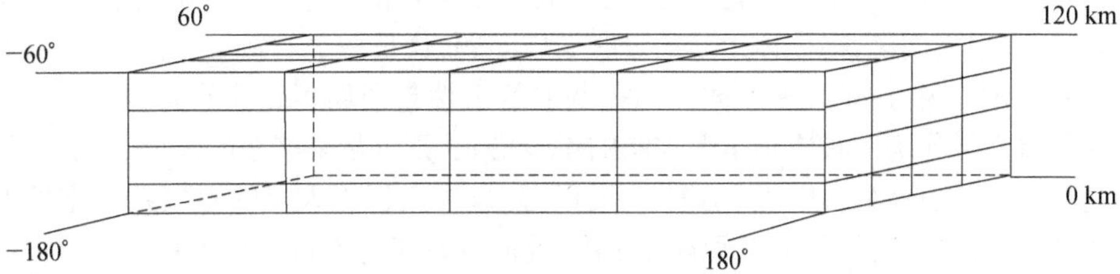

图 7.27　空域网格三维剖分

按照栅格剖分方法对空间重构后的空域进行剖分，其中经纬平面(对应长方体长宽平面)可划分成 12 级网格，每个上级网格包含 16 个下级网格，高度层可被划分为 9 级网格，每个上级网格包含 4 个下级网格。当结合高度和平面两种剖分模式，可对空域进行三维剖分，考虑平面层级数和高度层级数不对等，编码过程中需要分开编码。

7.3.4　空域网格编码

空域栅格的二维平面编码采用“Z”字形迭代编码，如图 7.28 所示，对每一层级的 16 个网格,以西南角网格为起点标 0,沿经线方向向东进行顺序编码,编码从“0”到“F”。下一层级网格应按照所属的上一层级网格编码,在其后置位上进行编码,如二级网格属于一级网格“7”下面,则其编码应该为“70”到“7F”。

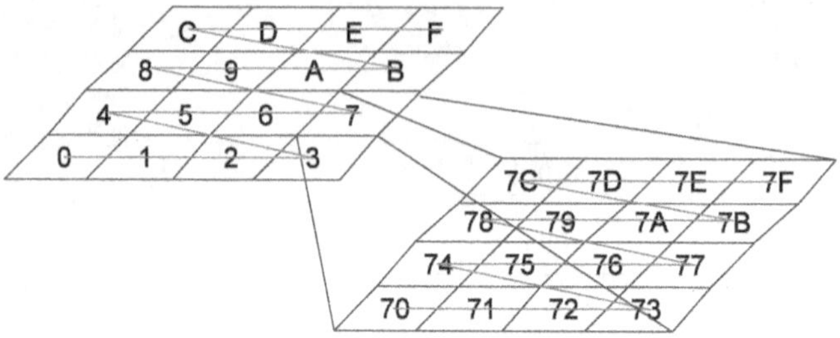

图 7.28 空域栅格的二维平面编码

7.4 典型应用场景

7.4.1 作为特定飞行器的管控方法

从空域精细高效使用角度看,传统以航空器为中心的空域使用,侧重于空域是一个飞行的物理空间,关注点是飞行器在哪个位置、空域边界是什么、多大范围内实施等,通过对航空器运动控制可限定飞行实施影响范围,从而不必要考虑空域本身的问题。但是随着空中飞行量增多,对高密度运行的空中对象实现单独的个体控制,带来很大问题,即个体运动的级联效应问题,这是一个非常难以处理的问题。从控制理论上说,这是种多主体协同控制的复杂性与全局不受控的问题。这个时候如果将空域作为一种空中运动控制的手段措施,则可带来诸多的好处,通过应用规划技术,可实现将高速(高超声速)飞行器、自主飞行无人机等限制在特定航路性质的空域内,实现飞行冲突管理和调配,此时管理飞行不再局限于对飞行器本身的速度大小、飞行方向、位置调配的管理,而是通过空域动态网格划分与灵活运用,实现空中交通的实时动态调配。

7.4.2 用于训练飞行空域的使用调度控制

对类似军事训练飞行的空域使用问题,传统上主要是基于经纬度和空间位置坐标点,划设固定训练飞行区域,用于管理训练飞行的对象。这种方法带来的问题主要是,空域使用效率低,难以灵活组合配置空域用于不同科目训练。如果以机场为中心将空域离散化为网格,如图 7.29 所示,则可通过网格排列组合实现空域灵活调配与使用控制。通过组合 ($i4$, $j7$)、($i4$, $j8$)、($i4$, $j9$)、($i4$, jA)、($i5$, $j7$)、

($i5$, $j8$)、($i5$, $j9$)、($i5$, jA) 及($i6$, $j7$)、($i6$, $j8$)、($i6$, $j9$)、($i6$, jA) 网格,可任意组成适合特定训练科目飞行所需的功能空域,从而实现以离散组合方式,通过规则的空域体组成功能空域,实现对特定空域使用的精细控制。

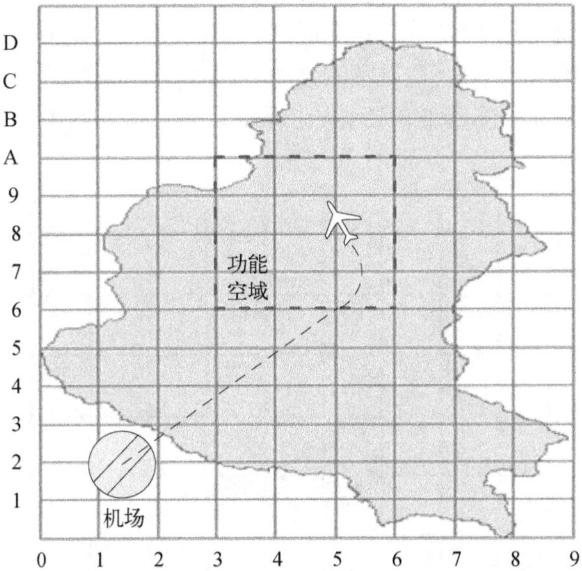

图 7.29　基于网格化的训练飞行空域管理示例图

这些网格可通过编号编码,将原先基于地理信息空间的经纬度的空域划分与管理,转变成了基于数字编号编码的空域管理与使用控制。训练飞行之前申报飞行计划、调配空域使用将不再基于固定的空域模式,而是利用离散化的网格组合成一个个的功能空域,从而可解决空域资源的节约使用和精准使用释放问题。另一方面通过改变空域使用激活的程序,离散的网格没有被组合成功能空域及功能空域没有被使用激活,或者没有到使用预置时间点前,这些网格空域就没有被使用激活,其他航空器和飞行活动则可正常使用这些网格。如果到了预置时刻,则组合成的功能空域被激活,其他航空活动则需要避让这些网格空域飞行。此外通过这样动态使用控制空域,可以实现最大灵活的随着训练飞行科目编排合理安排空域,增强了空域配置使用的精准度。同时通过网格编号编码的统一授权与更新,可实现军事航空活动与民用航空之间的空域使用信息高度共享,不会因为保密等原因限制了双方对空域配置、动态使用、信息统一的共同认知。

7.4.3　用于飞行冲突探测与解脱的空间分割

通过空域离散化成网格,可实现以网格为基准计算交通密度,测算空管雷达监视、地空通信的电磁覆盖性能，分析地基和星基的航空导航精度、可用性、完好性等性能指标。更为重要的一点是基于划分的合适大小的网格，可以进行飞行冲突探测与解脱的计算应用，降低原先计算方法的时间复杂度，改善跨时间尺度空中对象运动位置预测的发散性带来的冲突探测结论可信度低的问题。具体采用基于多面体投影的空中交通网格系统，随着预测时间的加长，空中运动对象的预测落点位置将以圆立体区域的形式呈现，这是预测之中不可避免的问题，现实之中可以通过空管雷达监视位置更新预测落地位置，从而保持对空中运动对象位置的准备连续可控跟踪，如图 7.30 所示。

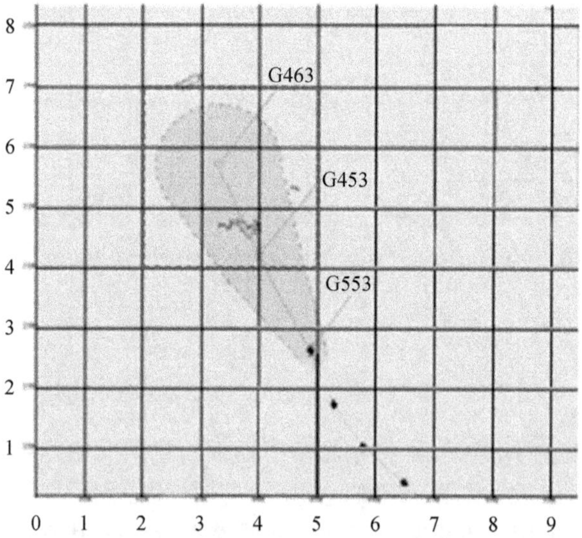

图 7.30　运动预测发散位置的平面投影示例图

假定迭代推进的飞行冲突判决时刻为 t_n，在二维平面内依照预测发散圆的大小，可确定判决空间为 $(i3, j5)$、$(i3, j6)$、$(i3, j7)$、$(i4, j5)$、$(i4, j6)$、$(i4, j7)$、$(i5, j5)$、$(i5, j6)$、$(i5, j7)$ 网格组成的区域，如果该区域内存在其他飞机，则认为可能存在潜在的未来风险，这个风险具有一定的可能性，则可以将此区域网格着色为红色(red)表示高风险，其他不存在风险的网格区域着色为绿色(green)表示风险极低，对其他可能存在的风险区域着色为黄色(yellow)表示风险中等。通过投影的二维平面上的着色区域，则可以按照时间迭代推进分析未来空中运动对象的时空位置状态，形成安全风险演化趋势图，以作为开展风险防范及空中交通流量与空域协同管理与控制的风险识别依据等。这种处理方法通过预测空中运动对象落点所处于的扩大域、不再详细考虑运动对象的运动速度矢量间相互关系，实现对跨时间尺度的飞行冲突判决，形成了空中飞行潜在风险的热度图。基于热度图可通过计算机图像的快速识别，反馈到预测时间基点位置的运动对象计划飞行路径意图、速度矢量改变上，进行反复持续的优化飞行路径安排及空域使用，从中寻优出一种更好的安排空中交通运行的策略及飞行的时空安排计划，实施基于热度图的空域离散化的使用控制决策。

上述讨论的连续空域离散化应用的三种场景不是未来应用的全部，但已构成开展连续空域离散化方法研究的必要要素。这是因为随着现代航空科技的发展，空中运动对象的性能不断改变，飞行速度越来越快、飞行高度越来越高、飞行性能越来越好，大众化普惠航空也快速推进到我们身边，以航空器为中心构建安全有序高效的管控措施办法，凸显出越来越多的弊端，只采用一种方法管控为数众多的性能差异很大的飞行对象也越来越难。与此同时，随着信息技术的快速发展、计算机硬件产品性能和数据处理能力的不断提升、网络通信技术的飞行发展、计算机系统的信息化与智能化，过去对于各种工程系统和计算的需求已不仅仅局限于系统功能的扩充上，而是更关注系统资源的合理有效分配和系统性能效能的优化，以及服务个性化与用户满意度的提升。当信息空间与连续电磁信号覆盖的飞行空间融合成为信息物理空间之后，传统视角看待连续空域的方式就需要更新，应用离散化方法从排列组合形式看待空域，把离散网格作为全新空域计算处理的基础，把飞行冲突风险映射到离散网格之中、通过网格的调度管理空域和飞行对象，则是一种未来趋势。不变的是连续空域外在的物理实体，改变的是看待空域的方式及在信息物理空间之间的空域组成样式。从而得出开展空域离散化的目的是以空域的空间分割进行飞行管控；以空间分割为基础测算飞行安全风险，降低传统以飞行对象为中心的测算潜在风险的复杂性与难点；实现空中交通管理基于连续空域分割为网格的一系列数值计算，包括安全性、空域容量、航空运行效率、空域的电磁信号覆盖性能、空域使用状况统计、空中交通流量统计与预测控制、航空气象数据空间分割处理等领域计算。

通过连续空域离散化处理在空中交通管理之中的作用，主要有三个方面：一是可对空中交通管理的重要物理基础——空域进行离散化的数值计算，这种计算是在定义一系列同空中交通管理运行有关的性能指标基础上，基于离散的空域网格开展的，故被称为空域数值计算与分析理论，这也是一种全新的视角进行空中交通管理研究；二是将空域提升为一种飞行管理与控制的手段，由此必须找到对空域的计算处理方法，实现可信、可靠、安全、高效调度管理空域，将传统的固定划分固定应用的模式，转变成灵活动态使用控制空域，并为新型飞行器、高速飞行器运行管理提供技术原理；三是在监测空中交通运行和空域使用状态中，可建立新型的测度指标与方法，基于离散空域网格可以实现对不同电磁信号覆盖、运行性能、间隔标准、飞行密度、管制工作负荷、空中交通复杂度及空域运行复杂度等建立新的测度模型，并可实现快速的识别安全风险、测算空域容量，为开展战略性的空中交通管理和空域规划、预战术和战术空中交通管制等提供信息反馈，构建良好的大闭环控制策略等。

参 考 文 献

[1] 刘钦,赵刚. 一种编队多传感器搜索空域协同分配算法[J]. 火控雷达技术,2018,47(1):17-20.

[2] 苗双喜,程承旗,任伏虎,等. 地球剖分型 GIS 数据模型[J]. 地理信息世界,2020,27(4):22-29.

[3] 王超. 基于方向图可重构技术的二维宽角扫描相控阵天线及其电路研究[D]. 成都:电子科技大学,2020.

[4] 文秘,方强,黄兴龙,等. 基于 RGRS 的空域划设问题研究[J]. 兵器装备工程学报,2020,41(3):194-199.

第八章　战术空域管控系统设计技术

8.1　Agent 理论

1. Agent 基本概念

Agent 的概念最早出现于 20 世纪 70 年代的分布式人工智能领域，其原型是 Hewitt 的 Actor 模型，Actor 是一个封装了地址和行为的计算实体，它可以通过消息传递进行通信，并且可以并发地执行动作。尽管学术界对 Agent 相关问题的研究已经相当深入，但关于 Agent 并没有严格而统一的定义。最经典和广为接受的是 Wooldridge 给出的有关 Agent 的"弱定义"和"强定义"。

弱定义强调 Agent 最基本的特性，包括自主性、交互性、反应性和主动性，其具体含义如下：

自主性：Agent 具有属于其自身的计算资源和局部于自身的行为控制机制，能够在没有外界直接操纵的情况下，根据其内部状态和感知到的环境信息，决定和控制自身的行为。自主性是 Agent 区别于普通对象的重要标志。

交互性：Agent 能够与其他 Agent（包括人）用 Agent 通信语言实施灵活多样的交互，能够有效地与其他 Agent 协同工作。交互性可使 Agent 之间形成多 Agent 系统。

反应性：Agent 能够感知所处的环境（可能是物理世界、操纵图形界面的用户或其他 Agent 等），并对相关事件作出适时反应。环境包括客观存在的物理实体、通信网络以及其他 Agent 等。反应性本来是生物体的基本属性，强调 Agent 具有反应性表现了 Agent 具有某种生命特征。

主动性：Agent 不仅仅简单地对环境做出反应，而且能够遵循承诺采取主动行动，表现出面向目标的行为。主动性反映了 Agent 在决策和实施行为过程中的理性特征。

强定义在弱定义的基础上加上 Agent 在具体应用环境中表现出来的其他特性，如知识、信念、义务、意图等。

不管是 Agent 的弱定义还是强定义，基本上都是对 Agent 的特性进行描述，至于 Agent 是什么，它究竟是对象、程序还是实体，则没有给予明确表述。Russel 和 Norvig 指出，Agent 可以是任何能通过感知环境并通过效应器作用于环境的事物。与面向对象技术相比，Agent 是一种更高粒度的抽象，除了可以实现属性、事件和方法的封装之外，还可以被赋予思维及决策的能力，体现出较高的自主性、较强的面向目标性、灵活的反应性以及与其他 Agent 的交互性等。利用 Agent 思想求解问题一般具有下述优点：

1）系统的数据、控制、专家知识和资源可以分布存储和处理。采用 Agent 技术可以使数据资源处于分布控制状态，数据的处理通常在本地进行，只需交换少量的高层信息，这样可以有效地提高系统效率。

2）Agent 组成的系统更容易与现实系统相对应，使软件系统理解起来更加准确、容易。例如在虚拟现实系统中，人物或其他角色可以自然地表示为自主的、具有个性化和社会性的 Agent。

3）Agent 的灵活性有利于对软件系统的集成。一般认为，对遗留（legacy）系统进行维护并使它们继续发挥作用的最佳途径就是把它们封装为 Agent，以方便已有系统间的连接及其与新系统的和谐共存。

2. Agent 的结构和工作流程

Agent 的一般结构如图 8.1 所示，它由知识库、推理机、用户界面、通信模块、事务处理模块及学习模块组成。

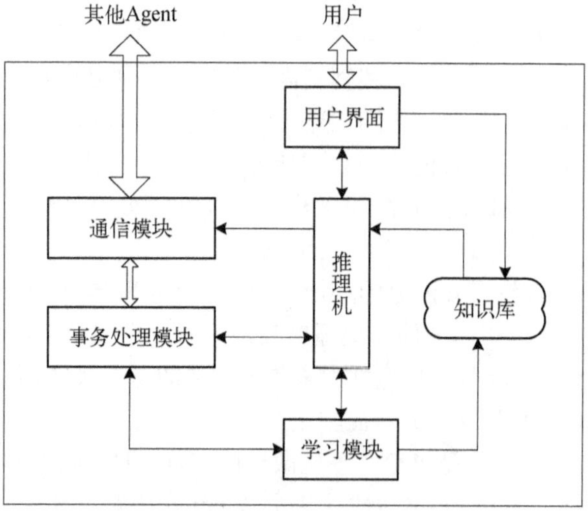

图 8.1　Agent 的一般结构

1）知识库存储 Agent 的知识，知识来源有两个，一个由用户增加，另一个是通过学习模块的学习而获得；

2）推理机利用已有的知识控制通信模块、事务处理模块和学习模块；

3）用户可以利用用户界面维护知识库，并通过推理机控制通讯模块、事务处理模块和学习模块；

4）通信模块负责 Agent 与外界（外界环境或其他 Agent）的通信；

5）事务处理模块是 Agent 要达到目标的事务处理方法模块；

6）学习模块从 Agent 的不断运行过程总结各种经验，为知识库增加新的知识，其学习训练可以通过人工神经网络的学习算法来实现。

Agent 作为智能体的存在，决定了个体 Agent 的行为必然体现在推理上，也决定了个体 Agent 的体系结构必然是一种局域推理过程的体系结构。

Agent 通过交互来感知环境，获取环境的状态信息。感知到的信息首先要以适当的方式进行融合，并能为 Agent 的知识库所接受。信息处理的目的是解释可用的数据，根据 Agent 的目标产生具体的行动。当要求对环境交互时，控制和使用合适的交互模块完成对环境的作用。

3. MAS 概念和特点

多 Agent 系统（multi-Agent system，MAS）是分布式人工智能研究领域的一个重要概念，指的是由多个相互作用的 Agent 构成，能够共同完成一定任务的系统。在多 Agent 系统中，这些 Agent 属于相同或者不同的种类，它们在系统结构中担任着不同的角色。每个 Agent 只具有完成任务所需的不完整的信息或能力，只能根据所具有的局部信息以及相互之间的通信来进行决策。但这些 Agent 通过通信进行协商和协作，能够完成单个 Agent 无法完成的任务——涌现性行为。可以看出，多 Agent 系统提供了一种“自底向上”的、“构造性”的研究模式，能够根据个体的行为“涌现”出系统的宏观行为。

MAS 协作求解问题的能力超过单个 Agent，这是 MAS 产生的最直接的原因。导致 MAS 研究逐渐兴起的其他原因还包括与已有系统或软件的互操作；求解那些数据、能力和控制具有分布特性的问题以及提高系统的效率和鲁棒性等。与单个 Agent 相比，MAS 具有如下特点：每个成员 Agent 仅拥有不完全的信息和问题求解能力（因而其观点是有限的），不存在全局控制，数据是分散或分布的，计算过程是异步、并发或并行的。

分布式人工智能主要研究在逻辑或物理上分散的智能系统如何并行、相互协作地实现问题求解。随着计算机网络、计算机通信和并行程序设计技术的发展，分布式人工智能的研究逐渐成为一个新的热点。分布式人工智能有两个重要分支：分布式问题求解和多 Agent 系统或者称为多智能体系统。分布式问题求解是分布式人工智能研究的早期阶段。它采用自顶向下的系统策略，即先将整个系统的问题分解为若干局部子问题，再将分解后的子问题合理地分布于系统内相应的作用体上，接着对分散的作用体进行子问题求解，最后对各作用体做出的子问题的解进行综合，求出总问题的解。各个子作用体的交互策略被集成为系统设计的整体部分。

MAS 的核心思想就是通过个体 Agent 之间的相互作用，使 MAS 作为整体的问题求解能力大于各 Agent 个体所具有的问题求解能力的简单相加。其主要特征表现在以下几点。

1）协作性：MAS 中的 Agent 可以相互协作，解决单个 Agent 无法解决的问题。

2）并行性：MAS 可以通过 Agent 间的异步并行活动，提高处理复杂问题的质量和效率。

3）健壮性：MAS 不依赖于某个单一的控制器去协调所有的任务，不会像集中控制那样因为某一控制器的崩溃而导致系统瘫痪。

4）易扩展性：MAS 松散耦合的特征，保证了其组件的可重用性和可扩展性。

5）分布性：MAS 的数据、资源分散在系统环境的各个 Agent 中，表达了系统描述问题的分布性。此外，MAS 还具有柔性特征。它的结构可以是紧密型的，也可以是松散型的；它的组成可以是粗粒度的，也可以是细粒度的。如人工神经元网络可以被看成是一种紧密型精细的 MAS 系统，它的每个元件或单元都是一个具有有限智能的 Agent，这些 Agent 的合作可以提高整个系统的智能水平；而一般意义下的分布式问题求解系统则是一种松散型的问题求解网络，其中的每个 Agent 都能够完成复杂问题求解的一部分工作，能够随环境的变化调整自己的行为，并且与其他代理进行通信和协作，如并行工程中的冲突消解和约束满足问题的求解就可以采用松散耦合的 MAS 予以解决。

4. MAS 体系结构

MAS 的结构旨在刻画系统中 Agent 之间的连接，揭示 Agent 间的信息和控制关系，反映系统中信息的存储和共享方式、问题求解能力的分布模式等。其基本的体系结构有三种模式：集中式、分布式和集散式体系结构。如图 8.2 所示。

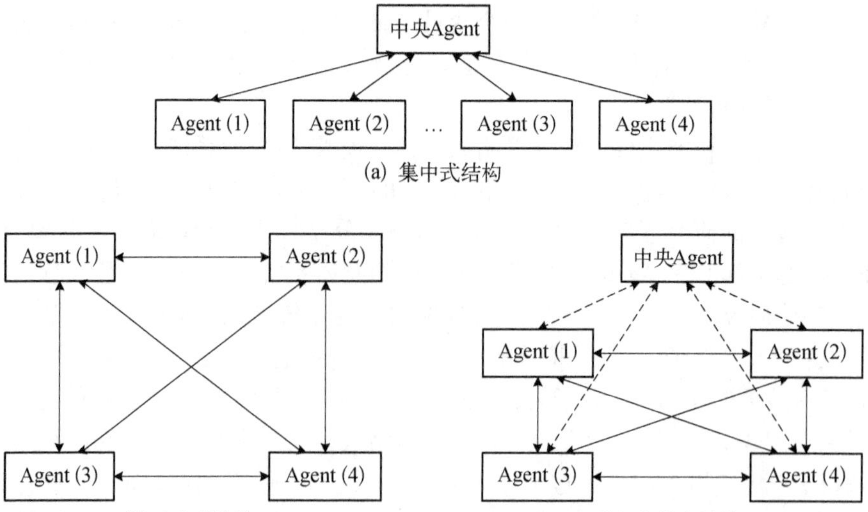

图 8.2　基于 Agent 方法的系统结构

集中式控制系统的特点是有唯一的中央控制节点,图 8.2(a)描述了完全集中式的组织结构。在这种组织模式下,MAS 中有一个中央 Agent,具有极强的决策能力和权威,控制了全局数据的一致性和所有的决策权,与其他 Agent 之间存在着一种主从关系。这种结构的优点是可以降低系统的复杂性,减少 Agent 间由协商产生的通信开销。缺点是对中央 Agent 的要求很高,如果系统中的各 Agent 的行为比较复杂,或者 Agent 的数目比较多,那么得出一个全局一致的行为规划是极为困难的。因此,这种结构不适合动态、开放的环境,只适于系统规模不大、系统环境相对明确的情况。

分布式控制系统的特点是采用自治和协作的方法来解决全局控制问题,将复杂问题分解为能够由系统中各个节点解决的子问题,然后由各节点进行联合求解。图 8.2(b)描述的是完全分布式的结构,MAS 中所有的 Agent 是独立的,彼此间是完全平等的关系。需要合作时 Agent 间可直接进行通信,这种结构可扩展性强,可以充分发挥各节点的自治能力,缺点是通信关系复杂,它要求 Agent 有较强的自适应能力或通信能力,适用于规模大、技术能够实现的系统。

为了更好地解决多任务控制问题,将集中式和分布式结构有机结合起来,弥补彼此的缺点、突出双方的优点成为一种发展趋势,出现了集散式控制结构,如图 8.2(c)所示。在集散式控制系统中,每一个 Agent 在任务执行过程中从局部利益出发,根据环境信息和自身状态对当前的任务计划进行评估,如果发现了更利于自身的规划,把新的规划结果提交给中央协调器,由中央协调器对每个 Agent 的提议进行总体评估,如果提议能获得更好的系统整体效能,则该提议被采纳,否则被否决[1-4]。

8.2　系统体系结构

8.2.1　一般概念

体系是一系列自身即组件的复杂系统,为了实现某项共同目标而构成的集合体。体系可以定义为一种超系统(system of systems, SoS),它由众多具有共同目标的要素组成,这些要素本身都是相互独立、相互作用、复杂、能运行的系统。体系具有自治性、从属性、连通性、多样性、涌现性五大基本特征,见表 8.1。

表 8.1　体系特征的基础和描述

特　征	定　义	动　机	起　源
自治性	对组成系统独立选择的能力;追求合理存在的权力,并通过行为实现其目标	老系统对体系是必然存在的;体系比其中任何系统具有更高的目标	管理和运行的独立性
从属性	在安全可靠的关系中找到幸福	体系的存在是为了应对经常发生的问题群;为了成为体系的一员,老系统可能需要经历改变	共同的使命任务

（续表）

特征	定义	动机	起源
连通性	系统与其他系统连接的能力	目标为构建体系的老系统很可能具有更高的异质性，同时不太可能符合预先的连通性协议；体系的动态运行极度依赖有效的连通性	相互依赖性，分布式，联网，多种解决方案，协同能力
多样性	显而易见的异类性，一个共同体具有截然不同或不一样的要素或品质，处在同一个运行环境中	老系统大都不可能在目标朝向构建体系之前就一起工作；体系只能借力于其构成系统的多样性获得其更高的目标	独立性，多样性，异类性
涌现性	在发展或演变过程中出现新属性	体系的边界不可或缺，所有体系都有突现性；突现性需要明确定义的边界；体系有动态边界而且总是清楚定义的；体系应该开发具有更加灵活性和适应性的突现性能力	演变，智能，协同，动态，适应

战术空域管制涉及任务规划、空域规划、空域用户等众多节点，战术空域管控系统的构建与这些已经存在的节点系统密切相关，具有典型的体系特征。节点系统是多样的，能力是自治的，体系结构设计必须保证这些系统的自治性，这些节点系统一旦成为体系的组成部分就必须从属于体系要求，体系能力的实现需多个节点系统协商完成，任何单个系统都是不够的。因此，每一个节点系统的功能都可以抽象为由自主决策部分和协同决策部分组成，自主决策部分就是已经存在的系统，协同决策部分应以一个代理形式出现，称作为 Agent 单元，体系能力由分布在每一个节点系统的 Agent 单元协作实现[5-11]。以系统集散式结构为例，节点系统与体系的关系如图 8.3 所示。

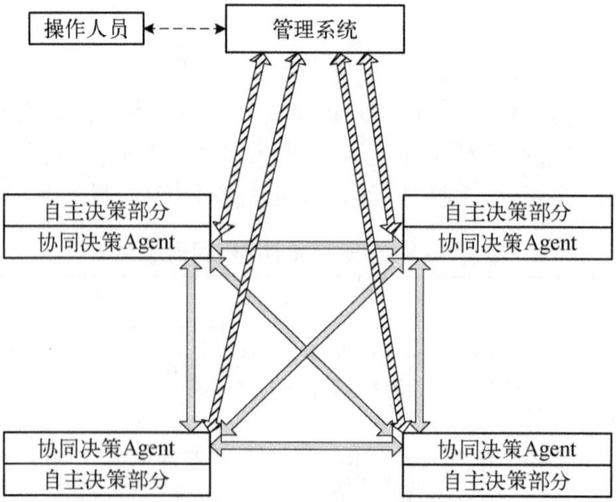

图 8.3　系统体系结构概念图

8.2.2　战术空域管控系统体系结构

战术空域管控系统从管理者与管理对象之间关系考虑,可采用集中式结构。由部署在指挥中心的战术空域管控系统和部署在相关用户节点的子系统或远程终端(Agent)组成,通过空域管制接口实现信息交换和空域用户使用需求协调。中心系统具备完整的战术空域管制功能,实施战术空域的规划、协同、监视和管理,并负责日常训练或非战争军事行动时的空域的规划、协同、监视和管理,子系统根据作战计划向中心系统提出空域使用需求,接收中心系统下达的空域规划方案,并能够监视作战区域内的空域使用情况,子系统或远程终端根据部署位置由中心系统功能按需剪裁而成。系统体系结构如图 8.4 所示。

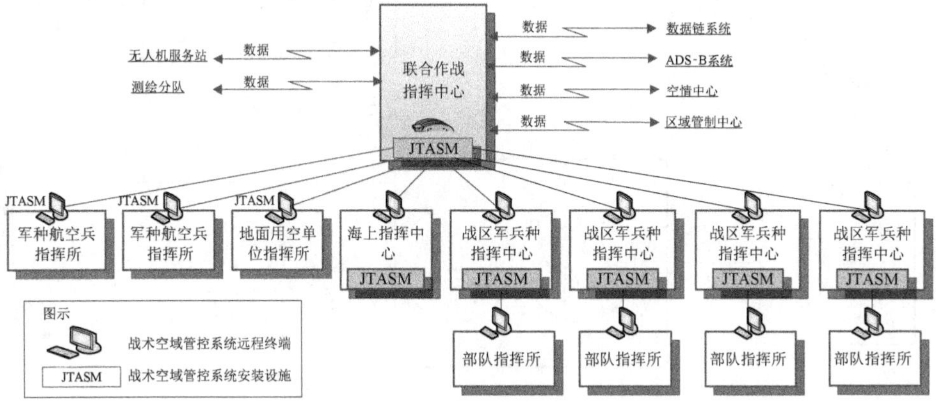

图 8.4　战术空域管控系统体系结构

8.2.3　战术空域管控系统节点连接性描述

联合作战指挥中心、军兵种指挥所、区域管制中心和其他空域用户是战术空域管制的主要节点,是产生、使用、处理空域数据的体系结构元素或元素的结合,由通信传输网络将它们连接在一起,各节点通过节点中的相关要素进行信息交换,节点间交换信息的内容、流量、安全性、及时性、互操作等级、协议等符合空域管制各类业务信息的传输要求。

首先由作战决策部门向指挥信息系统、联合作战指挥信息系统和战术空域管控系统布置作战任务;空域活动开始前,战术空域管控系统根据用空总计划优先级向区域级空中交通管制系统下达空域管制命令;空域活动开始后,战术空域管控系统根据作战计划、雷达情报、军民航用空计划,临机调整空域使用限制和调配方案,实现空域资源最大化利用。战术空域管制节点互连关系如图 8.5 所示。

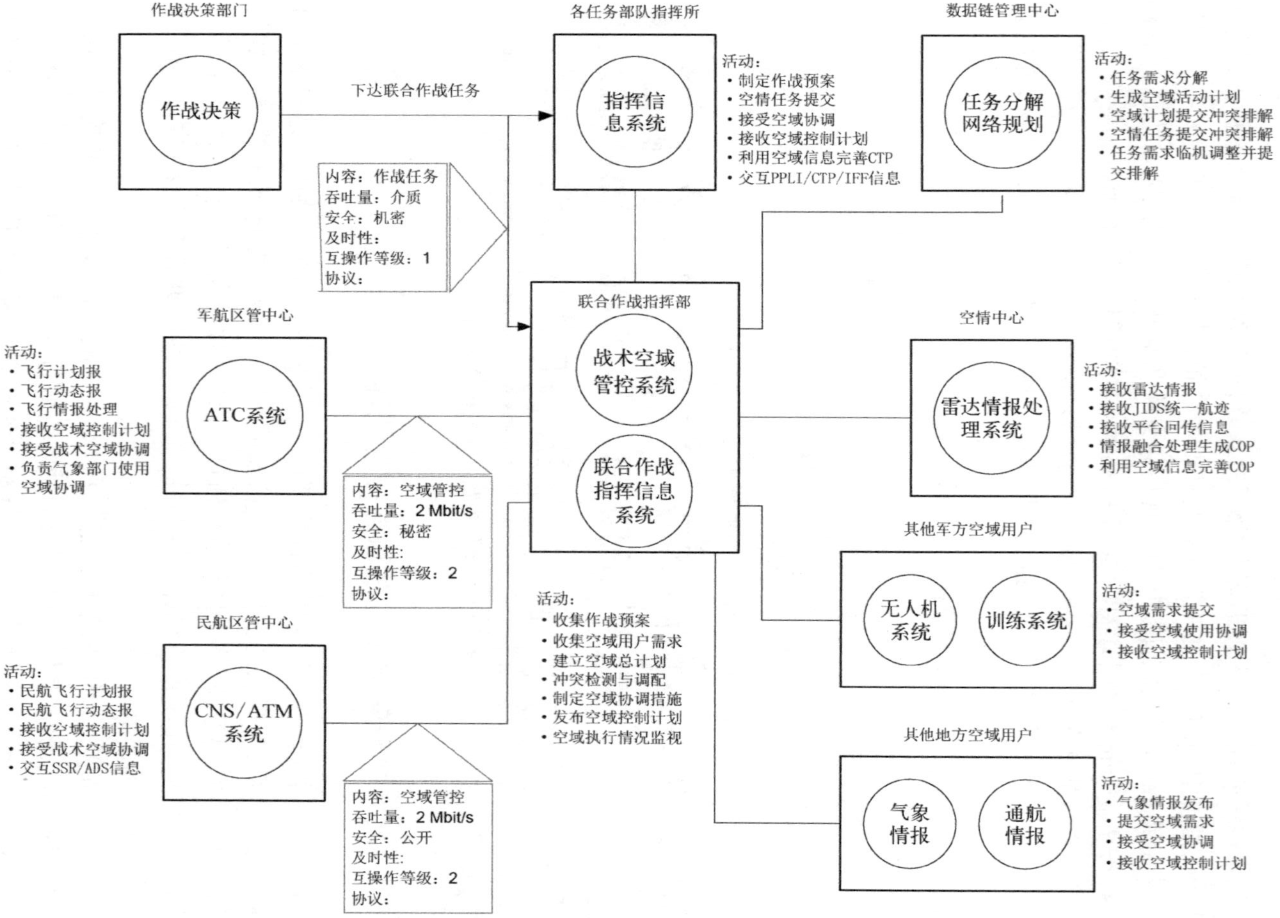

图 8.5　系统节点连接关系示意图

8.2.4　系统功能结构

战术空域管控系统功能结构设计主要是研究系统的功能组成及其功能模块之间的关系，系统功能结构分为空域规划、空域控制、空域监视三个部分，系统功能包括空域用户数据收集、空域总计划制定、空域冲突排解、空域控制计划生成、空域使用协调、空域空情动态监视、空域需求临机调整、四维视图生成、态势共享支持等。

在实际运行过程中，战术空域管控系统所承担的空域管制职能有：设置空域协同规划席和空域监视管理席，分别负责空域协同规划和空域监视管理；设置空域管制服务器为空域协同规划席、空域监视管理席提供共性基础服务；设置实时信息交互终端，实现各级空域管制机构空域管制信息的实时交互功能。由于机场级空域管制机构和空域用户并不需要实现完整的空域管制功能，故将空域协同规划功能、空域监视管理功能、基础服务功能和实时信息交互功能经过剪裁后，集成到空域管制终端。

具体的系统功能结构视图如图 8.6 所示。

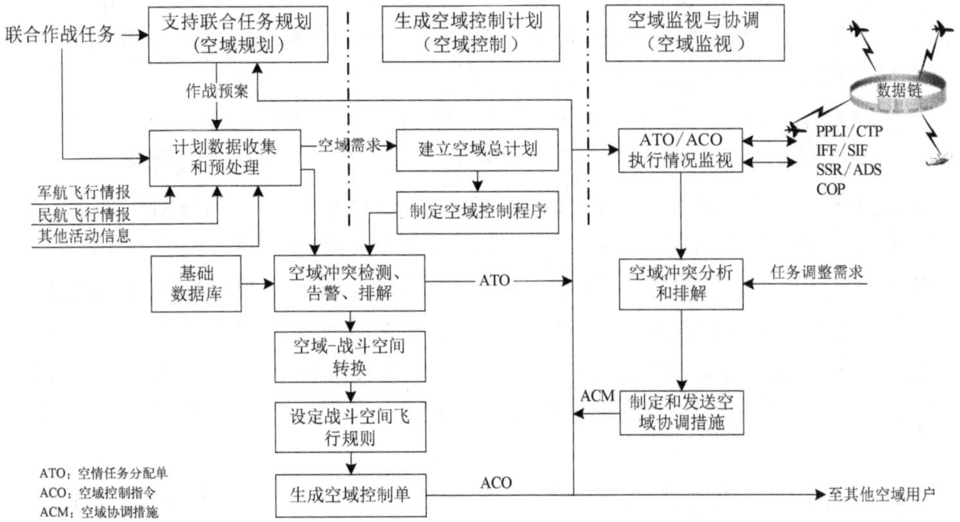

图 8.6　战术空域管控系统功能结构

战术空域管控系统主要支持作战计划部门进行空域控制计划（ACP）、空域协调措施（ACM）和空域控制指令（ACO）的拟制以及 ACO 的执行情况监控。

空域控制计划（ACP）是联合作战部队在战区开展作战行动时对空域使用进行规划和协调的总体指导文件，明确了空域的范围、目标和使用规则。主要内容包含：

- 描述 ACP 适用的任务区域；
- 列举当前联合作战区域所具备的空域控制能力；
- 描述空域管制职能、空域用户与任务、用户与空域管制间的协作关系、空域控制系统所用元素；
- 描述空域管制与空域防空间的协调方式，以及防空任务与作战需求转换的触发条件；
- 描述与民航等相关方之间的协调方式；
- 规划战情恶化情况下不间断提供空域控制任务的方法；
- 描述联合部队各类空域控制流程，包括请求、批准、修改、颁布等；
- 描述敌我识别/选择性识别（IFF/SIF）的流程。

空域协调措施（ACM）是以水平-垂直方式进行空域立体划设和定位的标准，用于在多个空域控制机构之间明确和分配空域管制责任；ACM 是 ACP 中描述空域的最重要指标之一，其对空域进行了详细的分类，主要包括防空区、防空行动区、空中交通管制区、空中走廊与航路、流程控制区、限制使用区、特别使用空域、参考点等几大类空域和空域要素。在一个空域大类中还可包括若干空域子类，如防空区中可包括防空识别区、基地防御区、缓冲区、空中格斗区、高海拔导弹打击空域、高密度空域控制区、联合防空区域、联合交战区域、地面导弹打击空域、低海拔导弹打击空域、近防打击区域、武器自由打击区域等子类。

空域控制指令（ACO）是根据空域控制计划（ACP）和空中任务计划（ATO）制定和发布的用于控制航空器的指令。其通过格式化的指令形式，具体明确航空器如何使用特定空域，包括航空器在空域之中的飞行位置、飞行高度、飞行航线、空域中停留时间、受攻击的目标位置、武器发射点、目标接近航线等详细信息。ACO 要响应空域用户对空域的使用请求，对作战区域各用户的空域使用进行协调，消除或减少空域使用冲突，调配结果以命令形式发布。ACO 应按照空域协调措施（ACM），基于流程化的控制准则，从时空维度上进行空域使用范围的划设、激活或关闭。ACO 可以以独立命令的形式发布，也可以作为 ATO 的一部分进行发布。

战术空域管控系统、指挥信息系统、数据链系统、军/民航空管系统、其他空域使用单位是战术空域的主要使用节点，是产生、使用、处理空域管制数据的体系结构元素或元素的集合，由通信传输网络将它们连接在一起，各节点通过节点中的相关要素进行信息交换，节点间交换信息的内容、流量、安全性、及时性、互操作等级、协议等应符合空域管制各类业务信息的传输要求。战术空域管控系统的基本运行流程如图 8.7 所示。

用户使用战术空域管控系统，一是协同完成联合任务规划，通过收集空域用户

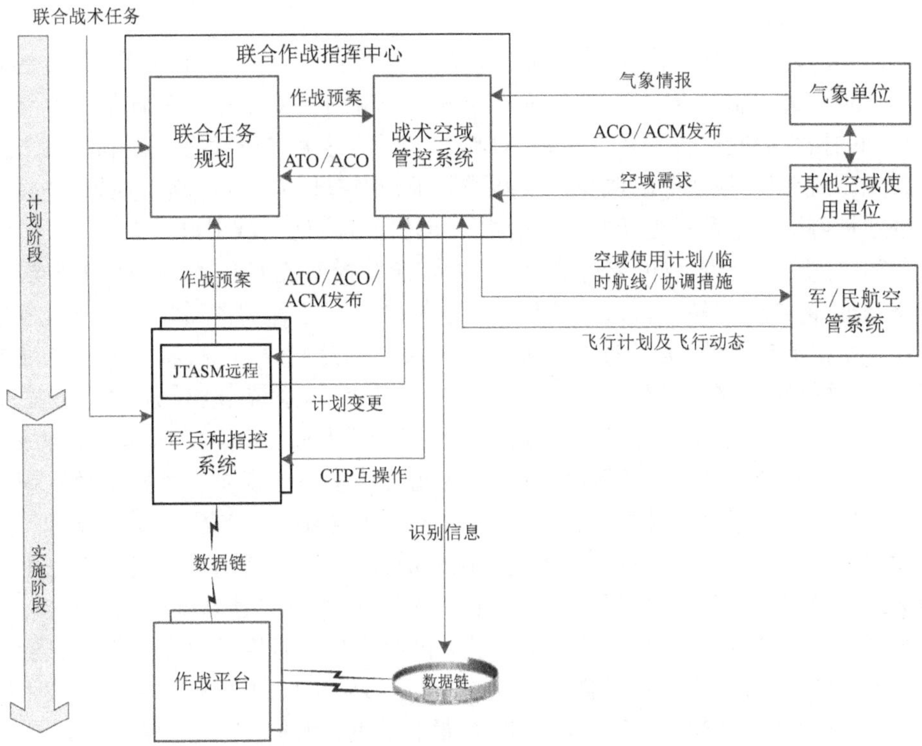

图 8.7　战术空域管控系统基本运行流程

的相关需求数据,包括作战预案,结合基础数据库空域结构数据,检查冲突,调整空域变量,排解冲突,形成可执行的 ATO;经批准后反馈给空域用户。二是生成空域控制计划,利用空域可视化技术生成空域管制四维视图,根据空域用户需求,建立空域总计划,将空域总计划分解成具体可执行的空域控制程序,并与作战预案进行联合冲突排解,排除空域控制程序中的冲突,生成每日空域控制计划 ACO,分发到相关空域用户。三是空情动态监视与协调,从数据链管理中心、指挥信息系统、空防中心接收空域态势信息,并向它们发送空域活动情况,支持目标识别;监视空域 ATO/ACO 执行情况,预测潜在冲突;接受空域任务调整和新增需求;制定临机空域冲突排解和协调措施,向有关节点发布和协调。

战术空域管控系统能力需求:

1) 战术空域规划与协调能力。战术空域管控系统通过收集各军兵种作战预案以及空域内其他用户空域使用数据,综合各方面空域使用需求,在作战空域中发现并调解空间、时间和频域上的使用冲突,进而生成空中任务计划、空域控制计划和战斗空间飞行规则,向指挥所和相关空域用户发布,保证作战任务执行过程中空域使用者之间的相互协调和安全。冲突排解与协调的过程不仅需要考虑作战任务对空域的使用需求,还需要综合考虑军航、民航、炮射、弹道走廊、气象等其他相关因素。

2）战术空域监视与动态管制能力。联合作战任务受天气、设备受损、战场态势等多种不可控制因素的影响，战术空域管控系统应能对空中任务计划和空域控制计划的执行情况进行一致性监视，对临时出现的冲突进行动态检测和解脱。同时，还需要根据作战任务的调整以及新增需求，对空域使用进行临机规划，并将详细的空域协调措施及时更新并传递给相关指挥所和其他空域用户。

3）对指挥信息系统的支持能力。战术空域管控系统拥有最全面的空域动态、静态数据，能够将空域运行监视过程中所掌握的空间各种物体活动情况及时发送至相关指挥信息系统，为其进一步制定指挥决策措施提供支撑；将空域所有航空器/活动物体的分布情况实时发送至相关指挥信息系统，改善通用作战图像（COP）、共用战术态势图信息（CTP）、单一精确合成空图（SIAP）的质量，使作战决策与指挥人员能够清晰地了解战场态势；为指挥信息系统提供一种实现敌我识别（IFF）的新方法，根据空域规划，主动识别进入作战空域的航空器，而无须要求航空器发射信号，亦可全程跟踪目标，实现准确的敌我识别，在通信设施降级及空中平台无线电静默的情况下是敌我识别的唯一手段；实现与空管系统的无缝对接，向军/民航空中交通管制系统提供 SIAP 视图，同时支持战术空域管制与军民航管制的协调，在跨区域作战中实现航路航线与交战区域管制权的顺畅衔接；利用战术空域特定时间范围内所有与任务直接相关的最新数据，为进行全面的战损评估、生成综合战损评估方案提供技术支持。

8.2.4.1　战术空域计划建立

根据联合作战计划、演习和训练计划，军/民航飞行情报等空域用户需求，提取空域使用信息。如，从飞行计划中获取计划航线、飞行速度、巡航高度和预计起飞/着陆时间等航行诸元；从防空部队和炮兵部队计划中获取武器配置、性能和任务等信息，分析得出空域使用范围、火力路径和用空时间等信息。用统一的格式整合各类空域使用信息。收集空域其他用户数据，包括炮射训练计划、弹道走廊信息、通航飞行情报、气象情报等。

根据联合作战任务各用户空域使用需求，建立空域总计划。利用空域控制程序模板，根据空域使用和协调规则，按照空域-时域-频域对战术空域进行立体划设，明确空域分配和控制责任，设定空域控制参数，最终将空域总计划分解细化为按时间基线的空域控制程序。

具体是在空域基础数据的基础上，按照时-空-频组织收集到的各军兵种作战预案对空域使用需求、气象数据、军/民航飞行情报以及其他活动信息，形成对管制区域内空域使用计划的总体视图，包括空域管制计划适用的任务区域、任务部队的空域需求、空域管制过程中的组织和关系、空域基本情况（已划设的空域结构、空域气象条件、航路航线等)，如图 8.8 所示。

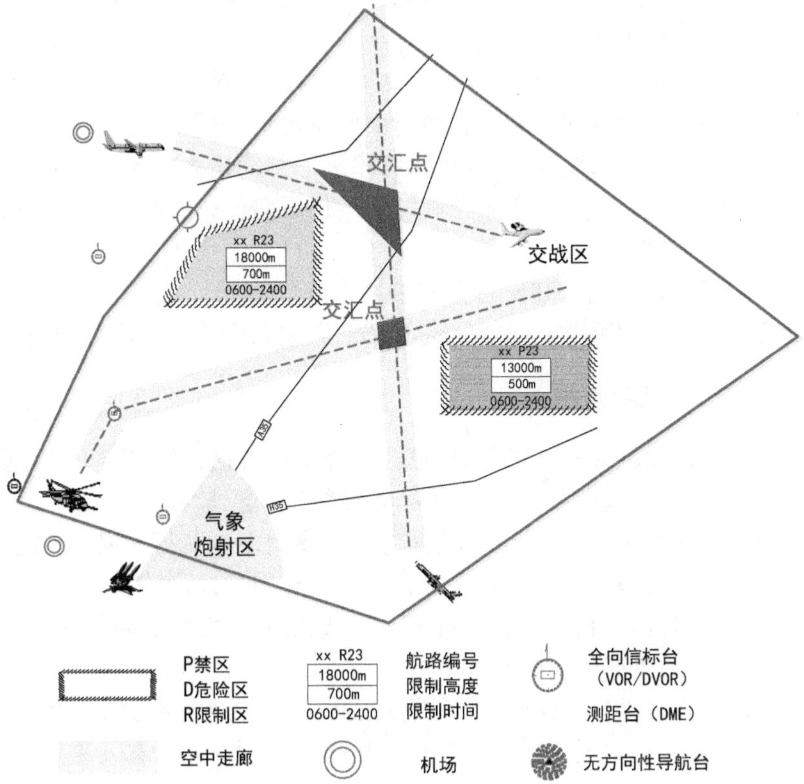

图 8.8　空域控制总计划示意图

8.2.4.2　空域协同规划与设计

分析待划设战术空域的影响因素和设计因素，找出待划设空域运行方案的调整点，对调整点运用交互式设计，生成新的空域设计方案，经过仿真评估，对空域方案进行优化，直至生成满意的空域设计预案。

8.2.4.3　空域计划生成

空域计划生成首先要对空域冲突进行检测与排解，主要包括对计划计划和动态计划两部分。对空域控制程序、空中任务计划和空域动态情况进行冲突检测与排解。计划冲突排解主要内容包括：友军航飞行计划中的时间、空间、频域冲突，飞行计划与地面障碍物间的冲突，飞行计划与火力计划间的冲突以及飞行计划与地面火力计划间的冲突等。动态冲突排解主要针对计划执行过程中可能出现的“时-空-频”冲突，向指挥员发出预警提示，并提出冲突解脱建议。

对冲突排解后的联合作战计划,根据约定的规则和指令集,生成空中任务计划(ATO),空中任务计划是对作战计划的格式化描述,设定了战斗空间飞行规则,是符合指挥官意图的能够被飞行员执行的指令。

根据冲突排解后的空域控制程序,生成每日空域控制计划(ACO)。战术空域管控系统根据空域控制程序将空域转换为面向特定任务部队的战斗空间,并通过在战斗空间中设定活动规则,将空域控制程序进一步细化为任务部队可执行的指令,即每日空域控制计划,每日空域控制计划不仅面向任务部队,也用于协调其他使用空域的单位、部门。

根据空域控制计划制定和发布空域协调措施(ACM),结合军/民航和其他非任务单位之间协调空域使用需求,向外部提供统一的协调机制、操作流程和数据接口。

8.2.4.4　空域动态调整

接收并显示多源输入的空域态势信息,结合飞行情报、气象信息、航行资料与情报、地理信息和空域基础数据,生成战术空域态势图像,监视空域计划执行情况,发现潜在冲突。主要包括空域控制计划和空勤任务计划的执行监视,前者按时间、地点等条件将空情态势与任务计划进行关联匹配和判断,后者针对在空域中的合作的目标,进行目标间的相撞可能判断、目标与地物的碰撞可能判断,以及目标误入各类危险区、飞行禁区的判断等。

战术空域执行各类作战任务,必须进行任务、航路的规划和设计。在空域使用中,最优的航迹是保证空域资源最大限度使用的前提,尽可能没有大速率的机动转弯,并且飞向目标区域的航迹尽可能短,还要尽量避开敌方的雷达或者在飞行过程中暴露在敌方雷达下的概率最小等。其核心技术点包括以下三个方面:一是飞行轨迹预测,根据航空器、导弹性能和平台信息(载荷、油量)建立4D轨迹模型,根据用空计划、飞行数据(飞行态势信息)推测4D运行轨迹;二是多兵种协同任务调度,协同任务调度是一个资源异构性强、高度非线性、带有较强约束的复杂优化问题,建立战术空域协同任务调度模型,优化模型求解方法,提供一种灵活的适应环境变化的战术空域任务调度机制;三是战术空域航路规划算法,根据战场环境态势信息,研究三维约束条件下的多平台航路规划和在线重规划算法,引入基于智能算法的航路优化策略,并基于当前空情态势快速预览调整结果,及时发现并排除冲突,形成新的空域管制计划和空域协调措施,实现战术空域管制安全高效。

8.2.4.5　态势共享支持

战术空域管控系统收集、融合了来自不同情报源的空情数据,且拥有最全面空域计划数据,通过空中航迹信息与空中任务计划的相关处理,能够提供空中所有预知飞行物体的属性情报，为指挥信息系统提供一种新的敌我识别方法；由于战术空域管控系统能够提供全面的空域使用数据和空域情况监视数据，因而能够支持全面的战损评估。

态势共享支持为空域协调员提供空域态势四维视图。空域协调员能够根据一定的标准选择和排列空域要素，在任务执行阶段，空域协调员能够在四维视图下用接近实时的方式观察任务的执行情况，并能够以“快于实时”的方式“预览”潜在的冲突事件。空域态势显示视图如图 8.9 所示。

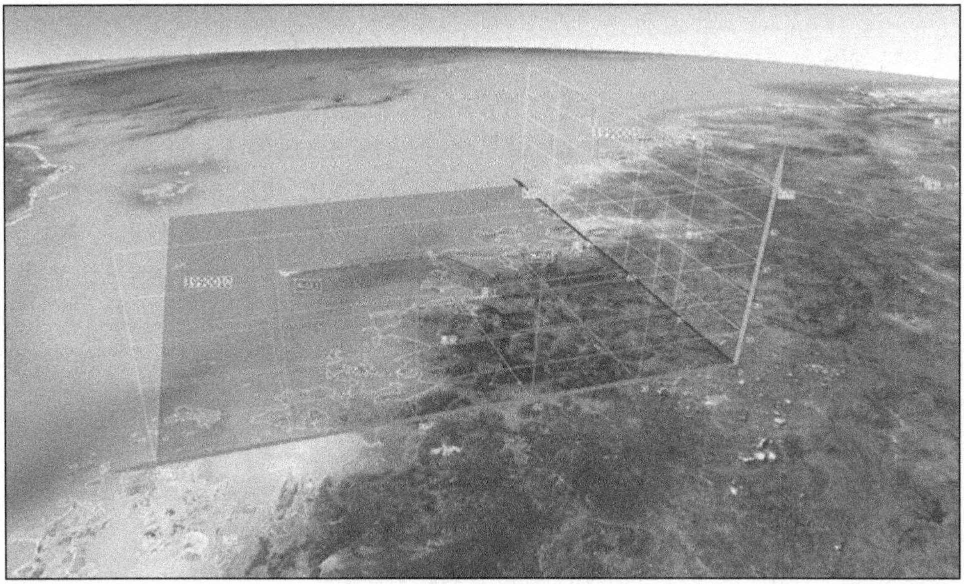

图 8.9　空域态势显示示意图

8.3　系统组成与接口设计

8.3.1　系统基本组成

运用 6.1 节“战术空域规划仿真方法”、6.2 节“战术空域系统评估方法”开展仿真验证系统设计。战术空域管控系统内部采用 B/S 结构，基本组成如图 8.10 所示。

1）空域管制服务器：主要提供算法、模型、管理和决策支持等共性服务，包括空域运行建模、冲突检测计算、冲突排解计算、计划数据转换、监视数据处理、计划与监视相关、空域规划方案管理、空中任务计划生成、空域控制计划生成、空域态势共享等。

2）空域数据库：主要管理空域基础数据、业务数据以及系统运行数据。

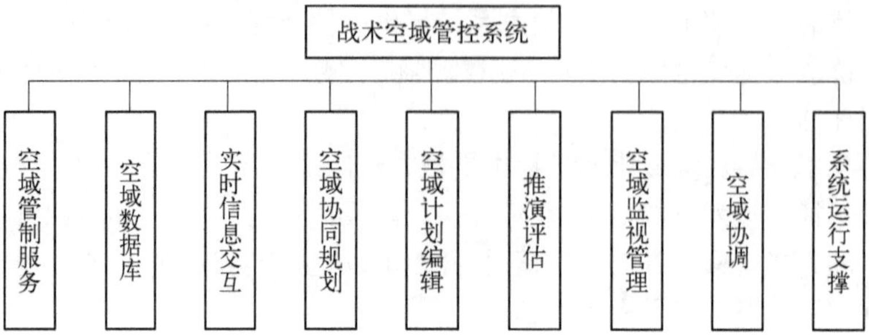

图 8.10　战术空域管控系统组成

3）实时信息交互终端：依托基础网络设施，为系统提供可靠的信息交换服务。

4）空域协同规划席位：为战术空域管制提供系统操作界面和规划工具，与空域计划编辑、推演评估一起，在空域管制服务支撑下，实现空域需求收集、需求录入/修改、需求汇总与分析、空域规划、冲突检测与排解、方案生成、仿真与评估等功能。

5）空域监视管理席位：掌握作战空域内的兵力部署情况，天气状况，各类航空器、火炮、导弹的运行状态，监视空域整体运行情况，生成三维+时间的四维态势图，及时发现空域运行过程中出时的冲突或潜在冲突情况。

6）空域协调席位：由各军兵种协调席位组成，用于空域需求协调，功能主要包括：

- 收集/录入用户空域使用需求，提交给系统进行联合空域规划；
- 根据联合空域规划结果，显示与其他用户的空域冲突情况和排解建议；
- 与空域用户进行空域协调；
- 向空域用户发布空中任务计划和空域控制计划；
- 监视计划执行情况：① $-\Delta t$ 时刻触发指控系统向战术共同体通告空域计划；② 根据实时航迹与计划相关结果，向指控系统发送目标识别信息；③ 收集空域计划变化情况，提交给战术空域管控系统进行空域临机动态调整。

7）系统运行支撑：包括记录、监控、时空基准、网络管理等。

8.3.2　系统结构及配置

战术空域管制仿真验证系统由中心系统和部署在用户系统（模拟）的远程终端组成，由配套设备产生雷达、ADS－B、PPLI 等空中目标情报，用 IP 网络模拟系统与空域用户系统之间的通信网络，仿真验证系统结构如图 8.11 所示。

系统配置包括空域管制服务器、空域数据库、计划编辑席、协同规划席、规划评估席、用户协调席、空域态势监视席、信息交互终端等。远程终端配置包括空域监视管理终端、信息交互终端，以软件形式与用户信息系统（模拟）集成在一起。

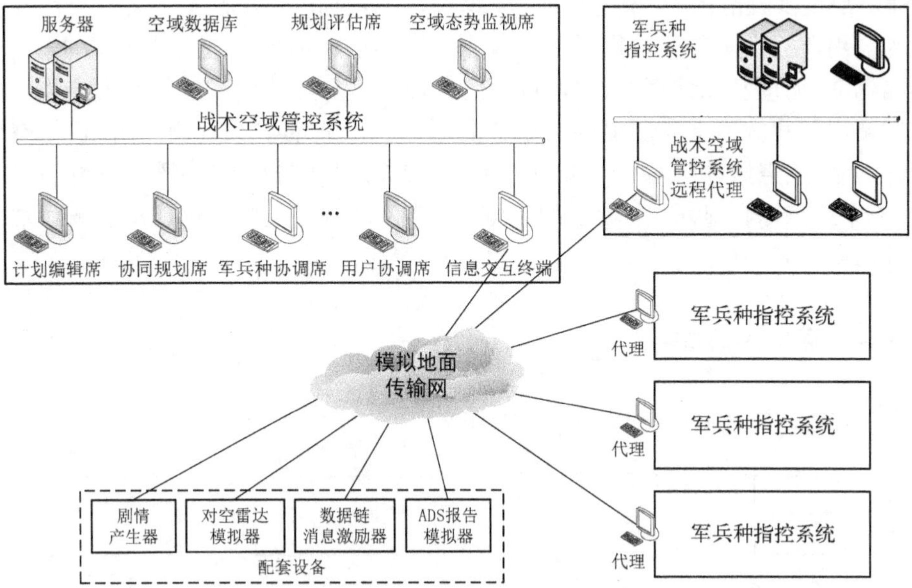

图 8.11　战术空域管制仿真验证系统结构

8.3.3　战术空域管制软件结构

战术空域管制系统软件采用具有相互支撑关系的层次化结构，软件结构如图 8.12 所示。共性应用支撑层在主机的核心服务层之上以独立进程运行，主机的基

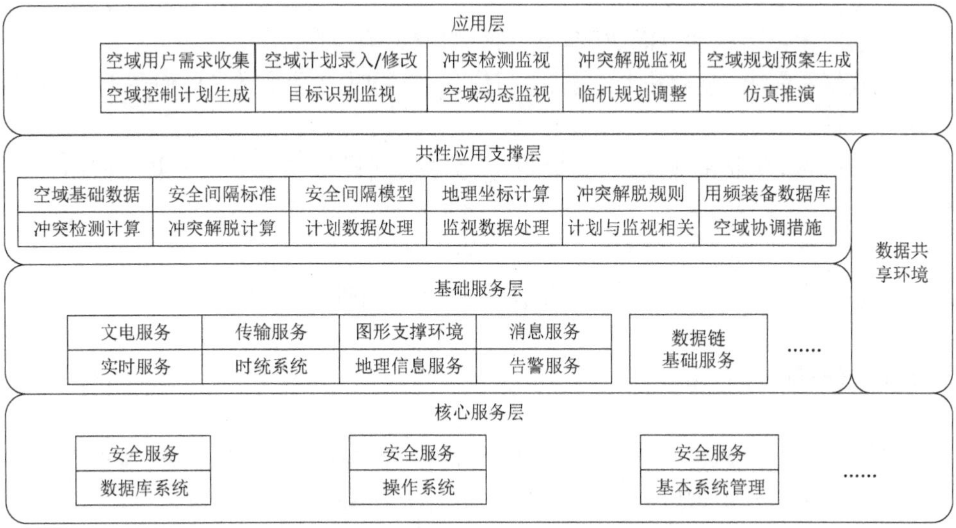

图 8.12　仿真验证系统软件体系结构图

础服务层提供数据传输、系统对时、配置管理、数据记录等服务。共性应用支撑层为应用层提供所需的数据、标准、规则、信息处理功能，如空域基础数据、安全间隔标准、地理坐标计算等，并通过中间件接口实现与其他系统的数据交换。应用层调用共性应用支撑层提供的服务向用户提供战术空域管制能力，包括空域总计划制定、空域冲突检测与解脱、空域动态监视、临机规划调整、空情态势共享、战术态势综合显示、空域控制计划、空域控制程序、仿真推演和空域计划协调等。

8.3.4 系统接口关系

仿真验证系统接口关系如图 8.13 所示。

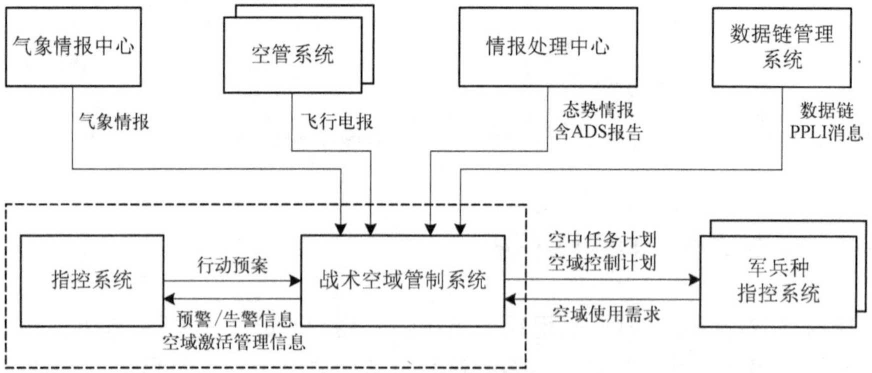

图 8.13 接口关系示意图

行动预案包括行动意图、行动单位、行动方案等信息。

空域使用需求，包括基本信息、空间信息、使用时间、频域信息、使用单位、关联行动等信息。

气象情报，包括管制系统气象报、气象图、气候资料、人工气象评估结果等信息。

8.4 仿真举例

8.4.1 任务想定

计划出动电子侦察干扰机、歼击机、轰炸机、直升机、导弹部队等，对近海某空域执行联合火力打击训练任务，任务区域如图 8.14 所示，空域信息如下：

区域内地形地貌信息基于 GIS 系统生成。

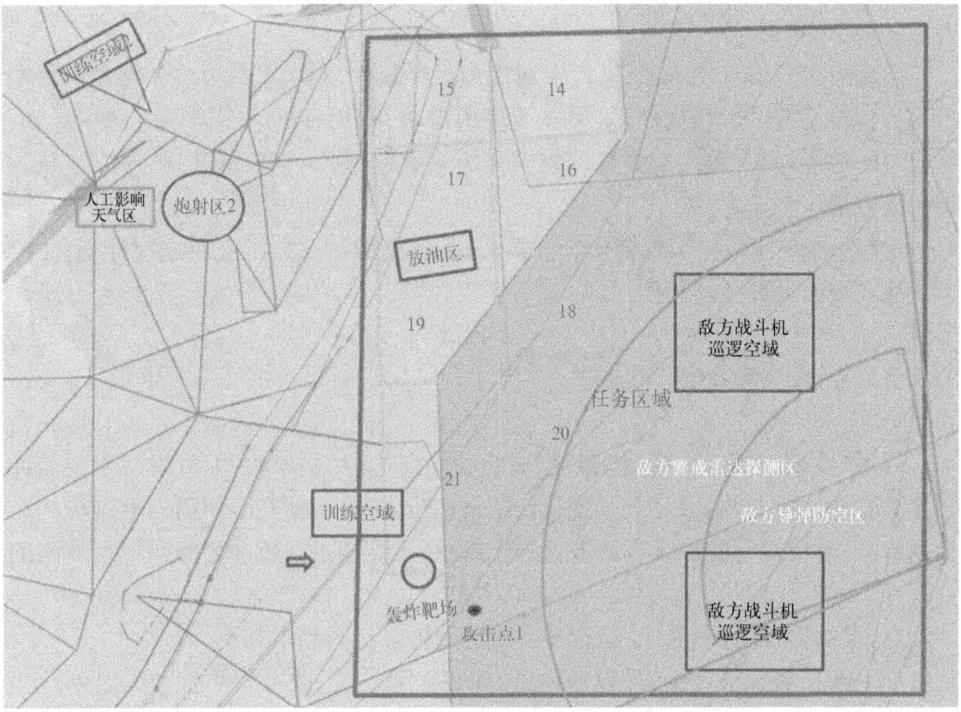

图 8.14　仿真验证任务区域

机场、空中走廊、安全航道、受限区、禁飞区、靶场等信息基于空域数据库基础信息生成。

敌方巡逻空域、警戒雷达探测区、导弹防空区等敌方基本部署信息基于空域数据库历史信息生成。

参加联合训练任务的军兵种空域需求，包括战斗机飞行、电子侦察飞机飞行、运输机飞行、炮射、直升机飞行训练等，由部署在各军兵种的战术空域管制系统远程代理采集其作战预案上报。

其他空域活动，包括民用航空运输、班期飞行、人工影响天气、通航飞行（播种、公务、护林、农化、物理探矿）等，依据飞行计划及动态报、民航飞行电报生成。

8.4.2　空域协同规划

利用“空域结构要素模型”和“空域活动模型”，对任务想定进行空域协同规划，利用“协同平台最优布局方法”，对电子侦察干扰机、电子侦察飞机进行活动空域分配,通过空域规划设计软件开发,验证空域运行数学模型和战术空域规划设计方法的科学性。

启动战术空域管制系统,运行空域规划设计软件,利用军兵种协调席和部署在军兵种指控系统的远程代理,采集空域使用需求,利用计划编辑席录入民用计划,结合 GIS 地形地貌信息、空域基础数据和历史数据,建立空域总计划,形成空域规划初步方案。

运行结果:生成空域规划初步方案,为所有空域活动分配空域控制计划,并给出了战斗空间及其活动规则。

8.4.3　空域冲突检测与告警

利用“空域结构冲突检测”和“空域活动冲突检测”数学模型,开发战术空域冲突检测软件,空域管制针对上一步空域规划初步方案,依据安全间隔标准进行冲突检测解算,对检测到的冲突空域进行告警提示,验证战术空域冲突检测模型算法的合理性。

启动战术空域管制系统,运行冲突检测软件。运行结果如下。

(1) 未检测到空域结构(包括地形)冲突。

(2) 检测到空域活动冲突:

- 歼击机起飞航线与炮射区部分位置重叠;
- 舰载直升机与无人机飞行航线交叉,时间重叠、高度相同;
- 轰炸机起飞段穿过农化作业区,航线段与歼击机存在时空交叉;
- 歼击机航线穿过海上放油区。

(3) 检测到频率冲突:干扰机干扰活动区与我方频率保护区重叠。

空域冲突检测与警界面如图 8.15 所示。

8.4.4　空域冲突解脱方案

利用“空域冲突解脱模型和算法”,开发战术空域冲突解脱软件,空域管制在空域冲突检测软件的基础上,依据“空域活动规则”,对检测到的空域冲突情况自动给出空域冲突排解方案,通过空域规划设计、空域冲突检测、空域冲突解脱等功能的连续运行,检验冲突解脱模型算法的正确性。

启动战术空域管制系统,运行冲突解脱软件。

运行结果:产生空域冲突解脱策略,包括调整空间位置、高度、时间、频率等策略,如图 8.16 所示。

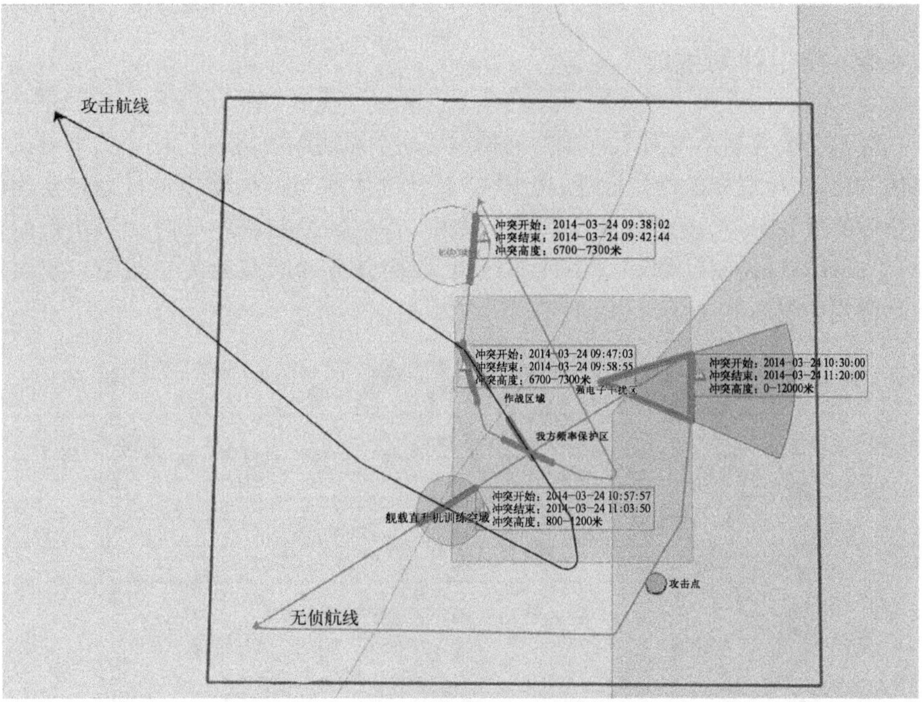

图 8.15　空域冲突检测与告警界面

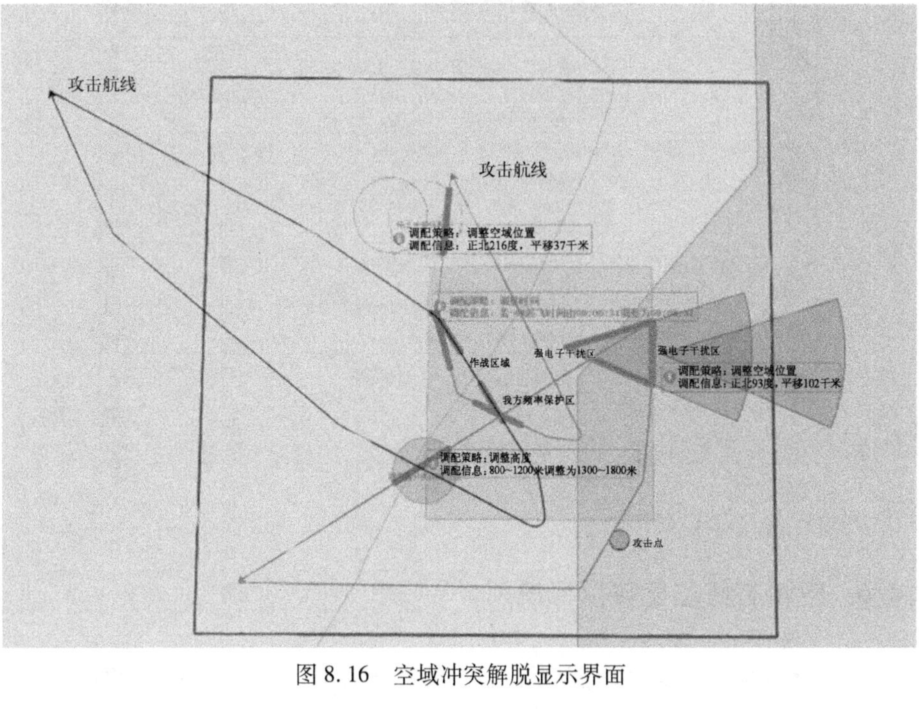

图 8.16　空域冲突解脱显示界面

8.4.5　空中计划生成

战术空域管制系统对上一步冲突排解后的空域规划方案进行快速仿真测试与评估，检验空域规划的使用效能，根据“空域计划生成”设计，将空域计划转换为面向任务的战斗空间，设定战斗空间飞行规则，将空域控制程序分解为可执行的指令，生成日空域控制计划和空中任务计划，面向任务部队及相关空域用户定向发布。格式如图 8.17 所示。

图 8.17　空中任务计划界面

8.4.6　空域态势监视与目标识别

运用“多元监视数据处理模型算法”“误差校正算法”以及“利用 ATO/ACO 进

行目标识别的新方法”，开发空域态势监视软件，验证空域监视的精准性和航迹评估质量，以支撑冲突检测预警和告警的可靠性。

系统运行空域态势监视软件，接收空域的激活/去激活信息（特殊点/线/区消息），生成空域运行态势；接收雷达情报和 ADS 报告，进行多元情报融合处理，生成空中目标航迹；将目标实时航迹与空中任务计划进行关联处理，获得目标识别信息，向用户系统分发，辅助系统进行目标识别，使作战态势图更加完善，空域态势二维显示界面如图 8.18 所示，图中目标标牌可见目标识别信息。

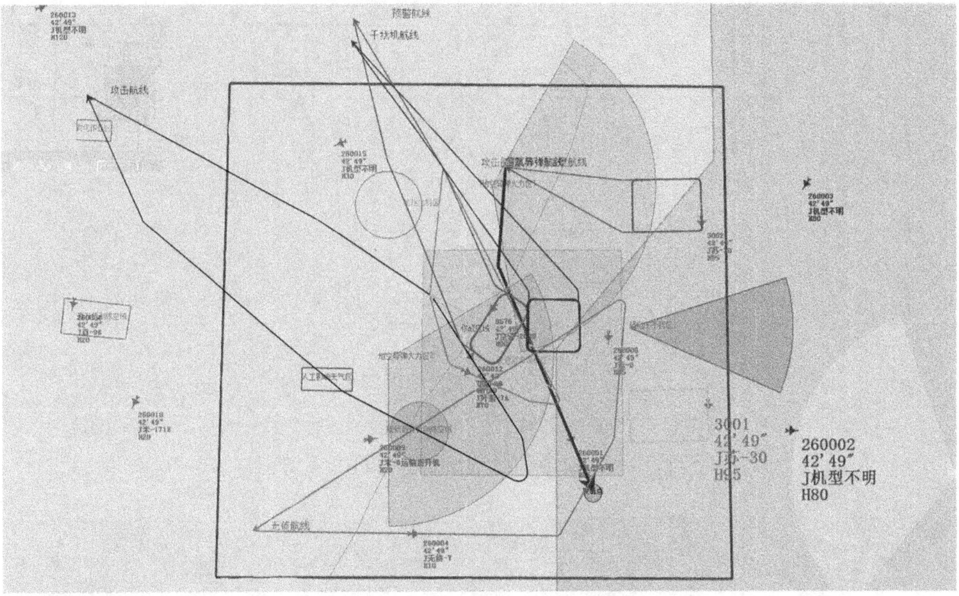

图 8.18　空域态势监视界面

运行结果：目标航迹平滑、稳定，无多名、重名、丢点、乱点现象，航迹精度满足目标监视指标要求，信息处理实时性满足潜在冲突检测预警要求。

8.4.7　临机冲突检测与动态调整

利用“空域动态调整活动模型”和“空域冲突预警和告警”技术方法，开发临机冲突检测与动态调整功能软件，在上述空域态势监视的基础上，针对恶劣天气、计划临时变更等突发情况，验证空域动态调整模型、空域冲突预警和告警的有效性与及时性。

战术空域管制系统运行空域实时监视软件，监视空域执行情况和空域输入变化情况，自动检测潜在冲突并进行预警提示和冲突排解计算，给出临机方案。当临时出现的危险天气区影响轰炸机航线时，系统提前 Δt 发现冲突、发出预警，同时对空域进行临机动态规划,快速生成空域协调措施,向相应的指控系统发送,调整航迹,避开危险天气区域。临机冲突检测与调整的二维、三维显示界面如图 8.19、图 8.20 所示。

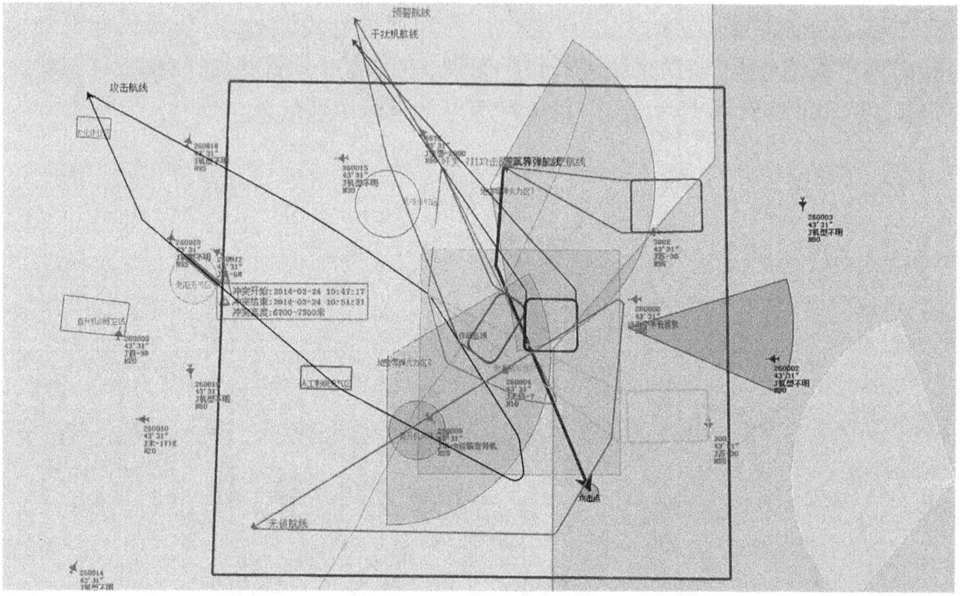

图 8.19　临机冲突检测与调整二维显示界面

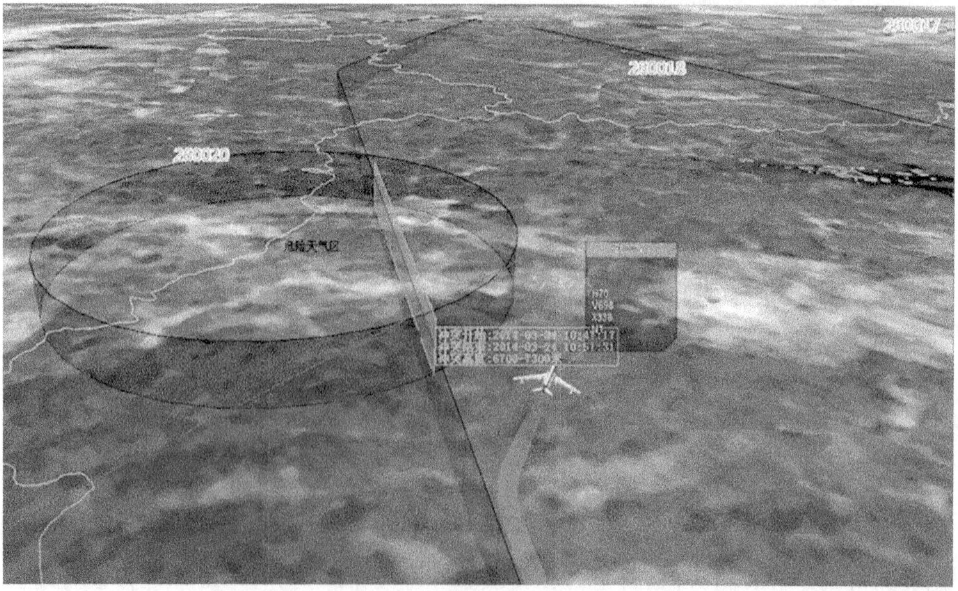

图 8.20　临机冲突检测与调整三维显示界面

经过上述系统仿真实现在空域管制覆盖范围不小于 1 000 km×1 000 km×30 km 的战术空域范围内，空域态势监视更新周期不大于 10 s，较当前缩短 2 s。空域冲突检测与排解能力，在计划阶段，计划冲突排解能力 100%；在实时阶段，实时冲突检测提前量优于 3 min，较当前实时冲突监测提前量提升一倍以上。检测到冲突后，排解响应时间不大于 1 min，较当前提升 1 倍以上。

参 考 文 献

[1] Department of the Army. Joint airspace control, joint publication 3-52[S]. 2014.

[2] Air Force Research Laboratory. Joint airspace management and deconfliction (JSMAD)[S]. AFRL-RI-RS-TR-2009-13, 2009.

[3] Holland J H. Outline for a logicaltheory of adaptive systems[J]. Journal of the Association for Computing Machinery, 1962, 9(3): 297-314.

[4] 黄长强，曹林平，等. 无人机作战飞机精确打击技术[M]. 北京：国防工业出版社，2011.

[5] 童志鹏，刘兴. 综合电子信息系统[M]. 北京：国防工业出版社，2008.

[6] 美国国防部体系结构框架(1.5 版)[R]. 电子科学研究院，2008.

[7] 骆光明，杨斌，邱致和，等. 数据链[M]. 北京：国防工业出版社，2008.

[8] Department of the Army. Tactical Data Link(TDL) 16 Message Standard[S]. MIL-STD-6016D. 2008.

[9] 李云茹. 战术数据链及其应用技术[J]. 中国电子科学研究院学报，2007，4(2)：211-218.

[10] 李云茹. 联合战术信息系统及其技术发展[J]. 指挥信息系统与技术，2017，8(1)：9-14.

[11] 电子科学技术情报研究所. 电子情报研究报告：区域电子综合信息系统发展研究[R]. 1998.